Sementeira de paz

Sementeira de paz

PELO ESPÍRITO
NEIO LÚCIO

PSICOGRAFIA DE
FRANCISCO CÂNDIDO XAVIER

ORGANIZAÇÃO DE
WANDA AMORIM JOVIANO

VINHA DE LUZ
SERVIÇO EDITORIAL

Belo Horizonte
2015

EDIÇÃO: Vinha de Luz — Serviço Editorial
Departamento Editorial da Casa de Chico Xavier
Av. Álvares Cabral, 1777 | 20º andar | Sala 2006
Santo Agostinho | 30170-001 | Belo Horizonte | MG
(31) 2531-3200 | 2531-3300 | 3517-1573
www.vinhadeluz.com.br — informacoes@vinhadeluz.com.br
www.casadechicoxavier.com.br — informacoes@casadechicoxavier.com.br

COORDENAÇÃO EDITORIAL
Célia Maria de Oliveira Soares | Geraldo Lemos Neto | Wanda Amorim Joviano

PROJETO GRÁFICO | CAPA | ILUSTRAÇÕES
Luiz Augusto da Costa

FOTOGRAFIAS
Acervo de Wanda Amorim Joviano

DIAGRAMAÇÃO
Célia Maria de Oliveira Soares

DATILOGRAFIA DOS ORIGINAIS
Júlia Pêgo de Amorim (1897-1974)

DATILOGRAFIA DAS NOTAS EXPLICATIVAS E DEMAIS DADOS COMPLEMENTARES
Maliza Nabuco

DIGITAÇÃO DOS ORIGINAIS
Status Serviços Gráficos

REVISÃO TÉCNICA
Célia Maria de Oliveira Soares | Geraldo Lemos Neto

1ª edição - abril 2010 | 2.000 exemplares
2ª edição - junho 2015 | 500 exemplares

Dados Internacionais de Catalogação na Publicação (CIP)
(Câmara Brasileira do Livro, SP, Brasil)

Lúcio, Neio (Espírito) .
Sementeira de paz / pelo espírito Neio Lúcio ;
psicografia de Francisco Cândido Xavier ;
organização de Wanda Amorim Joviano. - - 2. ed. - -
Belo Horizonte : Vinha de Luz, 2015.

Bibliografia
ISBN 978-85-63716-27-9

1 . Espiritismo   2 . Psicografia I. Xavier,
Francisco Cândido, 1910-2002. II. Joviano, Wanda
Amorim. III. Título.

15-05951   CDD - 133.93

Índices para catálogo sistemático :

1. Mensagens mediúnicas psicografadas :
Espiritismo   133.93

1ª Edição especial

Centenário de nascimento de
Francisco Cândido Xavier
1 9 1 0 | 2 0 1 0

Dedicatória

A

FRANCISCO CÂNDIDO XAVIER,

no transcurso de seu **centenário de nascimento**.

(1910 | 2010)

Sumário

Mensagens

1946

1947

1948

Anexos

Anexo A

Informações complementares

Anexo B

Anexo C

Apresentação

SEMENTEIRA DE PAZ é o volume que dá sequência ao roteiro de revelações espirituais do espírito de Neio Lúcio, que em última romagem terrena envergou a personalidade querida do Professor Arthur Joviano, pai do Dr. Rômulo Joviano, mui digno diretor da Fazenda Modelo em Pedro Leopoldo | MG, onde Chico Xavier trabalhou por largos anos.

As mensagens que ora apresentamos surgiram espontaneamente pela mediunidade psicográfica de Francisco Cândido Xavier a partir de 1935, na residência da família Joviano, na própria Fazenda Modelo, por ocasião da realização semanal do culto do Evangelho no lar do *Grupo Doméstico Arthur Joviano*, a que Chico Xavier prazerosamente se dirigia depois de findos os seus trabalhos diuturnos, dando a *Deus o que é de Deus* após dar a *César o que é de César*.

Das mensagens havidas naquelas noites inesquecíveis, já publicamos, pela ordem:

— SEMENTEIRA DE LUZ, pelo espírito de Neio Lúcio,

— DEUS CONOSCO, pelo espírito de Emmanuel,

— MILITARES NO ALÉM, por espíritos diversos,

— PÉROLAS DE SABEDORIA, pelos espíritos de Emmanuel e Neio Lúcio,

— ILUMINURAS, pelo espírito de Emmanuel.

As mensagens de Neio Lúcio recebidas por Chico Xavier entre os anos de 1946 e 1948 foram batizadas de SEMENTEIRA DE PAZ e sua primeira edição foi dedicada ao centenário de nascimento do medianeiro do amor (2010).

A partir dessa edição, publicamos, nesta ordem, as obras COLHEITA DO BEM, pelo espírito Neio Lúcio (2010), DEPOIS DA TRAVESSIA, por espíritos diversos, organizada em parceria com a Editora Didier, de Votuporanga, SP (2013), e MILITARES COM JESUS, por espíritos diversos, organizada por Cezar Carneiro de Souza (2013), além de reeditarmos o PÉROLAS DE SABEDORIA, com mensagens de Neio Lúcio (2014).

Se a luz que verte das alturas nos indica o caminho da sabedoria de bem-viver, guardando-nos na fé em Deus, nosso Pai criador, somente a sementeira do amor ao próximo nos resguarda o coração na paz de espírito pela consciência tranquila do dever bem cumprido.

Este o convite que o abnegado espírito de Neio Lúcio nos faz: *"Sejamos semeadores da paz!"*

Geraldo Lemos Neto

Vinha de Luz Editora da Casa de Chico Xavier de Pedro Leopoldo

11 de janeiro de 2010 — 1ª edição | 10 de junho de 2015 — 2ª edição

À guisa de prefácio

(da 1ª edição)

Participação

Emmanuel nos diz, na introdução do livro *Ave, Cristo!*: *"A obra do Senhor, porém, roga recursos na concretização da paz, pede combustível para a luz e reclama boa vontade na orientação para o bem"*.

Com as realizações do Vinha de Luz - Serviço Editorial da Casa de Chico Xavier de Pedro Leopoldo, trazendo a lume as mensagens recebidas por Francisco Cândido Xavier no *Grupo Doméstico Arthur Joviano* durante a realização do culto do Evangelho no lar, compiladas nos livros *Sementeira de luz*, *Deus conosco*, *Militares no Além*, *Pérolas de sabedoria*, *Iluminuras* e este *Sementeira de paz*, sentimos estar participando, humildemente, embora, na concretização da paz citada por Emmanuel — paz construtiva, operosa e permanente na orientação para o bem, ou seja, na difusão dos ensinamentos de Jesus.

Ao nosso divino e amado Mestre, agradecemos a oportunidade dessa tarefa e rogamos abençoar todos os irmãos de jornada terrena que têm participado dessa concretização da paz.

Petrópolis, 22 de fevereiro de 2010.

Wanda Amorim Joviano
Organizadora

Mensagens recebidas por

Francisco Cândido Xavier

no *Grupo Doméstico Arthur Joviano*
1946 | 1948

Mensagens | 1946

UM ANO NOVO É SEMPRE NOVA DÁDIVA DE DEUS

Meus caros filhos, que Jesus abençoe a vocês, concedendo-lhes muita saúde e paz no caminho da luta purificadora.

Nossa generosa amiga Engrácia está presente, desejosa de escrever algumas palavras ao Mário, entretanto, com a sua gentileza de sempre, cedeu-me lugar para fazer-lhes boas-vindas pelo 1946 entrante.[1] **Um ano novo é sempre nova dádiva de Deus.** Em verdade, o homem detém possibilidades de efetuar vastíssimas aquisições na experiência terrestre. Contudo, a par de outros valores do espírito eterno, é imprescindível considerar que o tempo, a oportunidade, a probabilidade de fazer, o ensejo de edificar vêm, de fato, das divinas mãos. É por isso, meus filhos, que, cumprimentando a vocês pela passagem do ano velho e chegada do novo, não nos limitamos a simples votos de felicidade, em obediência ao antigo realejo das convenções terrestres. Referimo-nos à felicidade da paz legítima que procede do dever bem cumprido, das obrigações aceitas e executadas com boa vontade e amor. Desse modo, rogo a Deus lhes conceda um 1946 repleto de ensejos benditos de realização da Vontade Di-

---

[1] Nota da organizadora: em referindo-se a Engrácia Ferreira, minha tia-avó, tia de minha avó materna, Júlia Pêgo Amorim e a Mário Pêgo de Amorim, meu tio, irmão de Maria Joviano. Para maiores dados da família Amorim e Joviano, sugerimos a leitura de *Sementeira de luz* (VINHA DE LUZ, 5. ed., 2015), *Deus conosco* (VINHA DE LUZ, 4. ed., 2014), *Militares no Além* (VINHA DE LUZ, 2. ed., 2009), *Colheita do bem* (VINHA DE LUZ, 2010) e *Depois da travessia* (VINHA DE LUZ, 2013).

vina. Que os dias renovados tragam a vocês muita alegria, muita paz e venturas, acentuando-lhes, porém, o gosto de cooperar no bem, no trabalho sadio que opera o Cristo no silêncio dos que sabem construir em fundamentos eternos. Que todos vocês edifiquem, pouco a pouco, embora, a casa da fé viva sobre a rocha da compreensão verdadeira do Pai pelo amor e serviço aos semelhantes. Busquemos aproveitar os anos de trabalho, valendo-nos da primavera dilatada de nossas forças e esperanças. Há muitos lavradores que sabem erguer formosos lamentos e doridas queixas ao fim do dia. Raros, todavia, sabem valorizar as "horas da luz" para a semeadura das boas sementes e preparação da colheita. Enceleiremos para a eternidade. Não nos detenhamos ao pé das flores. Há muito perfume que poderia absorver-nos grande porção de tempo se conferirmos às suas ondas deliciosas algo mais que o respeito e a admiração justos. Procuremos frutos sazonais que nos alimentem o espírito imortal.

Após encerrar o 1945, felicito a vocês pelo muito que realizaram e formulo votos para que o ano presente lhes seja mais abundante ainda de edificações imorredouras. Para esse santificado serviço, não lhes faltarão o recurso celeste, a bênção de Mais Alto, a inspiração das forças divinas, a proteção paternal de Deus. De uma realidade podem estar certos: ao que trouxer boa vontade no serviço cristão Jesus dará o resto. Não se preocupem, portanto, em demasia, em face das questões e problemas da Terra. Tragam o coração habilitado a receber as bênçãos do Mestre e essas bênçãos não se farão esperar. Que o Céu ampare a todos vocês é o que desejo de coração.

Rômulo, o surto gripal que surpreendeu a você e Maria, nesta semana, atacando-lhes as regiões orgânicas mais vulneráveis foi agravado pela umidade do ambiente.[2] As

---

[2] Nota da organizadora: em referindo-se ao meu pai, Rômulo Joviano e a Maria Amorim Joviano, minha mãe. Para maiores dados da família Amorim e Joviano, sugerimos a leitura de *Sementeira de luz* (VINHA DE LUZ, 5. ed., 2015), *Deus conosco* (VINHA DE LUZ, 4. ed., 2014), *Militares no Além* (VINHA DE LUZ, 2. ed., 2009), *Colheita do bem* (VINHA DE LUZ, 2010) e *Depois da travessia* (VINHA DE LUZ, 2013).

chuvas mais abundantes dificultaram as melhoras mais rápidas, entretanto, continuem com os medicamentos e os passes, confiados no bem que receberão. Felizmente, a posição de ambos é muito melhor nas últimas vinte e quatro horas.

Nesta altura do assunto, abro parêntesis para considerar que os benfeitores da humanidade têm conseguido bastante evitando a "gripe da guerra" entre as nações. Creiam que esta ainda não apareceu. Peçamos a Jesus para que o perigo seja, de fato, anulado, porque, efetivamente, as probabilidades prosseguem de pé.

Cumprimento à Wanda pela satisfação íntima no seu novo campo de trabalho.[3] Espero que a sua carreira funcional seja muito brilhante, com muita experiência útil e boas compensações que lhe dilatem o estímulo. Todo o incentivo vem de Deus, podemos repetir aqui, recordando a palavra do apóstolo sobre a boa dádiva.

Que o Pai enriqueça a vocês todos de alegria no campo de realizações terrestres. A Providência é o rio inesgotável da graça — estejamos convictos.

Continuarei, Rômulo, colaborando com você na aplicação dos passes. Suas faculdades desenvolvem-se com muita regularidade, intensificando a transmissibilidade da força curativa de nosso plano, dia a dia. Que Jesus o guarde, ilumine e abençoe sempre.

E agora, meus filhos, deixo-lhes meu espírito cheio de agradecimento, reafirmando-lhes os meus votos de muita paz e saúde, bom ânimo e luz divina no 1946. Com um grande e afetuoso abraço, sou o papai de sempre que não os esquece,

A. Joviano

[3] Nota da organizadora: após ter feito Prova de Habilitação, ingressei no Serviço Público Federal como Praticante de Escritório VI – Extranumerário Mensalista – trabalhando no escritório da Fazenda Modelo, sede da Inspetoria Regional da Divisão de Fomento da Produção Animal do Ministério da Agricultura, em Pedro Leopoldo | MG.

09/01/1946

CARTA À MARIA

Meus caros filhos, Deus abençoe a vocês, conferindo-lhes muita paz aos corações.

Maria, nesta noite consagramos nossas preces e lembranças a você, antecipando as felicitações. Voltaremos no seu dia, trazendo à sua alma as flores de nosso afeto, associando-nos ao júbilo doméstico. Entretanto, valendo-me da hora presente, quero significar-lhe nosso carinho e devoção de sempre.[1]

Rogamos a Deus, nosso Pai de Infinita Bondade, multiplique as suas energias, dilatando os seus dias terrestres.

Como expressar ao seu espírito o meu abraço de "parabéns"? Há circunstâncias, minha filha, em que nosso campo emotivo se retrai, porque toda a palavra da Terra é descolorida para traduzir nossos sentimentos mais vivos. Sei, porém, que seu coração compreende o meu e viverá no silêncio a emotividade de meus votos.

Assinalo, pois, a minha alegria, rogando a você tão-somente a continuação de seu apostolado familiar. Não doa em seu íntimo a incompreensão que, por vezes, como a nuvem, acena de longe sem maior aproximação. Construir um lar forte e equilibrado, forte na defesa contra a maré invasora do oceano de ideais inferiores que se agita na Terra, e equilibrado diante dos choques da existência humana, constitui tarefa grande em demasia para obter o louro fácil do entendimento imediato. Tenho a felicidade, todavia, não de agora, mas sim desde muito, de auscultar seu coração e conhecê-lo de perto. Lutamos juntos, inúmeras vezes vi seu

---

[1] Nota da organizadora: dia 11 de janeiro era o dia do aniversário de minha mãe Maria.

esforço, sondei sua alma e, com alegria, recebi a sua cooperação em diversos períodos da imensa luta espiritual. E, por isso, sei da sensibilidade afetuosa que se recolhe, como pérola formada de muitas lágrimas, na concha de seu íntimo. Vivo também seu mundo interior de preocupações sagradas e sacrifícios desconhecidos, acompanho suas meditações e ouço as suas perguntas, endereçadas à Vida Eterna. Como não havia de ser assim, se o livro de nossas existências guarda tantas páginas escritas em comum? Tem sofrido muito, desde o passado, para reajustar a vida redentora. Suas noções de hoje foram adquiridas por alto preço, em suor constante e renunciações consecutivas. Prossiga, pois, minha filha, em sua missão de amor edificante. Lá fora, em outras embarcações da grande jornada evolutiva, o seu trabalho pode não ser visto no momento que passa. Entretanto, quando todas as âncoras fundearem no porto, a tranquilidade sublime do dever cumprido felicitará o seu coração e a sua luta construtiva será, então, dada a conhecer por "Aquele que tudo pode". Guarde intacto o seu tesouro de compreensão e esperança, sua bússola de fé viva, suas concepções de serenidade e de reto pensamento. O Senhor permite que você trace os próprios caminhos, como dádiva justa ao sentimento que tem experimentado gigantescos embates. Na atualidade, seu esposo e seus filhos são as suas joias mais belas. Enfeite-se com eles sim, minha filha, e seja feliz! Orgulhar-se-ão sempre de sua dedicação, de sua ternura, de seu carinho. Sua mão trouxe-os a novo campo de vida, guia-os pelas veredas da justiça e se o seu coração mais não faz, é que, por muito que amemos e ajudemos a alguém, não podemos afastá-lo de todo das experiências que necessitam. Há, porém, olhos que enxergam seus serviços diários e raciocínios que pesam a extensão de seu devotamento, observando suas lágrimas e esforços na grande estrada para a frente e para o Alto... Conserve, desse modo, sua confiança no futuro e na Vida Maior, em me referindo à generalidade dos que nos acompanham nas experiências purificadoras. No mais íntimo de seu coração, busque repetir com as letras sagradas: *"O Senhor é meu pastor, nada me faltará"*. Dia virá em que as sombras se converterão em luzes e as dores em júbilos eternos. Enquanto a construção vai a meio, nunca há lugar para muitas emoções agradáveis em quem observa e examina. Por mais que o construtor se esforce em revelar o plano exato, os ouvintes distraídos permanecem ausentes da realidade. É preciso esperar o término, o acabamento, a etapa final. Nesse ponto de luta, rejubile-se sempre, porque sua alma não tem conseguido tempo para fantasias e entretenimentos, entregue como se acha à edificação.

Em seu novo aniversário, portanto, pedimos a Jesus fortaleça cada vez mais o seu espírito sensível, para que a sua obra continue equilibrada e proveitosa até o fim.

Nossas irmãs Engrácia e Helena,[2] presentes, cumprimentam-na também, por antecipação, e rogam ao divino Mestre pela sua felicidade e saúde, alegria e paz.

Não temos hoje recados para os demais. Continuem todos com as medicações.

É nosso propósito reservar esta carta para o seu coração, sem interferência de outros assuntos.

Cumprido, pois, o nosso desejo, deixamos a você um grande abraço, reafirmando os nossos votos de ventura para o seu espírito generoso. Que o seu tesouro continue brilhando sempre mais e que as flores do seu jardim possam frutificar em abundantes colheitas de ventura, são os votos muito sinceros do papai,

A. Joviano

---

[2] Nota da organizadora: vovô Arthur refere-se a Helena Maia, que foi uma grande amiga de Maria e que desencarnou muito moça. A família Maia era muito ligada à família Amorim.

A BOA CONSCIÊNCIA
É O TESOURO MELHOR

Meus filhos, Deus abençoe a vocês, conferindo-lhes muita paz aos corações e muito otimismo na luta diária.

Rômulo, meu filho, anoto o seu desejo de algo ouvir de meu coração, nas circunstâncias em curso. Mas não é preciso escrever com respeito ao assunto. Falo com as minhas "novas cordas vocais" e você ouve com os seus "ouvidos que estão acordando". Não é preciso uma terceira pessoa. Estimaria examinar em sua companhia os "documentos espirituais" que dão causa às lutas que passam, entretanto, seria o mesmo que nos recolhermos dias e dias em arquivos amarelados pelo tempo a rever o que devemos olvidar. É por isso que prefiro comentar com você o presente e o futuro, a inspirar-nos serviços mais concretos e bases mais sólidas.

À medida que os anos se sucedem, as nossas recapitulações na esfera da carne se fazem mais complexas. É natural. Há situações que voltam com a madureza de raciocínio e não deverá ser de outro modo. Assim me explico para esclarecer que a intensidade da vida, isto é, o aproveitamento do tempo, vai trazendo os problemas que ainda se encontram por resolver. Como você sabe, em nossa situação de hoje somos como o "rio" atendendo à vontade de Deus entre duas margens — uma em que resgatamos e retificamos, e outra em que semeamos de novo com relação ao porvir. Prossigamos confiantes em Deus. Creia, como sempre, que **a boa consciência é o tesouro melhor**.

Abstive-me também de maiores intervenções e comentários para não atenuar a sua pugnacidade e o seu espírito combativo. São forças que foram dadas a você por Deus e que não posso, nem desejo, subtrair. Vocês estão no plano de lutas da humanidade e todas as armas que o Senhor nos coloca nas mãos devem ser usadas para o bem. Reconheço que você fez o que foi possível, mobilizando as relações a serviço do feito e esforçando-se para que a justiça se manifestasse, conservando-se ainda à frente de vasto caminho para o prosseguimento da tarefa. Assim, portanto, a estrada continua aberta ao nosso bom trabalho e deve continuar trabalhando como estamos. Embora soubesse (com todas as probabilidades de certeza prévia absoluta) o que se verificaria, atento ao passado e ao presente e, muito mais aos homens e ocorrências políticas que interferiram no caso, acompanhei seus papéis quanto me foi possível. Ouvi mesmo com o maior carinho as preces de Maria, que tanto me sensibilizaram o coração, preces-desejos, preces-aspirações, mas quando vi que o nosso esforço não impedira o adiamento da realização esperada, trouxe a você a única expressão de entendimento e carinho que me era possível — um beijo de amigo, quando você descansava. Um beijo amigo está sempre cheio de esperança que não deve fenecer. Confiemos, pois, em Deus e caminhemos. Depois da noite, a alvorada surge sempre. Isso é inevitável.

A todos vocês, o meu grande abraço. Vivam prevenidos contra a gripe. Tenham cuidado. E agora deixo-lhes o meu afeto de sempre, com toda a confiança e intimidade de pai,

A. Joviano

SIGA PARA A FRENTE

Meus caros filhos, Deus abençoe a vocês, conferindo-lhes muita saúde e paz espiritual.

Rômulo, tenho estimado todas as suas providências. Não julgue que essa luta não nos interesse. É digna de ser levada a efeito e, mormente, não justificaríamos a sua abstenção. Isso que ocorre, meu filho, é também combate da vida, ao qual você deve e precisa comparecer com as suas forças e elementos disponíveis. É um simples movimento que reivindica direitos e você só merece a nossa aprovação pelo modo pacífico em que se conduz no serviço restaurador da justiça. **Siga para a frente** e utilize os patrimônios terrestres da consideração social e das relações afetivas, até a consecução do trabalho final. De nosso lado, acompanharemos seus esforços com os nossos. Já que a política tem trazido tantas surpresas (refiro-me ao lado humano da realização) na tarefa, é mais que razoável que você lhe utilize igualmente os recursos. Apenas não desejo que você sinta impressões de derrota inexistente. Onde há adiamento não há solução final. Tenhamos a certeza. E com a serenidade e o otimismo você encontrará sempre os melhores recursos básicos de atingir os fins colimados. Assim, use as suas possibilidades e não se constranja. Estão ainda na escola da humanidade e não permanecem a sós. Desse modo, quero dizer a você de nossa simpatia e de nosso propósito de cooperação, contando, porém, com a sua tranquilidade e resistência. Entre todos os quadros inesperados do caminho terrestre, guarde a certeza de que a luz divina palpita sobre todos os acontecimentos e situações. Esse pensamento dá conforto íntimo e bem-estar.

Acompanhava ainda agora a conversação que mantinham sobre o Espiritismo na Inglaterra e sinto-me feliz com os estudos e observações que levam a efeito. Efetivamente, estamos diante de uma paisagem absolutamente nova no mundo. A ciência efetua edificações de graves consequências e é necessário que o plano espiritual responda com roteiros diferentes, a influenciarem na vida dos povos. Por enquanto, no Brasil, é muito difícil a apreciação meticulosa e séria do movimento evolutivo, repleto de realizações inesperadas e gigantescas, mas, gradativamente, a vida americana penetrará o santuário da ação. Talvez o sofrimento seja chamado a colaborar no campo renovado, quem sabe? A maioria dos povos europeus não tem conseguido o que possuem senão à custa de ásperas experiências. Em verdade, o Novo Mundo foi assinalado no princípio por gloriosa destinação de amor, recebendo os degredados e perseguidos de toda a sorte, entretanto, a atualidade surpreende toda a América em grande posição de riqueza e incerteza, de inteligência e instabilidade, de poder político e de fraqueza espiritual, podemos dizer assim. Esperemos o porvir. Ninguém sabe o que os homens responsáveis farão amanhã e devemos desejar-lhes inspiração feliz e boa sorte.

Quanto à questão das provas que Wanda levantou, com a sua mente indagadora de estudante da verdade e do bem, longo é o processo da Justiça Universal e não podemos apreender-lhe todos os serviços num só golpe de visão. Somente desejo destacar a excelência do Novo Testamento sobre o Velho, para que o "olho por olho" não se sobreponha ao "amemo-nos uns aos outros". Se o maior criminoso da Terra quisesse meditar na lição do Cristo e afeiçoar-se a ela, de raciocínio e coração, estaria com noventa probabilidades contra dez a favor de sua redenção, mas, em verdade, a mente humana utilizará todos os recursos conhecidos de justificação, aproveitando em último lugar os do amor que ainda não conhece e, nesse critério, há de jogar com a velha sabedoria chinesa quando nos diz que "na viagem de dez léguas, atingida a nossa légua ainda se encontra o viajante na metade do caminho". É que, justiça por justiça, golpe por golpe, muitos perigos podem surgir de todos os lados. Creia, entretanto, minha neta, que onde há a verdadeira compreensão de Cristo há a verdadeira presença dele. Não é necessário despachar criminosos à estação reencarnacionista para punir criminosos reencarnados. A Justiça vai atendendo às suas atribuições até que o amor estabeleça o reinado que lhe é próprio. Em suma, façamos quanto esteja em nossas possibilidades para criar o bem e estendê-lo por toda a parte. Só assim poderemos semear. Plantemos os carvalhos dos benefícios eternos. De fato, custam muito a oferecer retribuição, exigem longo tempo de esforço, mas, por isso mesmo, resistem à passagem dos anos, como sentinelas avançadas das mãos que os plantaram ao solo.

Rômulo, continue com as aplicações magnéticas na sede da circulação. Você tem melhorado muito, mas precisamos prosseguir.

E agora, filhos, boa noite a vocês, com os meus votos de muita alegria e paz espiritual. Recebam o abraço muito afetuoso do papai muito amigo de sempre,

A. Joviano

O REFÚGIO DA ORAÇÃO

Meus caros filhos, Deus abençoe a vocês, concedendo-lhes muita saúde, tranquilidade e paz espiritual.

Sinto-me satisfeito na alegria com que tomam ao culto da Espiritualidade Superior cada noite. Os júbilos resultantes dos acontecimentos invisíveis são sempre mais substanciosos e duradouros. É uma vasta sementeira esta a que vocês emprestam esforço na hora atual. Virá o tempo da florescência, da frutificação. Não obstante as pesadas e benéficas lutas materiais de agora, desde já, porém, podem vocês aferir o valor da construção que se vai fazendo... Os trabalhos, no mundo físico, vão se tornando menos grosseiros, as provas de cada dia, menos árduas. Há no coração a estabilidade emocional que concorre para a saúde orgânica, como também para a harmonia espiritual. Sempre e sempre, não se esqueçam vocês d**o refúgio da oração**. Nela encontramos a antecâmara da realidade espiritual e eterna, de vez que os nossos mais interessantes serviços no campo da carne são fases de aprendizado, que modificaremos constantemente ante as injunções da edificação evolutiva. A prece é o curso de introdução à verdade universal e divina. Se não existe generalizada compreensão acerca de semelhante afirmativa, é que os homens viciaram-lhe o santuário, menoscabando-lhe a beleza augusta e as finalidades salvadoras. Adoremos ao Deus de Infinita Bondade com as nossas mãos no trabalho diurno e louvemos à Sua grandeza divina nas meditações noturnas. Por agora, muitos véus obscurecem a visão de vocês, mas os empecilhos do entendimento vão caindo, vagarosamente, à medida que atingimos mais altos cumes do conhecimento elevado, com elevadas aplicações. Estejam certos de que esse é o caminho da alegria futura. Essa é a lâmpada que clareará sendas escuras e indicará a esfera próxima. Quisera fazer sentir o mesmo aos nossos, aos quais tanto amo, entretanto, sinto obstáculos invencíveis, porque oriundos da mente e do coração deles mesmos. Em geral, estimam a fé e cultivam o amor a Deus, mas essa fé representa vaga confiança num poder que consideram inacessível e esse amor é simples e embrionário impulso que nasce muito mais do temor que do entendimento. Em vista disso, conservam-se à distância da Cruz e não a encontram, nos grandes momentos. É muito difícil reconhecer a voz de um ente amado decorridos longos anos de ausência. Por mais que eu lhes pudesse ser útil, e por maior que fosse o meu desejo de cooperar em favor deles nos minutos culminantes, teríamos entre nós mais de dez compridos anos, dentro dos quais me renovei quanto foi possível, como não podia deixar de ser, tornando-me quase irreconhecível para quantos não caminharam mentalmente em minha companhia durante esse tempo. Consola-me, todavia, observar a oração perseverante de vocês. Não estou sozinho e sinto-me muito, muitíssimo feliz! Prossigamos ao encontro da luz divina do Cristo. O Mestre nos atenderá às esperanças, concedendo-nos o que julgue melhor.

Rômulo, repetindo a você minhas afirmativas da carta última, espero que suas mãos e o seu ânimo não se entibiem. Não pense que seria desvirtuamento de seu ideal cristão a persistência no propósito de bem pavimentar o caminho na luta pelo estabelecimento da justiça. Trata-se de problema de harmonia elementar na experiência humana e não de caso evangélico. Nós sabemos que não move o seu coração qualquer desejo de ganho mais elevado. Sabemos que você pretende apenas normalizar o que não está certo, mesmo em se tratando da realização de seus trabalhos comuns. Sendo, pois, caso resolvido, não veja divergência entre os seus esforços de adaptação ao Evangelho aplicado e essa luta pela justificação. É mera questão de trabalho daí mesmo, que a política menos esclarecida no momento vem complicando. Não desmoreça, nem desanime, portanto. Vamos prosseguir confiantes com a serenidade, esperança e alegria, na certeza de que Deus nos concede invariavelmente o melhor.

Você, meu filho, continue também com a sua medicação magnética. É importante para o seu trabalho.

Wanda, seu organismo precisa "socorro homeopático". O receitista amigo aconselha a você o uso de *Ipecacuanha*, *Gelseminum* e *Lachesis* durante 4 dias. E continue defendendo o tórax.

Roberto, felizmente, vai melhorando.[1] No capítulo da saúde, é sempre indispensável acumular recursos nas férias escolares para gastar no ano de esforços persistentes. Graças a Deus, porém, suas condições vão melhorando sensivelmente, embora a necessidade da atenção no setor de tratamento e autopreservação.

Peço a vocês, neste mês de fevereiro próximo, uma prece à noite, sempre que possível, endereçada a mim. São forças que eu peço a vocês para que eu possa realizar um trabalho que me foi conferido. Peço-lhes apenas que orem e se lembrem de mim, se possível, diariamente, à noite, antes do sono. Ser-me-ão muito úteis semelhantes vibrações. Mais tarde, explicar-me-ei de melhor maneira.

Espero que todos repousem na paz de Jesus. Que ele lhes encha as mãos de possibilidades para o bem e os corações de paz e luz. Recebam o abraço muito afetuoso do papai e do vovô muito amigo de sempre que nunca os esquece,

A. Joviano

---

[1] Nota da organizadora: em referindo-se a Roberto Amorim Joviano, meu irmão. Para maiores dados da família Amorim e Joviano, sugerimos a leitura de *Sementeira de luz* (VINHA DE LUZ, 5. ed., 2015), *Deus conosco* (VINHA DE LUZ, 4. ed., 2014), *Militares no Além* (VINHA DE LUZ, 2. ed., 2009), *Colheita do bem* (VINHA DE LUZ, 2010) e *Depois da travessia* (VINHA DE LUZ, 2013).

A QUESTÃO EDUCATIVA

Meus caros filhos, Deus abençoe a vocês, conferindo-lhes muita paz aos corações.

Estamos apreciando com satisfação o cuidado de vocês no capítulo da defesa doméstica. Há um velho rifão que afirma ser "o filho alheio brasa no seio". Dá mais preocupações, desperta instintos naturais de defesa. Quando se contrata um serviço sem maior atenção para com o servidor, semelhantes situações não acordam a noção dos compromissos, todavia, no lar cristão, o servidor é mais que uma pessoa habilitada ao trabalho. É o primeiro marco de continuação da família particular para a família humana, o traço de união entre a alma em missão doméstica e o mundo maior. Dou--lhes, portanto, muita razão. A **questão educativa** é cada vez mais palpitante. Sem que a defrontemos com boa vontade, é impossível a realização do que pretendemos — um "hoje" mais equilibrado a caminho de um "amanhã" mais feliz.

Nessa marcha de oração e vigilância, andaremos sempre bem. Há dias e noites em que a prece pode chegar antes da defesa. Mas haverá ocasiões em que a vigilância deve entender-se conosco antes da oração. "Contemplemos olhando", diz-nos o nosso amigo Emmanuel, e creio que a razão está aqui nessas duas palavras aparentemente iguais em significação.

Rômulo, sei como o nosso amigo General Aurélio tem sentido falta de sua presença no Rio para um entendimento pessoal.[1]

---

[1] Nota da organizadora: em referindo-se ao General Aurélio de Amorim, meu avô materno, que residia na capital do Rio de Janeiro. Para maiores dados da família Amorim e Joviano, sugerimos a leitura de *Sementeira de luz* (VINHA DE LUZ, 5. ed., 2015), *Deus conosco* (VINHA DE LUZ, 4. ed., 2014), *Militares no Além* (VINHA DE LUZ, 2. ed., 2009), *Colheita do bem* (VINHA DE LUZ, 2010) e *Depois da travessia* (VINHA DE LUZ, 2013).

Quero crer que você não possa, nem deseje tomar a iniciativa com brevidade, entretanto, estude-a calmamente. Quando não seja para alcançar o "objetivo" total do empreendimento, será útil para aplainar os caminhos e desfazer qualquer nota de incompreensão gerada pela boa vontade dos nossos amigos. Não pretendo dizer, com isso, que você deva contrariar o seu impulso de abstenção e desejo apenas que você examine a possibilidade com simpatia, atendendo-a, em momento que se faça oportuno, sem delongas que imponham rumo contrário aos seus trabalhos e com benefícios para a sua saúde e acerto das opiniões gerais. É um parêntesis que abro em seus pensamentos. O resto da decisão virá com o estudo e com a experiência. É sempre melhor esperar alguma coisa ou alguns dias antes de resolver sobre assunto que nos demora no coração e na mente. Estaremos auxiliando o General com recursos espirituais que lhe restaurem a sintonia psíquica.

Agradeço as preces com que vocês me ajudam. Recebo diariamente a quota de lembranças sagradas que vocês me dedicam bondosamente. O que lhes pedi foi um "abono espiritual" para serviço que realizaremos com a graça do Alto. Creiam, você e Maria, que tenho recebido muita cooperação de ambos nos momentos de sono físico porque a recordação de meu pedido orienta melhor a cooperação espiritual de vocês em nosso trabalho. Que Deus os abençoe.

Desejo-lhes muitas felicidades e, embora peça a você, meu filho, continue com os passes na região de sede da circulação, cumprimento a todos pelas melhoras gerais. Não sou mais extenso em tais felicitações para não acordar a gripe com o "barulho". Todos os seus doentes, meu caro filho, que são agora uma "família crescente", estão recebendo auxílio. Seu caderno é valioso ponto de referência espiritual ao serviço.

Boa noite para vocês todos. Desejando-lhes muita saúde e paz, com alegria e gosto de viver com Jesus, abraça-os muito afetuosamente o papai de sempre,

SALÁRIO INVISÍVEL

Meus caros filhos, Deus abençoe a vocês, concedendo-lhes muita saúde, alegria e paz espiritual.

Compreendo, Rômulo, sua necessidade de orientação na hora que passa. Não nos assiste o direito de interferência nas decisões dos corações que amamos, mormente quando é tão complexa a diversidade de planos. Nesse sentido, somos afetivamente advertidos pelas autoridades que nos superintendem as ações. Entretanto, é com permissão de nossos benfeitores de Mais Alto que venho cooperar com você nas resoluções de serviço do momento.

Convém esclarecer aos amigos devotados ao seu bem-estar quanto ao problema fundamental de suas aspirações. Não é o cargo de confiança, no Rio de Janeiro, o objetivo a alcançar. No assunto, há numerosas particularidades exigindo considerações demoradas. Consagrando-se, há quase três decênios, aos trabalhos de montagem técnica da produção animal de Minas, o seu **salário invisível** de experiência é invejável patrimônio — não só de conhecimentos diretos no contato com os assuntos e regiões, com a peculiaridade e a fisionomia de cada zona, mas também de psicologia humana, junto dos setores diversos de que a sua tarefa deva ser manifestada para benefício coletivo. Entendemos, pois, como providência desaconselhável o seu deslocamento para a recepção de láureas exteriores, atento apenas à execução da justiça que deve ser por outrem exercida. Acresce que o seu temperamento de trabalhador com realização, no plano do serviço vivo, não mais se compadece com as condecorações honrosas, mas de efeito quase negativo no campo do esforço comum. Todos nós nos rejubilaríamos com a sua investidura em alto posto administrativo, que os seus amigos se incumbiriam de organizar com facilidade. Isso porém, se notássemos tendências caracterizantes em seu espírito para acomodar-se tranquilamente nesse sentido. Considero, todavia, que ao atingirmos quase o "trigésimo marco" de edificações com a natureza mais simples, permutando com os seus mananciais de vida e compreensão os valores da alma, é difícil aceitar a posição meramente administrativa, embora imprescindível e honrosa para quantos a recebem, desejando servir em nome de Deus e da humanidade. É que você tem levado a efeito descobertas novas e vai entendendo a necessidade de persistência na obra a edificar. Dia a dia, semana a semana, ano a ano, sua experiência adquire bases mais sólidas, com vistas não somente ao seu ministério, mas igualmente aos que vierem depois de seus passos. Além disso, não podemos esquecer a estrutura divina do trabalho, a origem sagrada dos impulsos iniciais e dos compromissos assumidos, espiritualmente falando. À parte de semelhantes considerações, se tal medida fosse consumada, cresceriam os desafetos gratuitos que rodeiam seu esforço atuante e realizador. Sua adesão ao programa seria naturalmente mal interpretada e, ainda que o escopo da elevação funcional fosse alcançado, sobrariam muitos espinhos para o "depois". Ódios gratuitos e opiniões tendenciosas formar-se-iam incontinenti ao redor de seu nome e, então, a avalanche perigosa de "forças mentais destrutivas" rolaria, sem dúvida, sobre o seu caminho, com plena impossibilidade de qualquer concurso de nossa parte, de vez que arcaria seu espírito com a responsabilidade da modificação.

Desse modo, pois, seja franco em face da situação, esclarecendo que você apenas deseja a continuação de seu ministério em Minas, mas aspirando naturalmente que se processe a reivindicação que o caso funcional exige. É problema de justiça administrativa, cuja solução você pretende receber dos próprios superiores hierárquicos, sem desejar a penetração no domínio da alheia autoridade para justificar-se pelas próprias mãos. Nesse sentido, faça o que você puder e mobilize os nossos amigos, no que for possível, porquanto estamos diante de realização justa e necessária. Fora dessa esfera de aquisição do que é devido ao seu nome, tenha o seu coração agradecido e honrado pelas demonstrações de carinho e confiança sem, contudo, dispor-se a novas aventuras de êxito problemático. Que Jesus ajude ao seu coração a executar os bons propósitos que o animam é o que desejo com toda alma. O tempo é infinito e os caminhos são longos. Mantenha-se ativo, vigilante, dedicado, mas não se aflija nem sofra. Receba a tribulação interior como valioso bem do Céu.

Maria, pode continuar aplicando o *Arsenicum* ao menino.[1] Essa criança precisava desse recurso. E o esforço dos últimos dias, aliado à sua amorosa disciplina, tem feito grande bem ao seu organismo. Estamos auxiliando o Roberto para que se verifiquem as melhoras precisas.

E agora, meus filhos, deixo-lhes o meu grande abraço. Que o Senhor da Vida Eterna lhes dê muita saúde, bom ânimo e paz, são os votos muito sinceros do papai,

A. Joviano

---

[1] Nota da organizadora: sobre o "menino" não nos foram dados maiores informes.

A OBRA ESPIRITUALIZANTE E A CONSTRUÇÃO MATERIAL

Meus caros filhos, Deus abençoe a vocês, conferindo-lhes muita paz aos corações.

Parece incrível tenhamos sempre assuntos novos, semanalmente, para a correspondência epistolar. Entretanto, **a obra espiritualizante não é diferente, nas bases, das construções de natureza material**, destinadas a atender objetivos úteis, com longa função no espaço e no tempo. Faz-se imprescindível examinar as minudências e satisfazer a imperativos inadiáveis do serviço. Hoje, detalhes aparentemente insignificantes, amanhã, particularidades inexpressivas aos olhos sem reflexão, mas detalhes e particularidades que, como as coisas obscuras e mínimas, são forças essenciais da edificação.

Assim é, meu caro Rômulo, que torno ao seu caso funcional para dizer do alívio experimentado por mim com a modificação das ocorrências. Muitas vezes, temos cooperado para que os "fios exteriores" não interfiram em suas presentes realizações. Sempre focado pelo Rio, o seu trabalho, muito mais que se possa pensar, tem sido objeto de múltiplas observações. E é necessário verificar as "redes de comunicação" para que os impulsos nocivos sejam desviados a outra parte. Compreende você como me preocupava, portanto, a probabilidade da "pressão honrosa e afetiva", com respeito à sua transferência, embora à posição mais alta. Não me refiro a tais circunstâncias porque não o suponha capaz de vencer ambientes como os que se antepunham ao seu exame. Você poderia mesmo renová-

-los, proporcionando-lhes grande bem. Quero aludir ao seu temperamento e à torre de iluminação interna que seu esforço vai construindo, gradativamente, ao preço de trabalho sincero e metódico. Sem dúvida, merece você a condecoração, mas é que o seu roteiro não deveria sofrer alterações nos dias que correm. Quanto for possível, continue sua tarefa de cooperação em Minas, no ministério da renovação. Há poucos olhos para interpretar seu trabalho com a atenção que "ele merece e requer", entretanto, não se incomode. O próprio Jesus começou a obra de renovação mundial apenas com doze pessoas. Dessas, uma negou-se ao compromisso assumido e onze encontraram dificuldades nos tempos iniciais para o testemunho de verdadeira e legítima compreensão. Prossiga, pois, sereno, operando o que for possível e cooperando no que for justo. A oportunidade de sequência nos esforços comuns que aperfeiçoam a alma e preparam os caminhos é trabalho que exige de nós atenção e muitos sacrifícios por vezes.

Estou satisfeito com o reencontro do General com um velho amigo que nos pode ser tão útil! Iniciou-se a nova etapa! Seguiremos por "rounds", confiando no Justo Juiz.

Maria, o nosso pequeno Carlos Oswaldo recebeu nosso concurso para descongestionar o olho contundido.[1] Agora, antes de recolher-se, façamos pequena fórmula de duas colheres de água pura com dez gotas de *Arnica*, ensopando pequeno fragmento de pano, à guisa de esponja, aplicando levemente ao longo da testa, não perto do globo ocular. Essa operação melhorará o quadro dos tecidos.

Agora, meus filhos, desejo-lhes muito boa noite. Vivam tranquilos e felizes, louvando a Jesus pelos tesouros recebidos. Graças à Divina Providência, vocês não estão esperando a morte para fazer aprendizado da vida. Valemo-nos da existência para melhorar a senda do presente e do futuro, não so-

---

[1] Nota da organizadora: Carlos Oswaldo era sobrinho de Maria e de Rômulo. Filho de Iacy, irmã de Maria, e de Oswaldo Benjamin de Azevedo. Frequentemente, passava as férias escolares em nossa casa, na Fazenda.

mente para nossos pés, mas também para quantos caminham ao nosso lado. A ciência mais bela do discípulo de Jesus é justamente esta: afeiçoar-se-lhe aos ensinos, de alma e coração, insculpindo a luta de cada dia pelos moldes das lições abençoadas e inesquecíveis do Mestre. Aprendamos com ele a elevar o coração, elevando os que nos cercam. Edifiquemo-nos em seu templo, trabalhando na organização das vestiduras de nosso espírito para a eternidade. A estrada é longa e a marcha, laboriosa, bem o sei, entretanto, quem acende a luz da fé viva para a senda a percorrer encontra o divino Companheiro, que inspira o êxito preciso à jornada de elevação.

Que Jesus, nosso Mestre e Senhor, nos santifique a intenção de prosseguir no bem e para o bem, intensificando-nos a oportunidade de servi-lo em nós mesmos e junto a quantos se aproximam de nós, são os votos do papai, que lhes deixa um abraço muito afetuoso, cheio de carinho e de saudade.

A. Joviano

MAIS UM VINTE E SETE MENSAL

Meus caros filhos, Deus abençoe a vocês, concedendo-lhes muita tranquilidade e saúde.

Mais um vinte e sete mensal que passamos em sagrada alegria doméstica.[1] Em nosso templo de oração, rendamos graças, suplicando a Jesus fortaleça, cada vez mais, os laços que nos unem para o serviço de elevação cada vez mais ativa.

Os santos júbilos do lar constituem fontes benditas de inspiração superior e de energias multiplicadas para o trabalho. O campo doméstico é também usina criadora de forças prodigiosas no sustento de realizações para a eternidade. Que vocês sejam sempre felizes, são os nossos votos ardentes, e que todo aniversário da nova união nos sirva de marco luminoso no caminho infinito da vida, é o que pedimos ao Senhor.

Rômulo, ao término de fevereiro corrente agradeço a você e Maria as preces em persistente lembrança com que me auxiliaram no trabalho a que me referi, trabalho que se reporta à nossa tranquilidade em geral. Não preciso minudenciar, no momento, os ângulos do serviço levado a efeito. Bastará dizer-lhes que ambos me prestaram efetivo e real concurso, mormente no desprendimento parcial e provisório do sono. Precisávamos impedir a dilatação da ideia alusiva à sua ida para o Rio, presentemente. Não queremos dizer que isso seja impossível, apenas encarecendo a inoportunidade de tal empreendimento agora. Felizmente, polarizaram-se as forças que requeriam semelhante iniciativa em outros seto-

---

[1] Nota da organizadora: dia do mês em que se comemorava as bodas nupciais de Rômulo e Maria Joviano, ocorridas em 27 de dezembro de 1923.

res e o nosso grande e dedicado amigo General Aurélio compreendeu o assunto, querendo-nos a todos o mesmo bem de cada dia. Era muito importante não feri-lo no movimento. Coração abnegado de pai e admirável caráter de amigo, sua movimentação entusiástica tem sido a mais respeitável em seu favor. Era necessário não agastá-lo de leve. Dele temos recebido os mais carinhosos protestos e testemunhos vivos de consideração e não podemos dispensar-lhe o concurso decisivo e sincero, como os viajores induzidos à extenuante marcha não podem desprezar a sombra de árvore robusta e acolhedora. Tornava-se, pois, imprescindível modificar o curso do "leme", porquanto semelhante decisão, assim de afogadilho, sem oportunidades de maior reflexão, por originar-se de autoridades superiores, às quais não nos compete apresentar qualquer ponderação, envolveria a sua saúde física propriamente dita. Desse modo, sentimo-nos mais tranquilos, podendo, assim, ir construindo mentalmente o futuro.

Valemo-nos dos serviços espirituais deste mês, igualmente, para melhor atender à tarefa de cooperação com você nos passes. Diariamente, em "saindo conosco à noite", recebia nossa colaboração afetuosa para as suas autoaplicações magnéticas. O efeito sobre o seu sistema circulatório tem sido excelente. Como vê, meu filho, sempre que sentir o desejo de renovar as forças que lhes são próprias ore e procure as reservas espirituais. O conselho não é novo. Em epístola do apóstolo Tiago, essa advertência é clara, quando o discípulo do divino Médico recomenda a prece aos que se sintam doentes. Que Jesus nos multiplique as alegrias de prosseguir unidos no mesmo trabalho de santificação do presente para a redenção do passado e elevação do futuro.

Tenho trabalhado também no setor da compreensão familiar. É terreno mais difícil, por ser mais delicado, mas iremos, pouco a pouco. Que não realizaremos com o otimismo nascido da confiança sincera? Por nós mesmos, pouco ou quase nada conseguiremos, entretanto, nós com Jesus somos fortes e poderosos. Tenhamos fé e prossigamos.

Ao despedir-me, espero que o Senhor lhes encha os caminhos de muitas rosas de felicidade e paz, com saúde e alegria. Em aparecendo dificuldades e sombras, lutas e dores, não suponham que são as rosas portadoras de espinhos. Façam a legítima interpretação da vida e lembrem-se de que, na verdade, são os espinhos os emissários das rosas. Assim tudo passará em ritmo desejável.

Boa noite para vocês. Com um beijo aos meus netos, abraça-os muito afetuosamente o papai muito reconhecido de sempre,

A. Joviano

ALGUMAS PALAVRAS AO ROBERTO

Meus filhos, Deus abençoe a vocês, concedendo-lhes muita saúde e paz.

Cumprimentando a nossa amiga de todos os tempos, formulo votos à Bondade Divina para que vocês todos permaneçam alegres e felizes.

Desejava dizer **algumas palavras ao Roberto** nas vésperas da volta à atividade ginasial e não posso deixar a oportunidade para depois. Quero dizer a você, meu filho, que seguiremos de perto os seus passos na fase nova a que será conduzido. Tenha muita serenidade e vamos começar o ano movimentando a inteligência em todos os setores. Lembre-se de que todas as matérias serão necessárias ao êxito final. É imprescindível cultivar uma por uma, adquirindo-lhes os valores com fidelidade ao programa estabelecido. Sei que você não é um descuidado e que a sua mente não é preguiçosa. E pode acreditar, meu caro Roberto, que minha preocupação não é tão grande nesse campo propriamente intelectual. Preocupam-me muito mais as condições morais do trabalho que você necessita desenvolver. Refiro-me ao "pequeno mundo escolar", às "pequenas guerras dos individualismos", ao círculo fechado das insinuações e das companhias, das sugestões repentinas e das decisões improvisadas. Reconheço o caráter devotado à justiça de que você é portador e vejo que o seu amor-próprio é uma boa arma, sem a qual não conseguiria desenvolver-se. Mas peço a você, com empenho, muita prudência em seu uso. Quando você for conduzido à estrada maior, quando chegar sua habilitação à luta do mundo grande, da independência pessoal e profissional, você poderá ser o mestre de esgrima que deseja ser na defesa dos princípios de retidão nos menores serviços do caminho evolutivo. Por agora, porém, meu filho, é necessário saber suportar. Saber contornar os perigos, evitar os atritos, esquecer as dificuldades. Não aconselho seu coração a acovardar-se ou a despersonalizar-se, mas recomendo-lhe a calma dos que sabem lutar com inteligência nos obstáculos do princípio para ganhar as vitórias do fim. Em suas existências passadas, houve sempre em suas manifestações pessoais a predominância do seu sentimento forte de individualidade. Semelhante característica é indispensável à formação do homem resoluto e vencedor, no entanto, é preciso empregá-la em tempo adequado. Domine sua revolta ante tudo o que lhe pareça injustiça no seu colégio, receba de boa vontade todas as determinações, desde que não se refiram aos males irremediáveis (que em hipótese alguma poderão surgir num educandário moderno) certo de que terão fim e acolha com simpatia todas as medidas que tendem à segurança da ordem, da disciplina, do bem coletivo, ainda mesmo quando ferirem seus sentimentos de rapaz digno e brioso. Todas as dificuldades passam. Ouça os companheiros com ouvidos vigilantes, não ceda aos primeiros impulsos em qualquer providência que vise modificações nos regimes estabelecidos e, embora alegre e otimista, comunicativo e fraternal, como deve ser em suas relações de cada dia, busque ouvir sempre mais, pensar muito e opinar em poucas situações. Essa posição criará simpatias novas e edificantes para o seu esforço. Sobretudo, não deseje nem um simples grama de contenda com os professores.

É uma arte que você deverá continuar cultivando para que a tarefa de conclusão do curso seja menos áspera. Comecemos de agora e rendamos culto a esse serviço, em todas as semanas, para que no fim do ano as intercessões sejam eficientes em seu favor. Conte com a minha velha amizade e não desfaleça. Farei tudo o que eu puder para que as pedras e espinhos da estrada não firam seus pés e só peço a você para olhar o chão, a fim de prosseguirmos no ritmo necessário. Para a sua saúde, o receitista amanhã fornecerá indicações. Será conveniente levar com você os medicamentos precisos. Nessas diretrizes, vai ver que tudo nos correrá bem. Que Jesus dê ao seu espírito muita coragem e muita luz. Não desanime. Contemple a meta que devemos atingir, não perca o alvo de vista. Focalize o objetivo e caminhemos com fé na proteção divina.

Maria, deixo para você minha visita muito afetuosa. Esperamos que amanhã o surto gripal esteja em declínio. Não lhe faltarão os passes restauradores e curativos na assistência da noite.

Adeus, meus filhos. Por intermédio de nossa amiga, envio minhas lembranças ao nosso inesquecível Dr. Brito[1] e desejando-lhes a todos muita saúde e tranquilidade sou o papai muito amigo de sempre,

A. Joviano

---

[1] Nota da organizadora: sobre "nossa amiga" não nos foram dadas maiores informações. Dr. Carvalho de Brito, antigo e estimado amigo da família Joviano, foi Secretário do Interior do Estado de Minas Gerais, no Governo João Pinheiro, por ocasião da primeira reforma do ensino primário, reforma que contou com a efetiva e inesquecível participação de Arthur Joviano.

VOTOS DE ALEGRIA

Meus filhos, que Deus abençoe a vocês, concedendo-lhes muita saúde e paz espiritual.

Associando-nos aos votos de alegria de nossa irmã Engrácia, desejamos que os nossos amigos sejam felicitados por bom tempo material e espiritual, em todos os dias da estação de descanso do Rio. Fazemos votos sinceros para que recolham muita alegria e muita paz íntima. Amigos nossos recomendam-nos seja dito ao General Aurélio que a nossa irmã Amélia virá na primeira oportunidade.[1] Esperamos assim que o seu coração de filho receba esse júbilo em breve.

Rômulo, sobre os seus trabalhos de assistência magnética, conversaremos mais tarde. Desejo falar nisso com mais particularidades, definindo mesmo certas bases de seus serviços futuros nesse setor, e é preciso mais tempo para alinhar considerações. As suas observações sobre a respiração representam valioso concurso ao trabalho. Tratam-se de notas que vai recebendo mentalmente do nosso plano, com mais intimidade, pelo concurso dos amigos que o assistem.

Boa noite para todos. Pedindo a bênção de Jesus para cada um, sou como sempre o papai muito amigo,

A. Joviano

---

[1] Nota da organizadora: em referindo-se à minha bisavó materna, mãe do General Aurélio de Amorim. Para maiores dados da família Amorim e Joviano, sugerimos a leitura de *Sementeira de luz* (VINHA DE LUZ, 5. ed., 2015), *Deus conosco* (VINHA DE LUZ, 4. ed., 2014), *Militares no Além* (VINHA DE LUZ, 2. ed., 2009), *Colheita do bem* (VINHA DE LUZ, 2010) e *Depois da travessia* (VINHA DE LUZ, 2013).

SOBRE A VIAGEM PRÓXIMA

Meus caros filhos, Deus abençoe a vocês, concedendo-lhes muita saúde e paz espiritual, ao lado dos queridos amigos presentes.

Venho, meu caro Rômulo, dizer-lhe da satisfação com que observo a sua **viagem próxima**, valiosa por muitos motivos, considerando que, de há muito, desejava vê-lo aproveitando, pelo menos durante alguns dias, a atmosfera iodada do mar. Que Jesus conceda a vocês muito feliz excursão, com bastante paz espiritual e alegria íntima.

Nesse sentido, acompanhei atentamente o culto evangélico de ontem e enquanto nosso amigo de sempre comentava os aspectos espirituais da interpretação, fazendo-lhes vibrar as cordas mais sensíveis da alma no exame das edificações interiores, pensei também no comentário das situações do plano externo. Meditei, igualmente, meu filho, nas suas dificuldades naturais, quando seu coração de trabalhador é defrontado pelas grandes cidades repletas de ídolos, de variadas espécies. Sei como são desagradáveis para a sua sensibilidade os choques de determinadas regiões de testemunho. Nos grandes agrupamentos, nas multidões mais compactas, é possível examinar, mais de perto, a idolatria das criaturas, idolatria que se reveste de cores diversas e que variam de tonalidade nos mais estranhos graus de incompreensão dos problemas relativos à eternidade espiritual. Entretanto, não podemos esquecer a nossa qualidade de embaixadores, de enviados do Mestre Maior a fim de servi-lo em setores diferentes do "altar da fé". Há ocasiões em que o emissário do Evangelho terá de pisar o solo áspero dos campos empedrados para lançar a sagrada semeadura dos princípios cristãos, sem palavras literalmente evangelizadoras. É a zona de luta mais forte, quase cruel. Compreendo que certos encargos, se bem honrosos e dignificantes, não fascinam hoje o seu espírito de realização. Entretanto, na ocorrência de agora, consideramos a medida oportuna pelas suas necessidades e pelas vantagens que deveremos esperar. Também eu não tenho, até agora, quaisquer elementos básicos com que possa debuxar, de leve, o programa de serviços eventuais. Sejam eles, porém, quais forem, estaremos com vocês, seguindo-os de perto. Maria beneficiar-se-á muitíssimo igualmente no tocante à saúde.

Não se esqueçam de nossos "bons amigos homeopáticos". Convém enfileirá-los para que sigam bem, ao lado de vocês, na composição de reduzida farmácia de emergência. Consultei o receitista sobre os seus ouvidos e ele opinou, com razão, que não convinha levar a efeito quaisquer indicações alopatas, em razão de estar você mais ambientado com a homeopatia. Nesse ponto de vista, aliás, justíssimo, combinamos aconselhá-lo a usar por vinte dias, a partir de sábado: *Silícea 5ª, Lycopodium 5ª, Conium Mac. 5ª*. Tratam-se de elementos em conjunto especializado para os ouvidos, certo, como estou, de que a ação dos passes em seu valioso autotratamento será particularmente preciosa. Quanto ao problema dos reflexos nervosos sobre os centros da circulação, convém sempre guardar à mão o *Cactus Grand*, a *Staphysagria*, o *Kalmia Lat.* e o *Convalaria Mag.*. Caso surja necessidade de aplicação, cooperaremos com você na intuição precisa. Esperamos, no entanto, que você possa colher os benefícios possíveis, nessa ausência temporária da altitude grande. Há momentos em que os habitantes do vale e os da montanha deveriam permutar a residência por alguns dias, para o serviço das compensações necessárias. Guarde, pois, sua serenidade, seu bom ânimo e "não se revolte observando a cidade cheia de ídolos". Esse detalhe é importante, de acordo com a mensagem de ontem, recolhida em Atos dos Apóstolos. A disposição alegre e sadia é meio caminho para o êxito final. Os trabalhos terrestres são, por vezes, pesados e menos interessantes, mas são sempre sagradas expressões do "livro divino", da reencarnação, no qual cada dia é uma página diferente e nova a preencher.

Agradeço o cuidado que vocês dispensaram ao nosso trabalho humílimo, consagrado aos adolescentes. Parece estranho que a mensagem se dirija ao espírito infantil, entretanto, os impositivos da educação no presente assim exigem. A mente dos meninos e dos jovens permanece inflamada de sensações e propósitos de aventura. Os pequenos de hoje, verdadeiros fidalgos da possibilidade, em face do progresso das artes gráficas, não se preparam à frente da escola terrestre. Intoxicam-se de falsas noções da vida e da luta que os esperam anos adiante e, quase sempre, depois de alfabetizados, intelectualmente falando, não experimentam impulsos mais nobres de estudo e preparação legítima do espírito. A imaginação superexcitada e os propósitos em desvio impõem-lhes sentimentos doentios e tendências menos edificantes. Urge formar algum celeiro, por apagado e mínimo que seja, em que a alma da infância consiga informar-se de que a vida não é um brinquedo nas mãos das criaturas.

Maria, você poderá usar o *Spongia Mar.* e o *Spigelia*, de conformidade com os pareceres de nosso amigo que nos indica o receituário de sempre. Ser-lhe-ão úteis e o uso aconselhado pode prolongar-se por 20 a 30 dias. Sempre que puder, minha filha, escreva ao Roberto, animando-o, incentivando-o, estimulando-o. Suas cartas, seus apelos e conselhos, advertências e expressões afetivas de mãe conservam-lhe no espírito a chama do espírito de perseverança e otimismo bem acesa. Estamos cooperando com ele quanto é possível às nossas reduzidas possibilidades de interferência indireta em sua marcha para o futuro. Que Jesus nos guarde a todos e proteja sempre.

Esperamos que vocês sejam muito felizes na viagem em organização.

Não preciso, meu caro Rômulo, acrescentar qualquer informação relativamente aos seus serviços de ordem espiritual na distribuição dos benefícios magnéticos. Pode continuar seu ministério silencioso e invisível, certo de nossa colaboração afetuosa e incessante. Quanto aos auxílios diretos, convém esperar o pedido dos que realmente desejam. Essa diretriz é sempre recomendável para que as pérolas sejam guardadas em boas mãos e confiadas a cofres cheios de amor e fé viva. O campo de trabalho é infinito e o servo de Jesus precisa muita ponderação para não ceder ao entusiasmo de corações outros, mais dedicados à sensação do minuto que passa que ao entendimento que fica. Que Deus abençoe a sua boa vontade e o seu esforço de fraternidade, no qual o seu espírito vem plantando árvores de bênçãos eternas.

Boa noite, meus filhos. Desejo-lhes muita paz e saúde, felicidade e alegria de lutar, junto dos nossos bons amigos aqui presentes. Que Jesus lhes conceda tudo o que existe de belo e bom, são os votos muito sinceros do papai muito amigo de sempre,

A. Joviano

O APROVEITAMENTO DE UMA VIAGEM

Meus caros filhos, Deus abençoe a vocês, concedendo-lhes muita saúde, alegria e paz espiritual.

Com satisfação, trago-lhes o meu abraço através da escrita, de vez que, pelas forças invisíveis do espírito, permanecemos, graças ao divino Mestre, sempre juntos.

Aproveitaram significativamente com a viagem, bem o vejo. De saúde física encontram-se mais fortes e de saúde espiritual, mais integrados nas experiências elevadas e úteis.

Observa você agora, meu caro Rômulo, a questão dos planos, onde as atividades de cada um se desenvolvem, se aprimoram e desdobram. Reparou, com mais clareza, as dificuldades enormes e quase insuperáveis de muitos companheiros de luta, no setor da realização espiritual. É que, meu filho, o planeta, com todos os seus círculos evolutivos, revela presentemente o ritmo acelerado da redenção. Para longos séculos que os homens perderam, surgem agora dias apressados em que os mais graves problemas se condensam, exigindo justa solução. Os que não aprenderam a harmonia da marcha em verdade sofrem muito, porque as horas são efetivamente expressivas no que se relaciona com o progresso das massas.

Nas cidades, o drama é mais visível, mais analisável. Anotamos aí os mais chocantes desentendimentos. Não queremos dizer que os núcleos menos populosos não possuem também seus atritos. Também a paisagem cheia de natureza está repleta de semelhantes imperativos. E por que vocês não têm perdido tempo, graças ao Altíssimo, podem efetuar experiências de cotejo, interessantes e valiosas. Nesse particular, o espírito de vocês regressou muito mais rico de observações. Louvemos, pois, ao Senhor que tanto nos tem dado no santuário da oração, do serviço e da vigilância. Nossa felicidade é grande e devemos agradecê-la em genuflexão espiritual. Temos, com o favor divino, arregimentado nossas forças para a semeadura mais alta. Nossos sentimentos não permanecem no sono da indiferença. De consciência desperta para a grandeza divina, a vida traduz para nós, atualmente, verdadeiro cântico criador de compreensão e virtude, elevação e luz eterna. Rendo graças à Providência e suplico ao Supremo Senhor para que os abençoe agora e sempre.

Relativamente à sua saúde física, estamos satisfeitíssimos com a trégua que foi imposta ao seu coração por alguns dias. Recordo-me de que na carta última afirmei que, de fato, não podia no momento formular qualquer apreciação para os serviços que lhes estariam reservados. E dizia bem certo, contudo, de que o maior objetivo do provisório afastamento do lar seria realizado — a melhora de seu quadro orgânico, de maneira geral. Sei o número das perguntas mentais que você me envia nesse capítulo do tratamento a que se vem submetendo de algum tempo a esta parte. Não se preocupe, meu filho, demasiadamente. Não há razões para que passe longos minutos formulando a hipótese da lesão cardíaca. Queremos ser, nesse sentido, muito claros. De fato, esperamos que você faça o possível por não exigir serviço excessivo de seu bom e leal servidor — o corpo físico. Você não tem brincado de viver. Tem vibrado em seu trabalho. Tem criado quadros de vida com emoção. As árvores que hoje frutificam no campo que Jesus lhe confiou, as águas que aí cantam, as numerosas realizações que aí surgiram e se conservam, passaram, primeiramente, em seu coração. Foram ambientadas dentro dele com as suas melhores esperanças e concepções de estímulo, criação e vida. Cada fronde, cada particularidade da estrada viveram em seu pensamento impregnadas com todo o seu imenso potencial de emoções. E quem trabalha criando, meu filho, ama e sofre. Você tem amado e sofrido muito em seu campo de serviço, embora todo o reconforto que lhe felicita o caminho. E hoje sabemos que "o sangue é elemento básico na fixação do organismo perispiritual na esfera física". É por essa razão que, de algum modo, seu aparelhamento circulatório, apesar da ausência de qualquer lesão, reclama algum descanso. Descanso de emoções fortes para trabalhar mais suavemente. Descanso de ideias e ideais para que as células se refaçam. Todos os trabalhadores sinceros e devotados fazem peso sobre as artérias coronárias, aquelas que se encontram na intimidade do órgão da vida terrestre. É a região onde se fixa o *substratum* das dores experimentadas, das aflições sofridas. Quero explanar, desse modo, não para transmitir a você impressões destrutivas, mas para cooperar no sentido de preservação. Se não estivéssemos tão entrosados um com o outro, aconselharia a sua visita a recursos médicos oficiais, mas, efetivamente, Rômulo, para quê? A maioria dos médicos do mundo está cheia de alarmes e de recursos insuficientes. Não. Não desejo que você faça peregrinações espirituais através de estudos técnicos do coração e dos vasos. Desejo tão-somente que você goze mais tranquilidade, mais sossego e alegria, para que os órgãos repousem à distância de fortes pressões mentais.

O receitista nosso amigo, depois das indicações homeopáticas em curso, vai aconselhar a você um pouco de alopatia. Será tratamento simples para o qual peço a sua adesão, compreendendo o valor que a homeopatia tem representado para todos nós. Esperamos que, com esses novos elementos, possa melhorar a posição geral que tem tido reflexos no aparelho auditivo. A princípio, tentamos, de todo modo, alijar todas as partículas que pudessem prejudicar os ouvidos e esse trabalho foi feito com êxito, mas agora vemos que é necessário cuidar do sangue para atacar o assunto na fonte essencial. Assim me pronunciando, peço a você manter-se ausente de qualquer impressão destruidora. Não há razão para isso, de modo algum. Tudo, felizmente, vai correndo bem e podemos examinar o problema com essa serenidade de entendimento do minuto que passa. Apenas desejo que essa greve das células seja eliminada no princípio pela boa compreensão nossa, no sentido de dar ao corpo físico o que lhe pertence em ocasiões de necessidade justa.

Quanto ao mais, tudo vai indo harmoniosamente e confiemos na Divina Misericórdia. Maria igualmente deu-se muito bem com a permanência à beira do mar. Visitei-os nos momentos de maior alegria em que ambos, com a possível distância das humanas perturbações, se entregavam às puras impressões do espírito e da natureza. Que Jesus, meus filhos, lhes conceda muitas oportunidades como essa, de reconforto íntimo e sagrado entendimento.

Faço votos para que Wanda seja muito feliz em seus projetos de visita aos nossos vizinhos.

Agora, filhos, devo encerrar estas páginas. Adeus. Boa noite para todos. Recebam em cada palavra desta carta um pensamento carinhoso de meu coração reconhecido e feliz. Que o supremo Pai os abençoe e fortaleça, são os votos sinceros do papai que não os esquece,

A. Joviano

A MENSAGEM DE CARLOS

Meus caros filhos, que Deus abençoe a vocês todos, concedendo-lhes muita saúde e paz espiritual.

Tenho a ideia de que a carta última não foi suficiente para dizer a vocês tudo o que eu desejava e é por isso que a retomo na parte em que coloquei o ponto final para prosseguir, com o mesmo reconhecimento e afeição de todos os dias.

Estou satisfeito com a possibilidade que nos foi conferida quanto **à mensagem de Carlos**.[1] Suas páginas fornecem algumas impressões do esforço educativo de nosso campo de readaptação. Problemas diversos afloram aqui e ali, em se tratando de observações espirituais de um jovem. Naturalmente, pergunta-se se muitos deles não teriam sido adultos em experiências anteriores na esfera reencarnacionista. De fato, muitos tiveram semelhante aprendizado. Viveram em outras formas, experimentaram outras lutas, antecedendo a existência em que deixaram a crosta terrena em condição infantil. Todavia, é forçoso observar que milhões de criaturas, não obstante abandonarem o vaso fisiológico em posição de senilidade diante dos homens encarnados, não passam de crianças espirituais, reclamando reeducação e ensino. Até que o ser eterno ganhe madureza de razão, de sentimento e de espiritualidade, no campo da matéria propriamente considerado, muitos séculos escoam-se, muitos corpos se gastam, logicamente. Além disso, na maioria dos casos, a morte do corpo é um choque para a mente desencarnada, como o renascimento é um abalo para a mente

---

[1] Nota da organizadora: em referindo-se a Carlos, jovem de 14 anos à época recentemente internado em um dos cursos de reajustamento psíquico e preparação espiritual sob a responsabilidade do vovô Arthur. Tal experiência culminou com o livro *Mensagem do pequeno morto*, lançado pela FEB em 1947.

reencarnada na Terra. Daí essa necessidade de processos múltiplos no colégio educativo da vida, em círculos variados de preparação, iluminação e serviço. A existência espiritual permanece muito distante das abstrações teológicas. O prazer das esferas de luz consiste em estender claridade às sombras. Não existe um céu sem a preocupação de libertar o inferno. Não vivem iluminados e santos para a contemplação exclusiva dos quadros de beleza divina e sim para a disseminação da sabedoria. Nossas escolas aqui, meus filhos, são mais belas e mais ativas, repletas de eficiência e vivacidade. A consagração ao trabalho de esclarecimento é perene manancial de alegrias puras. Isso não quer dizer que vivamos tão-só em conjunto com aprendizes preparados e diligentes. Não. Se possuímos a felicidade dos ambientes afins, organizamos igualmente excursões de esforço extensivo da luz a lugares de treva, onde os espíritos infelizes semeiam maldições. A semeadura divina é cada vez mais nobre, mais elevada. Examinando a atividade de nossos campos de realização, consideramos que a mensagem de Carlos é valiosa não só ao espírito do irmão, mas a todos os jovens que tiverem sede de luz e esclarecimento. Suas notícias aguçarão a boa curiosidade e talvez, à meditação juvenil, suas palavras escritas provoquem mais respeito à vida terrestre e ao dever espiritual de cada um nas lutas e nas organizações do mundo.

Agradeço, pois, a vocês o carinho com que receberam o trabalho e espero que Jesus nos abençoe o esforço singelo. O destinatário é efetivamente Dirceu e não Ildeu, como repeti em algumas passagens, por associar ao nome minhas simpatias pessoais.[2] Na primeira oportunidade retificaremos.

Sobre a sua saúde, meu caro Rômulo, felizmente as suas melhoras são bem apreciáveis, contribuindo para elas, com muita eficácia, o serviço de autoaplicação magnética. Em seus momentos de prece, tenho tido oportunidade de

---

[2] Nota da organizadora: Dirceu era irmão de Carlos, destinatário da mensagem que virou livro, conforme mencionado por vovô Arthur no prefácio da obra, datado de 27 de julho de 1946.

colaborar mais decididamente em seu benefício, aproveitando fatores da respiração, quando nos é possível ministrar a você determinados recursos curativos de nossa ação. Prossigamos confiantes. Em face de suas melhoras, o nosso facultativo amigo adiará por mais tempo outras indicações.

Quanto ao Roberto, sempre que escreverem para Lavras ajudemo-lo no capítulo do estímulo. É necessário que se consagre valorosamente à "partida do corrente ano" para colocar-se em lugar adequado nas provas finais. Vamos fazendo o que nos é possível, esperando que ele nos dê o que possa. A cooperação entre a assistência espiritual e a realização humana não pode ser esquecida se desejamos o resultado favorável. Estou satisfeito com o esforço dele, mas é preciso vigiar, vigiar, para que a oração dos estudos seja perfeitamente levada a efeito, com harmonia e perfeição. Nesse sentido, conto em que os nossos maiores na Espiritualidade Superior nos concedam a satisfação de vê-lo em ganho de causa, preparando-se à frente do futuro.

Deixo-lhes, meus filhos, o meu pensamento afetuoso e reconhecido. Que o Mestre Divino conceda a vocês todos muita tranquilidade, alegria e saúde, a trilogia sobre a qual possam caminhar seguros de si próprios, no desempenho das tarefas que vos foram confiadas e na execução fiel da vontade de Deus.

Boa noite. Desejando-lhes muita paz, abraça-os com muito afeto o papai que não os esquece,

A. Joviano

ESPIRITUALISMO NA INGLATERRA E NO BRASIL

Meus caros filhos, Deus abençoe a vocês, concedendo-lhes muita saúde e paz espiritual.

Trazendo-lhes minha visita habitual, venho comentar com você, Rômulo, o livro interessante do nosso amigo da **Inglaterra**.

Suas observações, referentemente à alegria e ao bom ânimo que transparecem de todas as passagens em comparação com a bagagem de dor que se verifica em quase todos os núcleos e trabalhos espiritistas em nossa terra, são justas. Há, porém, que fazer as necessárias ressalvas no assunto. A diferença evolutiva influi decisivamente no problema.

O trabalho de Swaffer é fruto de vastíssimo ambiente claro e brilhante de responsabilidades definidas. O maior número de mentes ligadas ao serviço espiritualizante permanece liberto da ignorância religiosa. Os raciocínios ali são lógicos, esclarecidos, vibrantes. O trabalho é, em virtude disso, mais leve, mais fascinante. Há entrosagem de corações livres, como há entrosagem de ideias construtivas. Isso, contudo, não se verifica em nossos círculos por enquanto.

O esforço espiritualista no Brasil é mais laborioso por trazer consigo grande expressão sacrificial no capítulo da libertação religiosa. Em verdade, e digo confidencialmente, ainda pesam sobre a nação inteira resquícios fortes das sombras inquisitoriais, trazidas sucessivamente para cá até o fim do último século. Nossa herança de incompreensão e cativeiro, na ordem dos valores da fé, assume tremenda importância. Não podemos descortinar caminhos, nem abrir a luta. Seriam exterminados todos os que têm suportado os golpes da vanguarda. Imensurável obra de política espiritual há de desenvolver-se em todos os setores, para que a luz brilhe, enfim, clareando a senda do Espiritismo geral.

Somos espiritualmente como que um grande país ocupado por "invasão ideológica" há mais de trezentos anos, há mais de quatrocentos! Enquanto o trabalhador da verdade e do bem pode ocupar a tribuna pública na Inglaterra e soprar o ensinamento "dos telhados", segundo a profecia, somos compelidos a "conspirar", dizendo a mensagem da sobrevivência "da boca aos ouvidos" de cada um daqueles que se aproximam de nós, confiantemente.

Com efeito, nos últimos tempos, o trabalho tem realizado importante surto de progresso no país. Muitas clareiras promissoras abrem-se nos cipoais. Entretanto, a observação superficial do espírito do povo numa grande cidade, qual o Rio, demonstra a extensão e amplitude do serviço de esclarecimento a fazer.

Semelhante situação impede o aproveitamento de forças livres e edificantes.

A maior parte dos que nos procuram os mananciais chega tomada de enfermidade, de cansaço, de aflição, poluindo-nos as águas temporariamente, como ovelhas que se desincorporam, à força, de rebanhos tresmalhados, após suportarem longos assédios de corrigendas duras. Mas o que fazer? É necessário adubar para semear em terrenos que ainda não toleram a obra da semeadura. A edificação é mais difícil, mais lenta, menos alegre e, por vezes, dolorosa mesmo. Entretanto, é o quinhão de trabalho que nos foi oferecido.

Observará você em seu "treinamento de socorro magnético", em quatrocentas pessoas, que não chegaram quatro absolutamente entregues à confiança no Divino Poder, ao otimismo que deve imperar em nossas vidas e à esperança em nossa suprema destinação. Maioria esmagadora chega a passo pesado, no que se refere à energia mental, indecisa na fé, insciente da luz da oração, quase categorizada à conta de criancinhas espirituais, sem discernimento do exterior, sem domínio íntimo. É a manifestação das pesadas influências romanas dos últimos séculos de política despótica. É o fruto da semeadura eclesiástica de muito tempo. E as nações adoecem como os homens. É natural. E ai daqueles que desejarem extirpar a moléstia com a cirurgia do devotamento pessoal absoluto. As forças adversas eliminam-nos de uma vez só. É preciso descer na corrente do rio dos acontecimentos, ao invés de remar ao contrário, pretendendo subi-la. Para fazer o bem e libertar o maior número ainda são indispensáveis a prudência e a tolerância, a serenidade e a diplomacia individualista.

É por isso que o nosso Espiritismo é mais triste. Noutro tempo, em épocas recuadas, enquanto os homens livres faziam cursos acadêmicos, alegres e felizes, confiantes na vida e em si próprios, os homens escravos faziam súplicas. E sem o desejo de humilhar-nos a feição coletiva de progresso cumpre-nos considerar que, no campo das ideias, somos no Brasil, em se falando da esfera dos encarnados e de muitos desencarnados, cativos dos programas de dominação religiosa da Igreja Católica. É triste confessar isso, mas é verdade. Mas não percamos a esperança. Semeemos a alegria e a alegria frutificará. Questão de tempo, de experiência, de amadurecimento.

Estou satisfeito com as suas melhoras do aparelho circulatório. Nosso serviço de passes tem funcionado bem. Graças a Deus! Espero, meu filho, que você continue melhorando.

Maria, para você, para Wanda, deixo minha visita muito afetuosa e um lembrete do *Gelseminum* e do *Eupatorium*. O frio está chegando mais forte para vocês e é preciso limpar a "casa do ar" – os pulmões.

Boa noite para vocês todos.

Não me sendo possível alongar mais esta carta, deixo-lhes o meu coração cheio de afeto e reconhecimento.

Muitas lembranças e abraços do papai de sempre,

A. Joviano

NOVOS QUADROS DE TRABALHO

Meus caros filhos, Deus abençoe a vocês, concedendo-lhes muita saúde e paz espiritual.

Com os meus votos habituais, trago-lhes o meu grande abraço, esperando que se encontrem todos cada vez mais identificados com as bênçãos de nosso Pai celestial.

Estou satisfeito, meu caro Rômulo, com a sua atitude íntima em face dos **novos quadros de trabalho** que se vão desdobrando em torno de seus esforços. A luta aí, na esfera carnal, há de ser assim mesmo. Rejubile-se pelas possibilidades de incentivar os grandes empreendimentos no setor de serviço confiado às suas mãos e ao seu coração, porque, efetivamente, você sempre usou essas possibilidades no interesse geral.

Os maus serviços não despertam a inveja, não criam perseguições, não acordam o despeito no mundo dos homens encarnados. Apenas a árvore generosa que se carrega de frutos desperta o assédio dos viajores de sentimentos menos dignos e precisamos concordar em que esses viajores nas estradas terrenas são, ainda, em maior número. Assim me refiro para louvar a sua tranquilidade interior no momento em que novas hostes de cooperação penetram o campo em que você iniciou e estimulou meritórios trabalhos. Cada qual é portador da mensagem que lhe é própria e devemos limitar-nos a desejar que todos esses colaboradores deem o melhor que possuem a essa obra, que é coletiva.

Creia que tudo vem a seu tempo. O minuto que passa exigia semelhantes acontecimentos. Além disso, suas bases espirituais estão crescendo. Suas esperanças no serviço mais elevado são, consequentemente, maiores. Você criou novos padrões de realização interna e é da vontade do Pai que suas iniciativas adquiram rumos diferentes. Há quinze, doze, dez anos, o jogo dos interesses humanos, menos elevados, não lhe provocava certas impressões dolorosas que seu coração experimenta e experimentaria hoje.

Seus sentimentos toleram, agora, com muita dificuldade, a contemplação de certos entendimentos e combinações, em matéria de negócios e realizações puramente terrestres. Profundo antagonismo acentua-se entre você e os processos propagandísticos dos que se lançam à batalha do progresso coletivo nos dias que correm e, por isso mesmo, o que pode significar contrariedade é verdadeiro ganho para o seu coração, que recebe presentemente do Alto oportunidades novas de luz.

Há infinito serviço por realizar. O serviço sincero do Cristo jamais se coloca na esfera da disponibilidade. Educa trabalhando, edifica descansando, instrui falando, exemplifica vivendo. Desse modo, mantenha intacto o seu patrimônio de tranquilidade e bem-estar.

O futuro é ilimitado, o trabalho é imenso e as portas da realização, em verdade, são preciosas e múltiplas.

Vá, em vista disso, ao seu trabalho de cooperação, sereno e satisfeito. Desejemos a todos a paz, a execução do dever, o bom ânimo e a felicidade real.

Tudo passa aí no mundo e bem-aventurados serão sempre os trabalhadores que se identificam com a alma do trabalho, despreocupados da forma pela qual se movimentam os serviços.

A existência humana é um constante fluir e refluir de correntes renovadoras do pensamento e dos aspectos da vida em si mesma. Que Deus faça por nós o que desejaríamos fazer e que não foi feito pela intempestividade ou indiferença dos que nos assediam as boas intenções com a sombra que projetam. E pode acreditar que sempre Deus fará assim por nós, quando a luta for grande pela amplitude da incompreensão no tempo.

Regozijemo-nos sempre, como nos diz o apóstolo Paulo de Tarso, e prossigamos para a frente. O bom ânimo é a nossa luz para o trabalho de cada dia.

Cumprimento a você pelas melhoras do aparelho de circulação. A água fluidificada tem sido veículo de valiosa medicação para o seu caso e vamos continuar nas aplicações aliadas aos passes. Serão excelentes serviços em favor das melhoras necessárias. Graças a Deus!

Maria, você pode ficar tranquila referentemente ao caso da vitamina C. O receitista aconselha o prosseguimento do *Cantana* e afirma que, por enquanto, não há necessidade de elementos mais ativos. O limão é portador da vitamina referida, em grande quantidade, mas se alguém aconselhá-lo em seu caso somos de parecer que você não use. Não lhe fará bem. Será sempre melhor aplicar a sobriedade, mesmo no caso de medicação.

Quando você não dispuser do elemento natural que vem usando, nestes últimos dias, use a laranja (não a laranja absolutamente doce), uma às refeições. É igualmente uma boa fonte para seu suprimento.

Quanto ao mais, esteja fortalecida e alegre. Em todos os dias precisamos dispensar esse ou aquele cuidado à máquina física. Aqui também não estamos, de todo, despreocupados de nossos veículos de manifestação. A matéria é bem sutilíssima, entretanto, os processos de preservação acompanham-nos. Até o dia de nossa integração na Divindade, lutaremos. Essa é a grande, a imensa verdade. Conservando, porém, a nossa alegria, todos os serviços são mais fáceis e menos pesados, por trazerem ao nosso círculo pessoal novas luzes de conhecimento e experiência.

O facultativo amigo é de parecer que Wanda use por uma semana *Ipecacuanha*, *Eupatorium*, *Cantharis* e *Bryonia*. É uma fórmula para socorrer-lhe o organismo em crise gripal.

E que tenham muito contentamento no esforço redentor de cada dia terrestre, valorizando as dádivas do Céu no
campo de trabalhos da Terra, é o desejo muito fervoroso do
papai que lhes deixa afetuoso abraço, rogando à Providência
pelo bem-estar de todos.

A. Joviano

A LUTA NA TERRA É SEMPRE GRANDE

Meus caros filhos, Deus abençoe a vocês, concedendo-lhes muita paz.

De novo no lar, rogo ao nosso divino Mestre lhes santifique os esforços nas lições abençoadas de cada dia. O santuário doméstico é sempre um jardim de graças sublimes, onde as experiências colhidas no exterior se convertem nas bênçãos do coração, depois de consagradas ao Pai Todo-Poderoso. Que vocês prossigam recolhendo as dádivas do Céu no cântaro da boa vontade é o que desejo de toda alma.

A renovação espiritual muda a face das coisas e das situações. **A luta na Terra é sempre grande**. O trabalho a realizar no planeta e na existência fragmentária que ele nos oferece é invariavelmente de infinitas proporções. Daí, meus filhos, a felicidade dos que se socorrem da fé viva para atravessar os caminhos, transformando o lar numa fonte de alegrias perenes.

Estou satisfeito, meu caro Rômulo, com as ponderações que você cultivou no campo de serviço comum dos dias últimos. Em verdade, como alguém já asseverou, "o Cristianismo é a religião da segunda milha". Todas as pessoas, em geral, dispõem-se a fazer a primeira milha, símbolo dos velhos princípios que regem a civilização. É o mecanismo vulgar da reciprocidade, onde se trocam as considerações valiosas do dia, contudo mais em obediência aos códigos estabelecidos pelos organismos convencionais que pelo propósito de elevação real da personalidade e da vida humanas. A segunda milha, porém, constitui a atitude desassombrada e firme dos que se entregam, de coração, à tarefa com o Cristo de Deus. Muito difícil palmilhá-la. Para isso, é necessário exista intimidade entre o viajor e o roteiro, informações exatas do

Evangelho vivo no raciocínio e no sentimento dos discípulos. Que Jesus conceda a você forças para agir sempre assim.

Nesse passo, as suas aquisições espirituais tenderão invariavelmente à subida. Aliás, é necessário considerar também a juventude mental de muitas criaturas com a responsabilidade administrativa do momento. Ainda aqui é imprescindível recordar o Mestre e reconhecer que "não se colhem uvas no espinheiro". A obra educativa no mundo é problema fundamental. Faltam provisões às coletividades terrestres de hoje, no setor dos celeiros materiais, exclusivamente por falta de educação. Se isso ocorre em círculos avançados de cultura social, que dizermos de nosso povo, ainda menos experiente, apenas com alguns séculos de existência organizada e poucos anos de liberdade política, sem a precisa definição de responsabilidades no quadro individual e coletivo?

Há muitos, imensos serviços por fazer! Conforta-nos a certeza de que a obra continua e de que a porta de nossas oportunidades não se encontra cerrada no capítulo da reencarnação, a ofertar-nos sempre renovados ensejos de aprender, trabalhar e servir. Renascemos e voltaremos. Voltamos e renasceremos. Isso é um profundo conforto para nós outros, os que nos encontramos "deste lado", observando os aspectos mais difíceis das questões. Não nos falte, pois, o estímulo da certeza na continuidade e tudo estará muito bem.

Wanda, o nosso amigo receitista aconselha para você o uso de *Bryonia Alb.*, *Pulsatila*, *Ipecacuanha* e *Bismuthum Met.*. Esperamos que você melhore. É medicação para dois dias. Se ao fim dos dois dias perseverar a perturbação intestinal, use, segundo a indicação dele, o preparado *Rhodiacarbine*, por 4 a 6 dias. É vigoroso concurso ao aparelho intestinal quando em luta.

Quanto a você, Rômulo, em vista das melhoras havidas pela cooperação magnética, o facultativo amigo adiou as indicações de natureza alopática, projetadas quando de seu regresso da viagem ao Rio. Espero, meu filho, que você continue melhor. Tenha paciência com o fenômeno auditivo que aparece e desaparece, intensifica-se e atenua-se, de vez em quando

— a colaboração fluídico-magnética destina-se igualmente a sanear essa alteração.

Quanto à Maria, estamos satisfeitos com os bons resultados que vai obtendo, gradativamente, com a medicação em uso. Apenas recomendamos a todos os cuidados contra os surtos gripais nestes dias e noites mais frios. Que Deus conceda a vocês todos muita paz e muito bom ânimo na luta diária.

Recebamos todos os trabalhos como bênçãos do altíssimo Pai. Intensifiquemos a semeadura do bem e da luz. Intensifiquemos a nossa confiança no Senhor Jesus. E que ele nos conceda a todos a sua paz é o desejo do papai que lhes deixa um apertado e carinhoso abraço,

A. Joviano

AO ROBERTO

Meus caros filhos, Deus abençoe a vocês todos, concedendo-lhes muita saúde e paz.

Venho especialmente escrever **ao Roberto** para desejar-lhe melhoras e restabelecimento rápido, esperando em Jesus que a sua posição orgânica se restaure com a presteza possível.

Acompanho sempre as suas lutas, meu filho e meu neto, e formulo votos pela continuidade de seu valor moral no campo estudantil.

Compreendo as lutas que um jovem de hoje é compelido a enfrentar na obtenção de um título acadêmico. As dificuldades são variadas e complexas, não por deficiência do meio ou ineficácia dos homens e processos do ensino, mas justamente em virtude da situação mundial, dos obstáculos gerais criados pelo momento de transição que a humanidade atravessa. O ritmo da renovação caracteriza-se por movimentos acelerados. Os padrões modificam-se diariamente. Falta estabilidade ao organismo das instituições, não temos bases sólidas em matéria de política e de pedagogia, e daí os óbices vultosos, as inibições, as mil dificuldades na ordem comum dos acontecimentos. É por isso, Roberto, que devo apelar para o seu individualismo. Em horas de tormenta, o trabalhador não pode e nem deve contar com o ajustamento das peças exteriores para favorecer o serviço que lhe é próprio e sim contar profunda e substancialmente consigo mesmo para vencer.

Quanto mais se destaque a subversão de valores e de elementos no que deveria constituir a estrutura do trabalho a realizar, maior deve ser a quota de esforço pessoal de nosso lado, a fim de atingirmos a meta desejada.

Nesse sentido, estamos contando com você e confiando em sua ação. Prepare, meu filho, sua máquina orgânica, fornecendo-lhe cálcio e cercando-a de cuidados que só você lhe poderá dispensar, e vamos à realização que nos compete. Existe antigo provérbio chinês asseverando que "numa viagem de dez léguas, depois de vencidas nove léguas e meia ainda se encontra o viajor na metade do caminho". Lembro semelhante afirmativa para salientar o esforço intensivo que devemos dispensar no segundo semestre de 1946. Não desejo que você viva extremamente absorvido no trabalho estudantil, apegado absolutamente ao material de seu colégio, entretanto, espero que você conceda à nossa edificação tudo o que estiver ao seu alcance. Nosso lema nos próximos meses deve ser "estudo e trabalho, trabalho e estudo", naturalmente com algum recreio. Isso é natural. Acredite, porém, que o vovô não se desanimará. Recapitule todas as lições, equilibre-se nas diversas matérias e, sobretudo, conduza a sua situação de estudante com toda a calma. A paciência foi sempre uma excelente companheira, a serenidade, eficiente serva de moços e velhos do mundo. Ambas nos ensinam que "mais silêncio e menos palavras" sempre fazem bem aos que se preparam à frente das lutas da vida.

Conto, portanto, com você e estou certo de que sua inteligência saberá extrair o valor das horas, cavando o ouro da realização entre os calhaus das inutilidades, que passarão por si próprias. Convença-se de que estaremos juntos nas grandes provas. De um fato desejo que você se certifique: se você atender ao vovô agora, estudando e cooperando, no momento oportuno receberá melhor a atenção e a colaboração do vovô amigo. Não deixe a nossa entrosagem espiritual para os últimos dois meses. Vamos entrar desde já em esforço mútuo para que a "hora" seja brilhante.

Aliás, não preciso repetir recomendações. Reconheço o seu valor e apenas comento os nossos serviços na qualidade de amigo que não o esquece. Um velho pelo menos sempre já viu muita coisa e aprendeu mais. Os jovens podem muito, contudo os que envelheceram sabem com experiência mais viva. Prossigamos, pois, unidos, e que Jesus nos abençoe.

O nosso receitista amigo aconselha a você o uso de 2 vidros do *Chloro-Calcion* e continuidade de assistência dentária para solucionarmos seu problema. Quanto ao mais, descanse uns dias, respire livremente, consolidando sua calma, e confie em seu esforço e em nossa cooperação, de modo a retomarmos a luta.

Espero que vocês todos estejam cuidadosos perante a estação fria. As noites para vocês estão gelando. O *Eupatorium* e o *Gelseminum*, com ausência de vento no tórax, não devem ser esquecidos.

Agora, deixo-lhes meu grande abraço. Como necessito estar com o Rômulo, deixo aqui o ponto final, com afetuosos votos de saúde, alegria e paz para vocês todos.

Guardem o coração amigo do papai e vovô que não os esquece,

A. Joviano

O NOSSO AMIGO JOÃO DE DEUS MACÁRIO

Meus caros filhos, Deus abençoe a vocês, conferindo-lhes muita paz aos corações, refundindo-lhes, em cada dia, as forças necessárias para a luta.

Ontem, estávamos juntos observando as belezas da palavra divina com **o nosso amigo João de Deus**.[1] Consagrava a noite às lembranças de Célia, entretanto, pelo coração, portas adentro d'alma, e muito feliz por não havermos organizado qualquer serviço de recordação convencional.[2] Se assim procedêssemos, teríamos perturbado o seu trabalho divino, convocando-lhe o espírito à volta, ao regresso a zonas de há muito transformadas. Não que as nossas preces lhe fossem desagradáveis. Ela sentiria o doce perfume de nossas reminiscências e associar-se-ia aos nossos votos, comungando conosco. A medida, contudo, circunscreveria a sua ação nos planos mais altos e talvez fosse início a trabalho de adoração pessoal que deveremos evitar, em favor dela e a benefício nosso. Não seria, por exemplo, o 14 de dezembro, em que nos congregamos numa festa íntima de

---

Notas da organizadora: [1] João de Deus Macário foi padre na paróquia de Vila Nova de Lima. Nasceu em 4 de janeiro de 1852 e desencarnou em 12 de dezembro de 1912. Orientou os trabalhos mediúnicos com a utilização da prancheta no culto do Evangelho no lar que o casal Joviano realizou, sempre às terças-feiras, de 1936 a 1959, em Pedro Leopoldo | MG, e no Rio de Janeiro. Fonte: *Deus conosco* (VINHA DE LUZ, 4. ed., 2014). [2] Em referindo-se ao dia 18 de junho, data em que se comemora o "Dia de Célia"— Célia Lucius —, personagem do romance *50 anos depois*, psicografado por Francisco Cândido Xavier, ditado pelo espírito de Emmanuel (FEB, 1940).

aniversário familiar pelo prazer de conversar, reconfortando o coração, a relembrarmos cenas de agora mesmo, com os fluidos de nossa experiência do minuto que passa.[3] Retrocederíamos indebitamente no tempo e provocaríamos possivelmente lembranças que não devem chegar à tona, pelo menos presentemente. Daí a nossa satisfação pelo fato de havermos recordado o dia, trabalhando com o Evangelho do mestre Divino. Recebemos grandes luzes. Prestamos à nossa heroína a melhor homenagem que lhe poderia calar no espírito — o aproveitamento de seu exemplo de serviço e perseverança no Senhor, convictos de que, seguindo-lhe o padrão superior, chegaremos um dia a beijar-lhe as mãos abnegadas e puras. Agradeço, desse modo, a vocês pela abstenção. Foi altamente benéfica e demonstrou a compreensão maior que nos felicita agora o campo íntimo.

Considero admirável a lucidez do trabalho que efetuaram. As condições apresentadas a João de Deus foram as melhores. Que Jesus ajude a vocês em todos os dias da vida para que consigam o "espelho sereno" da confiança e da fé, refletindo as imagens sublimes da escola mais alta. Por agora, é difícil entenderem toda a extensão e toda a grandeza que residem no esforço que levam a efeito. Dia virá, porém, no qual observarão, surpresos, a solidez e a sublimidade das árvores espirituais que estão plantando.

Na Terra, meus filhos, não é fácil analisar o caráter divino de tarefas dessa ordem, todavia, não podemos esquecer que vocês permanecem transitoriamente numa "esfera de argila". Com isso não pretendemos menosprezar os patrimônios valiosos que o mundo carnal nos oferece aos propósitos evolutivos e redentores e sim demonstrar-lhes o valor de uma realização qual a que se consagram, no presente, com alicerces na gloriosa eternidade. Que o divino Orientador nos ajude em tudo a todos, de modo a não desmerecermos as bênçãos já recebidas e recolhidas.

---

[3] Nota da organizadora: em referindo-se à data de sua desencarnação, 14 de dezembro, ocorrida no ano de 1934.

Rômulo, você pode usar elementos antigripais com a regularidade possível, durante uns quatro a cinco dias: *Gelseminum*, *Ipecacuanha*, *Lachesis* e *Eupatorium*. É conselho do nosso clínico daqui, que estou transmitindo. Em sua viagem, não se esqueça desses bons companheiros.

Quanto ao Roberto, agora que estamos em pleno "parlamento doméstico", reporto-me ao que escrevi a ele na reunião última. Estamos convictos de que o meu neto saberá aproveitar os meses que nos restam para a edificação do bom trabalho de construção do seu futuro. Combinemos sólido programa de coragem, boa vontade, bom ânimo e sincera esperança. Você e Maria escreverão frequentemente a ele, recordando-lhe o nosso compromisso destas férias e Roberto, como nosso mensageiro — em edificação do futuro — responderá fornecendo o noticiário particularizado do que for ocorrendo. Se você, Roberto, necessitar de "explicadores", se surgir qualquer dificuldade, mesmo pequenina, dentro das semanas que se desdobrarão de julho em diante, fale tudo com o papai e com a mamãe, sem timidez, sem reservas. Precisamos aproveitar a oportunidade e creio, como velho vovô, que você deve confiar tanto em nós quanto confiamos em você. Um filhinho a estudar, a preparar-se para a vida, é um "campo sublime em que os pais capitalizam as suas melhores e mais belas esperanças" e você é um campo que responde à nossa confiança, ao nosso grande amor. De minha parte, o que desejo é vê-lo a crescer espiritualmente sempre mais, a destacar-se na esfera estudantil, pelo valor próprio, pela persistência nos propósitos mais elevados e pela assimilação do que edifica o caráter e purifica os sentimentos. Deus o abençoe sempre. E esteja certo de que meu pensamento esperançoso está ao seu lado, regozijando-se com as suas vitórias, que são nossas, nos círculos da vida, onde respiramos o clima da mútua confiança pelos tesouros de amor que trazemos de muito longe.

Maria, você, igualmente, minha filha, lute contra os resfriados. Não reparem minha velha insistência nessa questão de defesa contra a gripe. É que o valor do equilíbrio físico é muito maior que podemos avaliar, quando nos encontramos aí no mundo. E, além disso, a melhor medicina é a que prevê, porque provendo medicação nem sempre sabemos calcular resultados, enquanto que prevendo as situações podemos evitar numerosos perigos.

Agora, de alma em prece pela felicidade de vocês todos, despeço-me feliz. Possa a nossa tranquilidade evolar-se daqui, na qualidade de emissária de nosso mundo afetivo, alcançando todos aqueles que amamos e que ainda se mantêm distantes da legítima compreensão da vida em Cristo Jesus, e possa o pão espiritual que nos alimenta hoje ser repartido também com eles, em tempos próximos, para que despertem e vivam na abundância das graças divinas. É o que peço, meus filhos, àqueles que nos dirigem de uma Vida Maior, porque, sinceramente, é muito triste reparar o tempo que se perde na vida do corpo, através de ilusões e desilusões, dificuldades e facilidades, sem aproveitamento. Ensine-lhes o Senhor a valer-se das bênçãos como vem acontecendo sob este teto consagrado ao ideal do trabalho e do bem, e sentir-nos-emos muito felizes.

Boa noite. Que a paz divina seja a lâmpada permanente do coração de vocês todos, aí na Terra, para que a razão esteja sempre enriquecida de valores eternos a serviço do verdadeiro progresso dos meus filhos queridos para a vida permanente. São os votos do papai que lhes deixa carinhoso e apertado abraço,

A. Joviano

FORTALEZA DA ORAÇÃO

Meus caros filhos, Deus abençoe a vocês, conferindo--lhes muita paz de espírito nas lutas purificadoras de cada dia.

Folgo ao vê-los de novo porta adentro de nossa **fortaleza da oração**, em nome do Cristo. O edifício da espiritualidade superior não prescinde dos servicinhos de cada dia, dos minutos de consagração à prece e à realização espiritual.

Estou satisfeito, Rômulo, com as suas atitudes na semeadura vasta de serviço terrestre a que você dedicou valiosos anos de experiência. Nessas viagens últimas, observei o grau de sua assimilação evangélica, de seu desprendimento gradual do campo menos elevado de luta, invadido por elementos numerosos que, por representarem uma fatalidade lógica do desdobramento das tarefas, nem por isso deixam de ser perturbadores e, por vezes, irritantes. Funcionam, porém, como testes preciosos de coragem e paciência, constituindo incentivo a maiores edificações espirituais. Deus abençoe os seus esforços, renovando-lhe as energias para o enriquecimento de seu cérebro e de seu coração. É nesses antagonismos que recolhemos o maior número de bênçãos para a jornada. De todas as oportunidades de serviço que a existência no corpo oferece, os dissabores são efetivamente as melhores porque nos estimulam a alma à subida. O que nos parecia difícil na esfera interior torna-se mais fácil. O que se nos afigurava ilógico passa ao domínio do razoável e forças novas desabrocham em nosso ser, auxiliando-nos a escalar a montanha da redenção individual.

Observando seus obstáculos, e mesmo certos desencantos que surgem nas margens do seu caminho de realizador, quero muito, a propósito, exaltar a superioridade de sua tarefa espiritual já iniciada. O plano que se descortina aos seus olhos constitui-se de paisagens deslumbrantes e belas, pelo ensejo de dar, produzir e estender o bem.

As informações do apostolado de Parish chegam-nos no momento oportuno. Não procurei movimentar as facilidades necessárias para que o livro viesse ter aqui não na imposição de que pudesse ele oferecer mais dilatados conhecimentos à experiência valiosa que você vai conquistando. Desejava que vissem, como vemos através dessas páginas, a grandeza de um apostolado que se iniciou num momento em que a maioria das pessoas se declara na zona da indisponibilidade e da negação. Em plena madureza física, o grande missionário do bem começou a obra de feitio imenso com o auxílio indireto do Alto, obra essa que suas mãos prosseguem hoje, nos círculos da Vida Maior. Não me cabe, meu filho, sugerir a você isso ou aquilo, não me compete apressar ou não suas tarefas nesse setor. Peço-lhe, apenas, quando sobrevierem as dificuldades e aflições, as mágoas e as desilusões, tão comuns na posição que ocupa diante dos homens encarnados, que você encontre alegria e reconforto nessa gloriosa perspectiva do serviço aos semelhantes. Seja esse trabalho iniciante agora um templo para os seus corações. Alcançarão felicidades inexprimíveis e divinas dádivas em contato com as energias purificadoras da vida mais elevada, como traços de união entre sofredores e doentes, necessitados e aflitos da Terra, e os embaixadores invisíveis do Céu.

Guardem a certeza de que o campo é rico de realizações verdadeiramente sublimes. Esperemos o tempo e com o tempo aprendamos a prosseguir na edificação encetada. Quanto à ideia do altar de que o missionário fez base em seus trabalhos, não podemos esquecer, sem qualquer tendência ao misticismo dogmático, que temos aqui neste gabinete um santuário com vários anos de funcionamento, e nesta mesa um altar onde muitas bênçãos divinas, embora imperceptíveis aos olhos da carne, têm fluído para almas sedentas e sofredoras, estudiosas e amantes da luz. Efetivamente, nada existe aqui ferindo os sentidos do corpo — nem substâncias perfumadas, nem imagens do que existe na esfera superior, nem sons convencionados para atenderem como pontos de referência de natureza religiosa. Mas, de fato, as dádivas do Alto permanecem aqui em função ativa, demonstrando que é possível simplificar para servir melhor. As lições adquiridas auxiliar-nos-ão a todos, de modo muito eficiente. Agora, o que é necessário é essa coluna fundamental de perseverança e método para que a obra continue, cresça e dê frutos abundantes de fé e amor em Jesus Cristo. Louvemo-lo, contentes e felizes, certos de que chegaremos até lá. Entreguemos a Deus o depósito de nossa boa vontade e Deus nos entregará a realização. Cada criatura alcançará o que procura e nós estamos procurando o bem e o serviço cristão. Que o Pai supremo abençoe a vocês todos.

Maria, chegou o semestre de nossos esforços mais ativos junto do Roberto. Não procuremos criar dificuldades "apertando o cerco", entretanto, temos de desenvolver a política afetuosa do amor vigilante. De nosso lado, faremos o possível para ajudá-lo, compreendendo-lhe as lutas naturais, que não são poucas, e vocês farão aí o mesmo, acompanhando-o como se faz necessário.

Quanto ao seu doentinho, filho da Aurélia, caso haja fenômenos de respiração difícil convém-lhe as compressas de "angu quente" no tórax.[1] Isso, porém, fica no quadro das probabilidades. Permitirá o Senhor que ele melhore com os nossos recursos espirituais, adicionados à medicação em uso.

Rômulo, você poderá usar por 3 dias, antes do café, pela manhã, 5 a 10 gotas de *Ipecacuanha*, num cálice comum de água pura. Seus serviços de autoassistência com os recursos magnéticos vão indo muito bem.

Peço a Deus, meus filhos, para que vocês sigam felizes na jornada humana. Refugiemo-nos no santuário da fé, pro-

---

[1] Nota da organizadora: vovô Arthur se refere aqui a Clóvis Augusto, sobrinho de Maria e de Rômulo, filho de Aurélia e de Clóvis Mendes de Moraes. Frequentemente, ele passava as férias escolares em nossa casa, na Fazenda.

curemos os pensamentos divinos para nossos cérebros humanos e confiemos no Senhor, trabalhando e servindo com amor e esperança, para "ver se de algum modo alcançamos a ressurreição dentre os mortos", como estudaram no culto evangélico de ontem. Os nossos mortos aqui e aí são numerosos e a verdade é que precisamos ressuscitar.

Boa noite. Guardem um grande e afetuoso abraço do papai muito amigo,

A. Joviano

RESULTADOS DO CULTO EVANGÉLICO

Meus caros filhos, Deus abençoe a vocês, concedendo-lhes muita paz espiritual.

Muito sensibilizado e agradecido ao Alto fiquei ontem, observando-lhes os excelentes **resultados do culto evangélico**. É preciso ambientar esses valores no sagrado santuário da família, para que a realização cristã, na ordem coletiva da instituição doméstica, se desenvolva e dê frutos de vida eterna.

Cada vez que nos reunimos aqui, na movimentação da prece, generosas bênçãos do Alto fluem sobre as nossas cabeças e sobre os nossos corações, auxiliando-nos a buscar a inspiração superior. Completando as ideias expendidas na noite passada pelo nosso bom amigo de sempre, devo dizer-lhes que o alimento espiritual é procurado pela alma encarnada à maneira dos pequeninos descendentes dos passarinhos. Antes de mais nada, é indispensável que os candidatos se reúnam no ninho da cooperação e da boa vontade, confessando-se necessitados daquele "leite racional" de que nos fala Paulo de Tarso, em suas epístolas inesquecíveis.

Observada essa congregação de sentimentos entrelaçados para o bem, "um amigo" espiritual sempre surge para ajudar a digerir o serviço da "refeição espiritual" dentro do ninho de corações irmanados para a luz. Tempo enorme pode ser despendido nesse trabalho, porque nem todos os componentes da assembleia familiar se encontram no mesmo grau de fome ou necessidades gerais. Às vezes, fazem-se imprescindíveis vários anos de luta para que as mentes famintas sejam nutridas como se faz necessário. Desenvolvidas as asas da experiência, então a alma humana pode ensaiar os primeiros voos. Vacilantes a princípio, reclamam defesas contra os animais que a surpreendem nos tentames iniciais. Razoável preparar-se ambiente próprio e somente em seguida a ele é-lhe possível ascensões mais longas, voos mais rápidos, excursões mais proveitosas e felizes, na procura do alimento que lhe convém.

Permanecem vocês agora nessa fase de voo à distância do "lar físico". Podem receber ensinamentos de enorme expressão fora do campo material propriamente dito. É possível agora viajarem muito, cada qual em sua esfera, consolidando conhecimentos e dilatando as qualidades nobres e ricas do coração. Que Deus abençoe a vocês nesse supremo e precioso esforço de redenção. Somente depois de chegados a essa estação preparatória do espírito podemos buscar o pão da vida eterna, além do pão transitório da existência humana. Abençoem os tempos de serviço em que se organizaram para o grande cometimento. São poucos ainda os que conseguem utilizar as próprias asas na ascensão maior. Grande parte da humanidade permanece ainda muito longe do ninho de preparação e não é grande o número dos que já aceitam o concurso do Alto na digestão do alimento divino nos lugares em que se servem. Sintamo-nos felizes, porque a vida modifica paisagens diariamente, e abençoado seja o coração que pode abeirar-se dos mananciais da luz sublime. Dou-lhes os meus "parabéns" e desejo-lhes continuidade de preciosas realizações nesse caminho.

Wanda, você pode usar o *Eupatorium* e o *Aconitum Nap.* por dois dias alternados, de hora em hora. Sua gripe precisa combate ativo.

Quanto a você, Rômulo, sinto-o melhorado e bem disposto, e rendo graças ao Altíssimo. Suas aplicações de auto-magnetismo, sua constância no trato das lições espirituais constituem vultuosas contribuições em seu favor.

Maria, estou satisfeito com as correspondências expedidas para o Roberto. Vamos intensificar o serviço de assistência a ele e rogo a Jesus abençoe e ilumine o seu coração de mãe. Seja feliz em seus trabalhos e sacrifícios, e pode crer que todos os pensamentos edificantes das mães recebem sagrado influxo da divina luz. Nenhum de seus trabalhos será subestimado pela consideração divina. Nenhuma de suas lágrimas se perderá. Semeie o bem como sempre, porque o bem é o advogado daqueles que o praticam.

Não me sendo possível ser mais extenso, renovo-lhes as minhas felicitações sinceras pelas valiosas aquisições que levam a efeito no campo bendito do Evangelho e deixo-lhes um apertado e afetuoso abraço de pai que não os esquece.

A. Joviano

ASSUNTOS REFERENTES À ETERNIDADE

Meus filhos, que Deus abençoe a vocês, concedendo-lhes muita paz espiritual no círculo das lutas.

Os **assuntos referentes à eternidade** constituirão sempre valiosas sementeiras em nossas vidas. É difícil abandonar as velhas prisões dos comentários inferiores. Imensa percentagem de criaturas traz a inteligência prisioneira nos véus da ignorância, humilhando os sublimes dons da palavra e perdendo as infinitas riquezas do verbo através de palestras e conversações absolutamente distantes da real edificação da alma. O intercâmbio de ideias que vocês vão iniciando, vagarosamente, é reconfortador. Raramente encontramos corações dispostos a isso. Estimam as teses espiritualizantes nas horas consagradas à prece e materializam-se cada vez mais no campo das ambições e dos desejos menos edificantes nos movimentos vulgares de cada dia. Por isso mesmo, perdem semeaduras e florações da mais alta nobreza, do mais sublime caráter.

Estudem, estudem, trabalhem, trabalhem. Na conjugação desses dois verbos há glórias ocultas que somente mais tarde poderão desvendar. Somente assim é possível estruturarmos a renovação com Jesus, afeiçoarmo-nos a ele e prosseguirmos adiante, a caminho da superioridade verdadeira. Sem essa realização, as atividades religiosas, sejam quais forem, constituem meros ensaios de procura espiritual.

Acompanho com muito interesse o processo familiar alusivo à aquisição de uma casa para vocês. Hão de achar interessante e inesperada a minha interferência no assunto, mas intervenho afetuosamente, e onde há afeto não há algemas nem compromisso. E se me refiro ao caso é tão-somente para aplaudir-lhes a ideia, ideia essa que deve ser estudada longamente para que vocês consolidem o plano com garantias de paz.

A verdade é que o agrupamento doméstico reclama sempre um ninho próprio. E os apartamentos de agora são verdadeiros ninhos no alto das grandes árvores que são os arranha-céus. Considero muito justo o projeto, entretanto, convirá também, além do ninho, um "pedacinho de terra", que sempre faz bem ao coração. Isso, é claro, não é medida para já. É providência relativa ao futuro mais remoto, para a qual, porém, desejo cooperar com vocês, utilizando as minhas forças e experiências. Eu, por aí, nunca fiz grande cabedal de preocupações em torno do assunto. Vagueei com a família por lugares diversos e em variadas situações. O momento psicológico da compra no Rio pertenceu muito mais aos que me acompanhavam que a mim mesmo. Não tinha muita noção de "pouso terrestre", mas reconheço que vocês agem acertadamente, meditando o plano com suficiente oportunidade para tudo atender com a exatidão precisa. Estamos todos muito bem, todavia, organizar é sempre útil. E, nesse capítulo, organizar como vocês vêm fazendo é mais que justo. Referi-me ao "fragmento de terra" porque conheço como nos fazem bem uma árvore, uma enxada, um fio d'água, uma flor. E essa paixão é do céu, porque é da natureza em sua expressão mais sublime. Sejam, pois, felizes nos estudos em andamento inicial. O que pudermos fazer para que sejam bem-sucedidos faremos. Nossas palavras não se prendem, de modo algum, ao senso de imediatismo. Ligam-se ao espírito de previdência, sem a qual a Divina Providência tem muita dificuldade para funcionar junto de nós. "A vida é o eterno presente", dizem os filósofos, e nós também, conhecendo o valor do "hoje que passa". Há instantes, porém, nos quais temos de abrir uma janelinha no tempo para examinar o amanhã. Estejamos contentes e tranquilos. Tudo sempre bem.

Costumamos observar que os assuntos que vocês comentam risonhamente assumem graves aspectos quando comentados por nossa vez. E por essa razão quase sempre nos abstemos. Aqui, porém, o aspecto risonho continua. Partilhamos a alegria de vocês e esperamos que não deem ao conselho paterno senão o valor afetivo, como é lógico e natural. Que Jesus nos abençoe e proteja.

A melhor casa vocês já possuem. É aquela que estão construindo sobre a "rocha da fé viva". Essa, sim, necessita sempre ser examinada gravemente, para que a nossa edificação se mantenha fora de influenciações das tempestades. Deu nos conceda Sua paz e Sua luz.

Maria, estou ao lado do Roberto. Continuemos a cultivar a nossa planta. Hoje mais dificilmente, amanhã mais facilmente. Mas estejamos, de qualquer modo, certos na proteção divina e na vitória final.

Rômulo, sua saúde merece a minha melhor atenção. Felizmente, o seu trabalho espiritual de autoassistência tem sido uma revelação da qual muito me orgulho. Jesus guarde a você, meu filho, e o ajude e abençoe sempre.

Boa noite para todos. Outros deveres me chamam.

Deixando-lhes um grande abraço, sou o papai muito amigo de sempre,

A. Joviano

FLUIDOS DO LAR

Meus caros filhos, Deus abençoe a vocês, concedendo-lhes muita paz e saúde.

Estamos juntos na luta de sempre e apresso-me a visitá-los, através do papel e do lápis, em face das perturbações orgânicas que lhes foram impostas pela onda do frio sul. Vocês trazem, efetivamente, uma gripe de grandes proporções, gripe que reclamava **fluidos do lar** para a eliminação necessária. É difícil a um lar a influenciação de certas moléstias à distância do santuário doméstico. Nossa casa é o país do método. E sem ela, por vezes, não é fácil ordenar providências, nem coordenar programas. Agora, com as indicações do nosso amigo, espero tudo esteja e prossiga bem. Muita prudência com o frio, muito cuidado com os órgãos respiratórios.

O pequeno poderá usar *Pulsatila* e *Eupatorium*, além do preparado alopático, em uso. Basta que tome 4 gotas do primeiro num cálice d'água pura, pela manhã, e 4 gotas, nas mesmas condições, do segundo, à noite, antes do sono, por espaço de 6 a 7 dias. A medida ser-lhe-á muito útil ao organismo, de modo geral.

Quanto a você, meu caro Rômulo, use por 6 a 7 dias o *Boldo*, o *Lachesis*, o *Eupatorium* e o *Carbo Veg.*, alternadamente. Seu resfriado radica-se em complexidades do sistema nervoso e do fígado, exigindo as mencionadas indicações. Esperamos que com a autoassistência magnética tudo passará como um relâmpago. Assim o desejamos. Que Jesus os abençoe.

Regozije-se, meu filho, com as suas lutas. Quando um homem abandona o campo de ação na Terra, em verdade já começou a morrer, ainda que se encontre favorecido por todas as graças da fortuna e dos prazeres. O que observo com interesse é a graduação intensiva de seus trabalhos. Quando aí no mundo, julgava que seu ideal no serviço a que se entregou pelas suas disposições vocacionais esmoreceria com algum tempo, à frente de tantos obstáculos para ambientar as suas ideias renovadoras. Agora, porém, distanciado dos véus que me obscureciam a visão, noto que o seu ideal é maior e, sobretudo, mais torturado, mais sofredor. Não podia ser de outra maneira. As experiências vividas nesse ou naquele setor de realização com o bem acende uma luz dentro de nós. A princípio, bruxuleia, hesitante, todavia, à medida que nos solidificamos no trabalho cresce e avulta cada vez mais, revelando as deficiências e imperfeições em torno. É o que ocorre a você nessa fase de suas edificações. O que eu lamento é não poder dar-lhe esperanças na compreensão alheia, no campo imediatista. Terá sempre muitos homens ao seu lado, mas não podemos esquecer que as vias públicas também estão sempre cheias deles. O espírito, a essência, a substância do entendimento são raros e daí a sua necessidade de imensa fé em Deus e grande confiança em si mesmo. Prossiga seu esforço, sem contar com a colaboração estranha.

Recordo-me de que Paulo de Tarso, em uma de suas cartas, declara-se "devedor de judeus e gregos". Nós estamos nessa situação de devedores. Aprendemos, adquirimos a luz espiritual, conquistamos alguma coisa nos domínios do esclarecimento e, por isso mesmo, todas as pessoas quase são nossas credoras de compreensão e assistência. Tenhamos coragem, porém, convictos de que Jesus não passou por outro caminho. Nos atritos gigantescos e ocultos da alma é que alcançamos a claridade sublime de que necessitamos para a penetração de novos e sublimes horizontes. A vanguarda é dos filhos da fortaleza e da decisão, porque aí o lutador é atacado através de todos os flancos. E enquanto você estiver na Terra a sua posição é de lutador. Rejubilemo-nos, contudo, compreendendo que Deus não permite o ingresso de soldados inaptos na frente da batalha. Se alguém é chamado a semelhante região, não se verifica no processo qualquer manifestação de graça barata ou de favoritismo incompreensível. Tal realização traduz esperança dos planos mais altos, esperança de que possamos corresponder ao desígnio divino.

Continue seu ministério quase sozinho, como até agora. Semeie sempre o bem. A colheita virá. Não importa quando. A nossa ordem, por enquanto, é de marcha. Marchemos servindo aos nossos companheiros de luta, confiando no poder de Deus.

Estamos colaborando em favor da tranquilidade dos nossos amigos, referentemente ao caso "Clóvis".[1] Vocês ajudem, como vêm fazendo, orando por ele. É com amor que venceremos nesse combate tão complexo. Confiemos na proteção divina.

Pelo Roberto, continuo a desvelar-me. Não o vejo há dois dias, mas sempre que posso permaneço ao seu lado, convidando-o espiritualmente a "harmonizar o passo" na caminhada precisa. Espero em Jesus que os nossos esforços se coroem de êxito.

Boa noite, meus filhos. Resguardem-se o bastante. O vento é um belo amigo que costuma transformar-se em doce verdugo. Por vezes, como agora, é necessário precavermo-nos.

Desejo-lhes muita paz e muita alegria, com a luta edificante em que se encontram. E pedindo ao Senhor enriqueça de bênçãos o coração de vocês, abraça-os muito afetuosamente o papai muito amigo de sempre,

A. Joviano

---

[1] Nota da organizadora: em referindo-se a Clóvis Mendes de Moraes, marido de Aurélia, cunhado de Maria e Rômulo Joviano. Nesta encarnação, Clóvis padeceu de distúrbios neurológicos.

FILHA QUERIDA, SUSTENTÁCULO DO CORAÇÃO

Meus caros filhos, Deus abençoe a vocês, conferindo-lhes muita paz.

Aqui me encontro, desejando-lhes muita alegria e saúde como sempre. Antes de tudo, Maria, trago-lhe os meus votos de uma viagem feliz. E quando se verifique a chegada do natalício do General, apresente-lhe meu abraço de amigo. Espero que ele se sinta muito feliz com a presença da **filha querida, que sempre lhe tem sido um sustentáculo ao coração**. Faço votos para que recolham benefícios máximos dessa excursão ao Rio.

Fazem bem buscando a paisagem carioca de quando em quando. Não só o prazer do campo afetivo entra em jogo em semelhantes reencontros. A saúde, igualmente, recebe as suas vantagens. Deus criou todas as circunstâncias da vida com sabedoria tão grande que os habitantes do litoral, periodicamente, necessitam escalar o monte e os habitantes do monte, de quando em vez, exigem a atmosfera do mar a fim de que se revigorem, no círculo das células orgânicas, nossas preciosas servidoras de sempre. Desse modo, desejo-lhes farta colheita de benefícios e de alegrias.

Estou ouvindo desde alguns dias, meu caro Rômulo, as suas meditações quanto ao seu problema de promoção. Não tenha qualquer dúvida nesse particular. A hora reclama de você um sacrifício aos antigos princípios do nada pedir. Não hesite, diante da batalha que é, efetivamente, desagradável.

Sei que às vezes é melhor lutar de armas na mão que duelar com papéis contínuos de secretarias e sorrisos promissores. Entretanto, meu filho, é necessário agir. "Por onde começar?", dir-me-ia você, se estivéssemos juntos, em espírito e corpo. Não tenho ponto de vista firmado sobre o flanco mais suscetível de atender-nos à aspiração. Compreendo, porém, que a sua Diretoria ainda é a região inicial. Não só a pessoa do responsável maior deve ser trazida a exame para o serviço a fazer, mas o ambiente geral. Convém fazer sempre o clima favorável da retaguarda, para que a vanguarda tenha êxito. Não se incomode por solicitar. É necessário. Considero, porém, que esse trabalho deve ser mais verbalístico, trabalho de preparação, de predisposição. Tanto assim que, segundo minha pobre apreciação, sou de parecer que você desça para o Rio na primeira oportunidade, logo após o desempenho de seus deveres no setor, onde espera trabalhar nos próximos dias. Já que você tem o mês de setembro programado, faça o possível por aproveitar o ensejo, palestrando. Acredito seja esse o melhor caminho, o mais viável e eficiente. Interesse o maior número de amigos no assunto. Será melhor. Não posso adiantar a você coisa alguma, porque a própria administração pública não oferece por enquanto dados a observações definidas, e muito menos definitivas. Fala-se em desdobramento e remodelação de vários ministérios e serviços, e ninguém pode prever por agora o que virá. De qualquer modo, porém, o seu serviço de autoamparo é obra de previdência às vésperas de seus trinta anos de esforço resoluto, eficiente e sincero, na zona de realizações a que se consagrou desde o seu regresso da Europa. Quem trabalha e serve a um ideal não vê a passagem do tempo, mas a verdade é que todos os ideais belos na humanidade, de séculos a esta parte, estão cercados de espinhos de inúmeras ambições. Assim, cremos que o serviço de amparo à sua condição funcional é uma necessidade imperiosa. Ainda que você se considere desobrigado desse ônus, teria de meditar nos demais que nos acompanham de perto. É uma luta nobre e justa a que você não deve, nem pode, esquivar-se. Apenas peço ao seu coração agir com serenidade, sem sofrimento e sem aflição. Atire as suas e nossas sementes na terra das possibilidades ainda uma vez e esperemos o tempo.

Para falar-lhe, com franqueza, ignoro como se encontra a situação. Falo como um pai amigo, dentro do lar, pedindo-lhe não desistir da luta, por entender-lhe a necessidade. O momento está muito perturbado em matéria administrativa. Somente desejo centralizar o assunto em nosso caso para reconhecer a legitimidade de suas esperanças e a oportunidade das solicitações a serem levadas a efeito. Não desanime. Para a frente. Como vê, estudamos nos dias últimos, em bases espirituais, dois problemas importantes — o da casa e o da melhoria. Oxalá Jesus nos ouça e nos conceda a realização de nossos santos desejos.

Esperamos que vocês todos continuem cuidadosos com a saúde. Que o Senhor divino conserve a paz de vocês inalterável e segura.

Boa noite, meus filhos. Deixando-lhes o meu coração afetuoso e reconhecido, sou o papai muito amigo de sempre,

A. Joviano

UM JOVEM PROCUROU UM MESTRE

Rômulo, meu filho, Deus abençoe a você, concedendo-lhe saúde e paz no desdobramento de seus serviços de fiel trabalhador.

Estimei ontem a sua procura de luz, como, aliás, venho fazendo, de há muito, desde a consolidação de meus passos dentro da nova esfera a que fui chamado a viver. É a busca curiosa do espírito, meu filho, essa aflição bendita de claridade. Que Jesus abençoe o seu esforço.

Reza uma lenda antiga, creio, entre os hindus, que **um jovem procurou um mestre** pedindo-lhe admissão à sabedoria. O ancião sorriu e perguntou-lhe diversas vezes se esse constituía, de fato, o seu propósito. O candidato respondeu afirmativamente. Então o sábio conduziu-o às águas profundas de um rio próximo e compeliu-o ao mergulho, durante longos segundos. O rapaz afligiu-se, torturou-se, debateu-se e sofreu, até que o instrutor o trouxesse, de novo, à luz.

Observando-o inquieto e amargurado, o orientador dirigiu-lhe a palavra:

— Ouve, filho meu! Quando te encontravas na profundidade, que desejavas? Riquezas, honrarias, prazeres, benefícios, beleza, satisfação a teus próprios caprichos?

— Não, nada disso! — respondeu o candidato.

— Que desejavas então?

— Ar! Queria ar!

O velhinho tornou a sorrir e terminou:

— Assim é o problema da sabedoria. Para que lhe obtenhas a luz, é preciso desejá-la tão ardentemente, tão profundamente, como sentias sede de ar, sob a grossa corrente das águas.

Por isso mesmo digo que estimei o seu propósito ardente de ontem. Não que seu pai e seu amigo aprovem o anseio reiterado, filho da renúncia vazia e irmão da tortura improdutiva. Apreciei, sim, a essência do seu gesto, a sinceridade de sua atitude e a fome de seu coração, porque nasciam do puro desejo de elevação para o serviço melhor. Não queria você aquisições que atendessem a propósitos egoísticos e sim enriquecimento de percepções para ser mais útil. E porque a sua sinceridade era indiscutível, não houve ruído de vibrações, nem mudança de paisagem exterior, mas uma voz sublime conversou com o seu espírito, no grande silêncio. Nas sessões de efeitos físicos, os mensageiros espirituais costumam aproveitar as emissões de som produzidas pelos encarnados. Ontem, porém, os seus amigos aproveitaram as emissões do Evangelho para palestrarem com você, de espírito a espírito. Seus ouvidos e seus olhos carnais permaneceram sem elementos novos referentemente ao domínio material, mas sua consciência iluminou-se de súbito, seu coração inclinou-se, reconhecido e feliz. Tão poucas eram as palavras e tão grandes eram os efeitos! Retirou-se você, por fim, à consideração dos problemas cotidianos, assombrado, como o viajor que recebe novos roteiros para a jornada. Sim, meu filho, você ganhou infinitamente! Seu espírito avançou muito no pensamento para poder receber aquela pequena mensagem evangélica. Muitos, aliás, milhões de almas, leem o livro divino. Raras, contudo, devoram as distâncias psíquicas no mundo de si mesmas para lhe receberem a luz. Abençoado seja o seu esforço. Continue dispondo o seu vaso perispiritual, isto é, conserve sempre a sua alma em atmosfera receptiva, porque o entendimento de espírito a espírito prosseguirá com benefícios para você e para nós, que tanto o amamos. Em toda parte encontramos ligações espirituais entre os encarnados que nos estimam a conversação com eles. Raramente encontramos os que se dispõem a conversar conosco. Pretendem palestras e entendimentos de homem a homem, de criatura a criatura, de coração a coração, mas sentem enorme dificuldade para a conversação de espírito a espírito, compreende? Essa a importância de sua descoberta da véspera. Num dos tópicos da mesma epístola paulina, você encontrará, creio que no Capítulo 4, informações sobre "escravos e filhos" — os primeiros necessitam de tutores e curadores para se movimentarem nos campos da vida, os segundos, no entanto, são livres para se aproximarem dos desígnios do Pai, porquanto elevam-se no padrão do entendimento. Prosseguindo em seus esforços espirituais, você compreenderá melhor, em breve tempo, o seu título "de filho" — em vista de que todos somos "filhos de Deus", mas a maioria se constitui, na Terra, de crianças, pela posição evolutiva inicial ou de escravos, em virtude dos débitos pesados que inúmeros companheiros fazem questão de cultivar. Continue trabalhando nessa semeadura de sua própria "terra interior". Um dia, maravilhar-se-á com a abundância e a preciosidade dos frutos. Que Deus o abençoe.

Quanto à palestra havida, estamos de acordo com as ideias trocadas ainda há poucos minutos. O problema da mediunidade é complexo e faz-se preciso diferenciar mediunidades de tarefas. A certeza de que muitas tarefas, desenvolvidas simultaneamente, prejudicaria o esforço geral foi muito bem lembrada e deve servir como incentivo à coragem e à paciência, à confiança em Deus e à serenidade entre os homens.

Em sua viagem próxima, procure, de quando em quando, a solidão e continue com as suas aplicações de autoassistência no que se refere ao magnetismo. Suas conquistas orgânicas representam motivo de muita satisfação para nós. Em serviço, guarde seu bom humor e sua alegria, recordando ainda a lição de ontem. O "aperfeiçoamento na carne" é mais extenso. Muita gente com responsabilidade nos serviços terrestres está apenas "exercitando na carne" para aprender a servir mais tarde. E é bom lembrar isso numa exposição de animais, porque esses dão o que podem e o que têm, fazendo muito para ministrar alimento à organização física dos homens. E pode crer que nenhum deles perde no jogo do sacrifício. Ganham sempre mais, elevando-se individualmente no setor de evolução a que pertencem.

Quanto ao Rio, façamos segundo o combinado. Não se incomode por apelar, pedir e reiterar. Ainda aí recordemos o "pão na água" das lições bíblicas. Atire a sua solicitação como quem atira a boa semente. Sei que isso custa muito ao seu temperamento, mas coloque os três amados que o Senhor confiou ao seu coração nestes anos de luta e se o pedido não é por você será por eles, que lhe merecem o sacrifício. Que Jesus nos abençoe.

Conduza também, ao sair, os elementos homeopáticos de sempre. Farão muito bem, em qualquer eventualidade, em que sua saúde ou a saúde de outrem os reclamem.

Boa noite, meu filho. Hoje ainda pretendo ver Maria, Wanda e Roberto, reafirmando em espírito o meu abraço ao nosso amigo General Aurélio. É compreensível que um amigo desencarnado só visite a estas horas, quando a alma dos companheiros se desligue, de alguma sorte, dos interesses mais imediatos da vida humana. De qualquer modo, estamos sempre tentando a palavra "de espírito a espírito". Que a Providência guarde o seu coração, agora e sempre, enchendo o seu caminho de paz e luz divina, é o desejo muito sincero do papai,

A. Joviano

DEUS NOS ABENÇOE OS PROPÓSITOS DE SERVIR

Meus filhos, Deus abençoe a vocês todos, concedendo-lhes muita paz e bom ânimo.

Folgo vendo-os reintegrados no aconchego do lar. A doce impressão do santuário doméstico, depois de vários dias de ausência, é amostra da felicidade tranquila que nos espera, um dia, quando tornarmos ao domicílio da perfeita união. Chegados a esse tempo — afirmam-me companheiros daqui — reconhecemos que as experiências da Terra foram semanas difíceis de trabalho à distância de casa. **Deus nos abençoe os propósitos de servir** em Seu nome onde nos encontramos.

De todas as reuniões havidas, destaco a de quarta-feira como mais proveitosa. Os nossos amigos guardaram efetivamente o valor da bênção, porquanto não nos congregávamos tão-somente na feição exterior para a prece, e nem iniciávamos um experimento de ordem espiritual. Companheiros antigos de caminho precisavam sentar conosco, por alguns minutos, na comunhão de ideias, na confiança em Jesus. Creiam que semelhante encontro marcou uma hora de grande harmonia para o destino e para o serviço de vocês aí na Terra. As preces de 1944, não obstante interessantes e valiosas, não foram completas no campo da harmonia perfeita. Faltava uma realização de justiça à manifestação dos deveres da amizade para que os corações estivessem realmente reunidos em nome do Senhor. O amigo que nos visitava trazia o espírito curioso e inquieto. Agora, porém, houve, de fato, uma colheita de rosas sem espinhos.

Consumou-se, sob as bênçãos divinas, um processo de paz consciencial, pelo que rendemos graças à Providência Divina.

Quanto às demais reuniões a que compareceram, pedimos ao Mestre divino ampare a sementeira com os raios do seu infinito amor. Depois que as sementes de trigo arrebatadas ao túmulo do faraó germinaram no solo da Terra, após longo sono de alguns milênios, não podemos duvidar do desenvolvimento de gérmen algum. Aliás, a defesa cristã é cheia de resistência por apoiar-se na esperança que aguarda o bem sem retribuição, sem recompensa. Sememos a luz sempre que possível. Não longe de nós vêm os operários do Alto, incumbidos do trato, da irrigação, do auxílio. O que importa é que o Senhor, na colheita, nos sinta como servos que não menosprezaram o tempo, o recurso e a ferramenta. São dias difíceis esses em que as circunstâncias os constrangem a tais testemunhos, entretanto, ainda mesmo que as preces sejam sem resposta, que os serviços espirituais constituam aparentes insucessos, permaneçam convictos de que a vontade do Senhor foi atendida e que apenas nos resta a obrigação de render graças. Sejam felizes na luta abençoada de sempre!

Deixo de comentar a passagem das autoridades ministeriais por aqui para dizer-lhes somente que Jesus está com o trabalhador do dever em todos os ângulos da obrigação e em todos os setores da atividade. Que os nossos amigos detentores de responsabilidades tão altas se revelem perante os homens, nossos irmãos, à altura do mandato que lhes foi confiado. Se conseguirem essa realização, viverão com Deus desde agora.

Estamos estudando, meu caro Rômulo, o seu receituário para os órgãos visuais. Em breves dias, transmitiremos. O Fausto vai melhor, necessitando, porém, ganhar a si mesmo para melhor refazer-se.[1] A enfermidade pode destruir muito quando não a aproveitamos como instrutora, mas o nosso doente não está preparado a fim de receber tal visita nessa condição. Fausto é uma fonte cujas águas se escoam por muitos lados — não chega

---

[1] Nota da organizadora: em referindo-se a Fausto Joviano, irmão de Rômulo. Para maiores dados da família Amorim e Joviano, sugerimos a leitura de *Sementeira de luz* (VINHA DE LUZ, 5. ed., 2015), *Deus conosco* (VINHA DE LUZ, 4. ed., 2014), *Militares no Além* (VINHA DE LUZ, 2. ed., 2009), *Colheita do bem* (VINHA DE LUZ, 2010) e *Depois da travessia* (VINHA DE LUZ, 2013).

a ser um poço para o serviço de benemerência a si próprio e nem consegue sustentar uma corrente cujo curso beneficie a si mesmo e aos outros. E você sabe que toda água, quando estagnada, é um perigo. Guarde, contudo, minhas observações paternais consigo. Não desejo despertar vibrações de ciúme ou discórdia, que muito nos perturbam na vida espiritual. Enquanto na Terra, no corpo, essas forças batem sobre nós, mas a carne funciona à maneira de um cais, isolando as construções do porto do choque das ondas fortes. O veículo pesado é um perfeito abafador para que o espírito encarnado possa trabalhar com eficiência. Aqui, porém, não dispomos de semelhante cápsula isolante. Os pensamentos que provocarmos virão sobre nós com violência — seja pelo prisma da alegria, seja pelo prisma da dor. Explico-me mais particularizadamente para justificar o pedido que, às vezes, muitos amigos têm dificuldade de compreender. A luta é enorme e se podemos entregar o coração aos que comungam conosco não podemos expô-lo a todos, ainda mesmo quando entre esses "todos" estejam almas que nos são extremamente queridas. É o nosso caso. Tenho muitos problemas de solução extraterrestre. Muito me confortei com as orações em casa de Branca.[2] Em outra oportunidade, comentá-la-emos. Rogo a Jesus conceda a vocês todos muita tranquilidade e bem-estar. Há imposições da vida social que simbolizam sacrifícios, mas vocês, com a graça do Altíssimo, vão vencendo galhardamente. No mundo, é indispensável lutar em todos os setores para alcançarmos a vitória espiritual no maior número deles.

Boa noite, e que o Senhor nos guarde os corações. Guardem afetuoso abraço cheio de saudades do papai,

A. Joviano

---

[2] Nota da organizadora: Branca Renault Moraes era prima de Rômulo, filha de D. Nhanhá, sobrinha de Arthur Joviano.

O TRABALHO ESPIRITUAL NÃO SE INTERROMPE

Rômulo, meu filho, Deus abençoe a você, concedendo-nos a todos muita luz divina e paz interior.

Tenho estado incessantemente com você nos últimos dias. Senti-me feliz com as impressões novas que recolheu em casa. Como observou, meu filho, **o trabalho espiritual não se interrompe**. O velho pai e amigo de sempre pastoreia o rebanho familiar, além dos laços físicos. Um serviço enorme vem sendo feito. Não dê notícias dessas minhas palavras à Zina.[1] Seriam talvez ruídos exteriores prejudicando, de certo modo, a obra interna. Melhor que as impressões dela e das outras irmãs venham "de lá para "cá". Você tem caminhado suficientemente no campo da ideia e suas observações poderiam não ser compreendidas de pronto, ao passo que elas, através da palavra, dirão a você em que zona de pensamento e verbo pode você cooperar com êxito.

Estou, como disse, contente, porque seu espírito de fraternidade pode penetrar uma porta, entendendo o serviço confortador que se vai realizando com a graça de Deus. Permita o nosso Pai de Infinita Bondade que a "lavoura" prossiga, encorajando-nos as esperanças.

---

[1] Nota da organizadora: em referindo-se a Zina Joviano, irmã de Rômulo. Para maiores dados da família Amorim e Joviano, sugerimos a leitura de *Sementeira de luz* (VINHA DE LUZ, 5. ed., 2015), *Deus conosco* (VINHA DE LUZ, 4. ed., 2014), *Militares no Além* (VINHA DE LUZ, 2. ed., 2009), *Colheita do bem* (VINHA DE LUZ, 2010) e *Depois da travessia* (VINHA DE LUZ, 2013).

Quanto às suas lutas de agora, compreendo-lhes a amplitude. É necessário, porém, que você não conceda importância à desarmonia. Sua posição é a do mordomo entre o Senhor e os servidores. De um lado, você é defrontado pelo seu governo; de outro, pelo público. Recordemos a lição evangélica que aconselha seja dada a capa quando alguém nos peça a camisa. No caso, contudo, nem uma nem outra pertencem a você, não regulando, assim, o dispositivo do texto sagrado para a situação. Guarde, pois, a sua serenidade perante as decisões da autoridade superior e as reclamações dos incompreensivos. Falando com franqueza ao seu coração, esses adversários gratuitos de seu esforço, a rigor, não podem fazer mal algum ao seu campo individual, onde com a prece e a meditação poderá você conservar sempre o seu altar de paz e fé viva aberto ao exercício do bem. Entretanto, podem perturbar seu trabalho, objetivo deles no momento, para o que movem os cordéis e os fantoches políticos. Nesse sentido, pois, é que convém vigiar, porquanto vivemos no Brasil uma hora incerta pela insegurança espiritual daqueles que nos governam os destinos políticos. Fazemos espiritualmente o que é possível, entretanto, é preciso reconhecer que o plano de seus serviços é material, exigindo forças materiais propriamente ditas. Não comento o caso nesse aspecto para criar receios em seu coração. Nada disso. Examino o fato para reafirmar que a luta é condição vital das boas obras à coletividade. O sofrimento é tributo dos que efetivamente trabalham, como a perseguição e a calúnia são sempre, isto é, quase sempre, as homenagens que o mundo de carne presta ao mérito. Desse modo, desdobro-me nessas referências para senti-lo cada vez mais liberto dos resultados do seu trabalho. O primeiro impulso humano é o de garantirmos a nobreza de nossas realizações, tornando-as objeto do reconhecimento geral, no entanto, meu filho, qualquer algema, por mais brilhante, fere-nos as mãos e dilacera-nos o íntimo. Creio que devemos agir com essa liberdade construtiva dos que não descreem da vitória final, considerando a justiça imanente à eternidade gloriosa. Estamos diante de um quadro com particularidades muito complexas, porquanto à frente de você, que se interessa pelo bem da comunidade, permanece a comunidade que não deseja esse bem. Todavia, é da revelação divina que o pior cego é o que não quer ver e o surdo mais desventurado, o que não deseja ouvir. Que fazer em semelhante alternativa? Defenda o seu trabalho, articule os seus esforços, organize seus elementos, mas peço-lhe, com empenho: não sofra! É difícil proceder assim porque, para não sofrer, você precisaria não ter amado e nós sabemos que o seu coração está muito preso ao carinho por essa paisagem convertida em oficina de elevadas edificações. Mesmo assim, meu filho, rogo-lhe não coloque seu coração em poste do caminho ao alcance das flechas de caçadores da violência, que não sabem nem amar, nem sofrer. Se você pudesse contar com uma administração de retaguarda, cônscia de suas responsabilidades e deveres, aconselhá-lo-ia a "lutar intensamente", mas você sabe que, infelizmente, os bastidores administrativos estão cheios de palavras, palavras e palavras... Assim, aconselho-o a "lutar simplesmente", em paz e serenidade, sem qualquer sentido paradoxal. "Lutar pacificamente" é privilégio dos cristãos e eu espero que você estime essa prerrogativa.

Prenda-se com mais propriedade ao santuário doméstico, aos seus trabalhos interiores, às suas alegrias novas. Por este velho mundo de criaturas velhas, as recapitulações se processarão violentas e rudes, ferozes e inesperadas, ainda por muitos e muitos anos. Há certos serviços na Terra que, em determinada altura, exigem muito desprendimento de nossa parte. Mantenhamo-nos, portanto, serenos. Que Jesus o abençoe e lhe conceda forças para vencer os inimigos chamados "primeiras impressões".

Aí na Terra, a maioria das obrigações constitui-se de exercícios e ensaios para a Vida Maior, que é a do espírito imortal. Antigamente, era compreensível que você duelasse com fervor, entretanto, o câmbio da vida eterna é conhecido por seu coração e o valor real das coisas, pessoas e situações não representa engano para a sua alma. Haja o que houver, guarde a sua tranquilidade. Esconda o seu coração no coração do Cristo — essa é a fórmula de alguns amigos daqui, com a qual ainda não me senti abatido.

Felicito a você pelo trabalho mantido no Rio com relação à sua melhoria no campo do serviço público. Não esmoreça. Esse é um problema menos seu que do grupo familiar e pelo grupo familiar você deve continuar terçando as armas do esforço e da inteligência. Sigamos avante. Temos estado com todos os nossos queridos "ausentes". Que Deus os auxilie e guarde a todos.

Agora, despeço-me.

Sua saúde orgânica, apesar do embate forte, vai bem. Continue atento aos cuidados, cultivando as aplicações do magnetismo. É um trabalho admirável que você vai desempenhando e conquistando pouco a pouco.

Boa noite, meu filho. Que Deus conceda a você paz de espírito da qual decorrem as facilidades para a solução de todos os problemas da vida. São os votos do papai muito amigo de sempre,

A. Joviano

A CASA SOBRE A ROCHA

Meus caros filhos, Deus abençoe a vocês, concedendo-lhes muita saúde e paz no retorno ao santuário doméstico.

Vocês têm a felicidade do lar íntimo, do lar interior do coração, onde a fé e a confiança constituem abençoada luz. Isso representa realização das mais preciosas. É a **casa construída sobre a rocha** a que se referia Jesus, o nosso Senhor, em seus divinos ensinamentos.

Em verdade, quando se encontram muros adentro da cidade grande, no Rio por exemplo, experimentam os atritos do meio, sofrem os vagalhões dos interesses da massa e, por vezes, parece-lhes que o equilíbrio espiritual é uma obra periclitante. Mas asseguro a vocês que é pura impressão que não define os estados substanciais da alma que vão atingindo pelo "servicinho espiritual" de cada dia. O que acontece, meus filhos, é que nos grandes centros o ambiente de luta é mais vasto e, ao mesmo tempo, mais concentrado. Aí a batalha vibratória é muito mais intensa. A alma estudiosa das lições divinas encontra mais dificuldade para o ministério em que se acha empenhada. Todavia, é natural consideremos que o campo de realização é igualmente maior. Há obstáculos, sem dúvida, na organização dos programas de serviço. O tempo como que se esvai repentinamente, subtraindo-nos as melhores oportunidades, entretanto, trata-se de mera questão de ordem a ser estabelecida. O que desejo salientar com essas lembranças é a felicidade de vê-los senhores de um templo interno, porquanto, muitas vezes, nas ocasiões de mais intensa luta na permanência de vocês na grande metrópole, identificava-lhes o pensamento voltado para as soluções espirituais, rememorando nossas preces e considerações, estudos e esperanças. Não digo isso por que se trate de edificação pessoal. Não. Insisto no destaque desses valores, porque Jesus permanece à frente de todos os nossos projetos e intenções. Quanto ao mal-estar mais aparente que efetivo que o Rio, em certas circunstâncias, está impondo na atualidade, recordemos o próprio Cristo, que se permanecia longas horas junto da multidão também se recolhia ao "isolamento de si próprio", no "lugar à parte", a fim de renovar as forças. É questão de harmonia entre obrigações materiais e espirituais, sempre intimamente associadas. Solucionado esse problema, o equilíbrio não experimenta solução de continuidade.

Espero que todos tenham recolhido bênçãos e alegrias da excursão. Senti, Maria, muita alegria observando sua satisfação. É natural, minha filha! Você levou muito contentamento a todos, semeou muitas esperanças e muitas ideias edificantes com os amados de nossos corações e esteja convicta de que toda a sementeira germinará a seu tempo. E que Jesus santifique os seus ideais, dando-lhes concretização adequada, são os votos do meu coração paterno.

Quanto a você, Rômulo, felicito-o pela boa vontade que empregou na movimentação do assunto alusivo à melhoria funcional. Estamos, politicamente falando, naquela "casa sem pão, onde todos gritam e ninguém tem razão", da velha sabedoria popular. Entretanto, meu filho, vamos confiar. Todas as pedras do edifício foram bem assentadas, a organização e planejamento muito bem atendidos. Agora, esperemos algum tempo mais, seguros à Misericórdia Divina, já que entre os homens as dificuldades são sempre grandes. Aliás, isso não é novidade. Para consolidar-nos a impressão, lembro-me de que os artistas e filósofos da Antiguidade figuravam a justiça da Terra como uma deusa cega. Confiemos na visão divina e lutemos pelo bem quanto esteja ao alcance de nossas possibilidades.

Deus conceda ao seu espírito paz e bom ânimo, com a necessária saúde ao seu campo físico, salientando-se que neste o seu domínio curador vai, felizmente, crescendo, com grande admiração e contentamento para mim. Que Deus o guarde e abençoe sempre.

Maria, relativamente aos remédios o nosso clínico é de opinião que você use ainda o *Antiflogistine* e acrescenta que será útil a visita ao dentista de sexta-feira em diante, sexta ou outro dia próximo. Convirá uma intervençãozinha de gabinete, mesmo que a inflamação persevere. Quanto ao Roberto, vamos fazer algumas indicações depois. Vamos animá-lo a enfrentar o último trimestre. Que Deus nos proteja. Alegra-nos saber que tudo está bem quando sabemos acatar os divinos desígnios.

Meus "parabéns" a vocês pelo estudo evangélico de ontem. Foi uma noite feliz. Muita luz e muito conhecimento. Boa noite para vocês todos. Rogando a Jesus felicidade e saúde, alegria e tranquilidade para vocês, abraça-os muito afetuosamente o papai muito amigo de sempre,

A. Joviano

ABENÇOADAS HORAS

Meus caros filhos, Deus abençoe a vocês, concedendo-lhes muita energia e paz, alegria e bom ânimo, no círculo de lutas purificadoras de cada dia.

Abençoadas sejam, não somente as horas em que vocês se entregam ao Senhor, através da oração, cultivando a fé, e sim também as que consagram ao esforço das mãos, em que vão realizando a estrutura da organização espiritual a caminho do grande porvir.

Rômulo referiu-se ainda há pouco a conversações antigas em que, muitas vezes, cogitamos desse espírito educativo — mãos e coração, sentimento e atividade.

É-me grato recordar, igualmente, que não laborávamos em erro. Velhos e dedicados amigos nossos têm vindo para cá em condições difíceis, outros se encontram às vésperas da partida, com passagens adquiridas para o regresso, vivendo, porém, desde aí, a tremenda luta que os espera "deste lado", onde a colheita é sempre a resposta da semeadura.

Infelizmente, comentavam conosco a necessidade do esforço pessoal no mecanismo da esfera humana, entretanto, se eram diplomados na teoria, escapavam sutis à ação construtiva em seguida ao verbo. E a verdade é que começam acordando aí e terminam aqui o despertar, angustiados e oprimidos, geralmente, no santuário do que possuem de mais caro, isto é, a família, o jardim doméstico, a paisagem do coração.

O homem distraído do trabalho individual desvia-se inevitavelmente para o terreno baldio das ilusões, ilusões que se estendem aos entes que lhe são mais queridos, cegando a assembleia familiar de mil modos, eclipsando-lhe a visão justa das situações e das coisas.

Seriam muito descabidos nossos colóquios habituais se não visassem à reestruturação de nossa personalidade eterna para uma vida eterna. Fé para nós, por isso mesmo, significa serviço, realização, esforço incessante. Temos um grande dever na Terra — o da preparação. Fazemos e desfazemos as coisas, recapitulamos com a natureza diversas obrigações no curso dos meses para organizar o campo maior e definitivo em que nos movimentaremos depois do corpo perecível.

Graças à Divina Inspiração, não fui cego na esfera da educação dos filhinhos que a Providência me confiou e, mesmo assim, recordando o pretérito, voltaria se me fosse possível aos dias idos para aproveitar a substância do tempo e edificar ainda mais no terreno imperecível do espírito. Assim me refiro porque sei a compreensão que vocês dedicam às minhas pobres palavras e repito semelhantes raciocínios para fortificá-los perante as lutas renovadoras que ressurgem todos os dias, ensinando em nome do eterno Pai, dentro da escola do coração.

Quando os atritos do mundo se fizerem mais fortes, quando os trabalhos se agravarem, lembremo-nos disso e sentiremos a doce alegria de quem não foi inútil e nem gastou as horas de Deus em vão. O louco para nós é aquele que deixa o dia correr sem penetrar-lhe a bênção, sem gozar-lhe os bens legítimos, sem receber-lhe as dádivas imortais. Cada dia é um tesouro de luz para que o homem domine as sombras, entretanto, a maioria dos homens estima as sombras em favor do sono inútil dos sentidos, fugindo à luz. Para todos eles, contudo, o tempo é um juiz implacável, cobrando todas as perdas a dobrados preços de lei.

Bem-aventurados os que acordam na carne e põem-se a caminho da Vida Superior. Quase toda gente espera a morte fascinada pelo repouso, mas que repouso pode alcançar aquele que fugiu a todas as possibilidades de criação da verdadeira paz?

A vinda de alguns amigos nossos para cá é sintomática, dolorosa. Deixam na esfera dos homens vastos círculos de considerações sociais, recursos financeiros, programas de garantia estável na zona dos interesses do corpo, entretanto, eles mesmos permanecem desamparados, como se estivessem perseguidos em si próprios por terríveis demônios, criados dentro deles mesmos pelos falsos princípios que estabeleceram, alimentaram e consolidaram em suas mentes. Imaginemos um homem inoculando espinhos de todos os matizes na própria cabeça durante determinado tempo de olvido necessário e figuremos a morte como sendo a técnica operatória de extração desses corpos estranhos, no verdadeiro tempo que é o da realidade. Esses espinhos, porém, são feitos de longos anos e não saem com uma hora de orações, ou de angústias lastimáveis e respeitáveis.

Essa é a lei — lei que vigora para todos, universal e divina. Conservem, pois, a única liberdade digna de ser vivida, que é a de obedecer a Deus. Dela decorre toda a independência legítima, todo o bem. Enquanto nos conservamos à distância de seus artigos e parágrafos vivos, estamos com "a nossa liberdade" dentro da qual nos escravizamos vezes inúmeras, perdendo séculos na vanguarda espiritual que devemos ambicionar.

Passemos, porém, às nossas considerações de ordem imediata. Você, Maria, conforme o nosso clínico amigo, poderá prosseguir na aquisição de vitamina C através do *Cantana* e dos recursos naturais, pelas frutas. Essa providência melhorará o seu patrimônio de defesa orgânica.

Repouse ainda uns dois ou três dias, fisicamente, quanto seja possível. Fará muito bem à recomposição de suas forças nervosas. Durante os quatro dias próximos, use *Ipecacuanha* alternado com o *Lachesis*. É conselho do nosso amigo, portador de muitos benefícios para o seu organismo nestes dias.

Peço a Deus conceda a vocês todos muita saúde, equilíbrio e paz. E esperando que essa trilogia nos siga de perto, a fim de que possamos valorizar as concessões divinas na hora presente de nossa evolução e redenção, abraça-os muito afetuosamente o papai muito amigo de sempre,

A. Joviano

JÁ DESCOBRIMOS A PORTA DAS OVELHAS

Meus caros filhos, Deus abençoe a vocês, conferindo-lhes muita paz.

Desejando-lhes uma viagem feliz, acompanho-lhes os preparativos, formulando votos sinceros para que tudo lhes corra bem. Compreendo que essas excursões, por vezes, exigem certos trabalhos e arranjos mais difíceis, mormente agora, em que tudo constitui obstáculo, tão logo se ponha a criatura fora do lar. Entretanto, a experiência e os valores que ficam representam créditos para a eternidade. Sejam, pois, felizes nesse breve período de afastamento da organização doméstica e que recolham as mais duradouras bênçãos de luz e paz — são os meus desejos.

Convém-lhes a pequena provisão de homeopatia amiga, como sempre. Assim como a fonte simples e amorosa do Evangelho vai fornecendo remédios do pensamento a nós todos, assim também o manancial homeopático, puro em suas origens, proporciona-nos avançados recursos para o corpo.

Creio não precisar indicar os elementos mais indispensáveis, no entanto, destacaria alguns, tais como: *Gelseminum, Eupatorium, Pulsatila, Boldo, Lachesis, Aconitum, Beladona, Arnica, Colocinthes, Ruta, Kali b., Bryonia Alb., Carbo Veg., Ipecacuanha* e outros que se adaptam às situações orgânicas complexas como alívio indispensável, no "pronto socorro" à mão. Acredito que vocês ganharão muitíssimo conduzindo esses "bons amigos" num canto.

Desejo salientar hoje, em nossa palestra habitual, o apelo do nosso amigo Israel quanto ao propósito de ouvir, novamente, a palavra paterna.[1] O momento é de testemunhos graves e esse parecer decisivo não deve ser aguardado. Os nossos companheiros da política contemporânea permanecem perante uma prova decisiva, no desdobramento da qual a resolução de cada um se manifestará. Hora laboriosa, cheia de horizontes sombrios, porque a ausência de solidariedade para o bem coletivo constitui pesada nuvem, impedindo a visão do sol da paz, único fator de prosperidade e trabalho construtivos no espaço e no tempo. Em síntese e, confidencialmente, podemos dizer que Minas é um organismo enfermo em vias de operação. Será praticada a cirurgia? Quem arcará com as responsabilidades? Quem se dispõe a cooperar na enfermagem? Perguntas de resposta difícil.

Nós, por aqui, defrontados por outros problemas graves e mais complexos por se referirem à nossa iluminação para a eternidade, podemos encarar a paisagem sob outros prismas. Vocês, porém, enquanto aí na esfera carnal, não podem fazer o mesmo. São compelidos a examinar situações, fatos e pessoas, com aspectos diferentes. O nosso venerável amigo não poderia pronunciar-se em momento tão crítico. A prudência impõe-nos silêncio, em determinados instantes, mesmo em se tratando de nossos filhos do coração. Assim, pois, façamos o sorriso da boa concórdia, improvisemos novos recursos de esperança e passemos adiante. É desnecessário dizer-lhes que essa é uma opinião de família em família. Estamos no altar da fé assiduamente para a nossa felicidade e há companheiros nossos que não frequentam ainda semelhante serviço e não podem entender a totalidade e, às vezes, nem parte das questões.

A hora é de muita expectativa e, por falar nisso, Rômulo, ainda hoje, permutando a "conversa por vibrações mentais",

---

[1] Nota da organizadora: em referindo-se a Israel Pinheiro, grande amigo da família Joviano. Ocupou, dentre vários cargos públicos, o de governador do Estado de Minas Gerais na década de 70.

ouvi suas ponderações e justifico-lhe as apreensões. Esse Daniel não é o dos leões.[2] Enfim, vamos com o Cristo, para a frente e para o Alto. A existência terrestre é uma grande programação de serviço educativo que realizamos sempre "até certo ponto". Peço a Jesus para que vocês consigam alcançar a mais alta percentagem. Creia que por aqui sabemos melhor o que vem a ser a caminhada aí na poeira abençoada do mundo. E, por isso mesmo, penetrando-lhe o cerne, reconhecemos a extensão e a complexidade dos óbices a vencer. Graças à Providência, contudo, o julgamento do Alto é muito diverso do dos juízos terrenos e, assim, a misericórdia divina é inesgotável fonte de recursos para nós todos, desde que nos aproximemos de suas águas, com a disposição de aproveitar sinceramente a bênção do plano superior. Em todas as lutas, consola-nos a certeza de que nos encontramos sob a paternal orientação do Sumo Poder. Podem desabar tempestades, multiplicarem-se as nuvens, ampliarem-se as ameaças, tornar-se mais aflitiva a situação do ambiente. Para alegria de nosso porvir, **já descobrimos a porta das ovelhas**. Sairemos por ela, no campo do espírito, quantas vezes forem necessárias, e atingiremos o doce aconchego da paz legítima que socorre o coração. Os homens inquietos e atormentados estão buscando essa "porta" sem saberem, sem compreenderem. Aos movimentos impulsivos em que se debatem, perseguem-se e ferem-se mutuamente, obrigando-se à despesa de longo tempo para a recomposição das forças que lhes são próprias. Enquanto, porém, não alcançarem a "passagem divina", caminharão às tontas na superfície da Terra.

Que Deus auxilie a eles e a nós. A eles para encontrarem a bênção, a nós para que não venhamos a perdê-la, porque também estamos marchando e não chegaremos à meta programada sem vigilância, esforço e oração.

---

[2] Nota da organizadora: penso ser uma referência de vovô Arthur ao Dr. Daniel de Carvalho, grande amigo da família Joviano.

Terminando, desejo-lhes mais uma vez uma viagem muito feliz. Que o Senhor nos siga de perto, sustentando-nos em seu divino amor, são os votos muito sinceros e ardentes do papai muito amigo de sempre,

A. Joviano

NO ALTAR DOMÉSTICO

Meus caros filhos, Deus abençoe a vocês, concedendo-lhes muita saúde e paz.

Estamos de novo oficiando **no altar doméstico**. E nesse ofício, em que a prece se mistura ao caminho familiar, trago-lhes minhas felicitações pela excursão feliz que completaram. Não só pela parte material, mas também pelas aquisições do espírito. Vocês voltaram mais ricos de observações e amizades. Plantaram flores valiosas e colheram outras tantas no coração de muitos amigos novos. Sinto-me sinceramente satisfeito. Se, às vezes, é necessário esquivarmo-nos à vida social, em muitos casos é preciso iniciá-la e sustentá-la com as nossas melhores forças. Do que houver de menos agradável atrás dos bastidores, não percam tempo em examinar. A paisagem coletiva numa cidade grande oferece aspectos muito diversos entre si. E se em algumas ocasiões os amigos não podem corresponder integralmente à nossa expectativa isso deve ser debitado à luta constrangedora e áspera da vida humana, cabendo-nos o júbilo de agradecer a Deus as oportunidades com que fomos favorecidos. De qualquer modo, desejo que vocês conservem essas afeições que trouxeram tão vivas no espírito. Jesus foi o maior conquistador de amizades. E o Cristianismo reclama semelhante serviço como preciosa manifestação do amor. Sintonizemonos nos campos suscetíveis de engrandecimento espiritual de nossa vida e de nossa tarefa e esqueçamos os ângulos em que essa sintonia se faça menos desejável. No fim, teremos realizado o sublime serviço do amor com Jesus, na prática daquele "amai-vos uns aos outros como eu vos amei". Meus "parabéns", desse modo, por todas as boas realizações que levaram a efeito no setor afetivo. Nada se perde. E temos a ganhar sempre e cada vez mais semeando a simpatia, a bondade e a compreensão.

Estou acompanhando paternalmente o seu novo caso, meu caro Rômulo, e examino as facetas difíceis do assunto pelas considerações honrosas que encerra. Trata-se, meu filho, de um problema no qual só me compete louvar a sua franqueza e sinceridade. Não posso ir ao extremo de uma opinião particularista, atentos, como nos achamos presentemente, à liberdade com que devemos reger o campo de nossas manifestações. Aprovo plenamente, contudo, o seu ponto de vista, não só pela continuidade de seu trabalho, mas pelo conteúdo de ideal que lhe assinala o espírito. Creio que, a esta altura de sua carreira, deve seu coração dispor do direito de escolha e observo com alegria sua renúncia ao "tablado funcional", onde os mais altos cargos, consoante nossa posição evolutiva em coletividade, não são ainda, de maneira geral, ocupados pelos portadores dos princípios mais altos. A "jungle" humana não é mais campo de luta para a sua alma. Você já atravessou essa fase de combater o jaguar e eliminar as víboras que descansam na tocaia. Por isso, reparo com alegria suas conclusões íntimas e sua firme disposição de furtar-se ao espetáculo. Entretanto, considero que todas as suas experiências devem ser lembradas e movimentadas na defesa de sua escolha. Tenho companheiros aqui que consideram fatores decisivos de êxito, em qualquer missão elevada na esfera carnal, os "amigos frios e os inimigos apaixonados". Enquanto os adversários fervorosos estão em campo de luta, o ideal pode ser defendido mais eficientemente; quando surgem, porém, os amigos incondicionais, é difícil defender a "chama sagrada". O inimigo alimenta o combate que é sempre longo, mas o amigo traz muitas complicações. De qualquer modo, contudo, estarei com você em suas manifestações dos próximos dias, relativamente ao assunto.

Estou na sua situação, sem previsões e sem pareceres prévios. Vamos lutar, confiantes em que uma luz maior se fará sentir em nossos caminhos. Confiarei no Poder Maior. Aliás, venho observando essas movimentações de algum tempo a esta parte. Espero, porém, que o amparo do Alto nos auxilie a resolver pelo lado melhor, isto é, a defender seu parecer, a preservar seu trabalho e manter seu idealismo construtivo. Depois que a nossa embarcação atravessa determinadas linhas de batalha, não é aconselhável tornar ao "fogo cruzado" em alto mar. É preferível o serviço das âncoras com bons trabalhos e boas observações. Assim digo confirmando seus próprios estados d'alma, assegurando a você a continuidade de nossa identificação espiritual. Em face do exposto, conte comigo, onde você estiver. Seja o nosso programa segurança defensiva, sem ofensiva alguma, prudência amiga construindo o que for possível sem destruir possibilidades futuras, falar muito pouco e ouvir muito, e interessar os que nos ouçam na manutenção de nossos objetivos. Vamos confiar no Alto, seguindo para a frente.

Aproximando-nos do natalício do Roberto, a ele o meu grande abraço.[1] Que Deus o ilumine e proteja, ampare e guie sempre.

Desejo-lhes, meus filhos, tudo o que existe de belo e bom. Você, Wanda, durante os próximos três dias, use os medicamentos que o nosso amigo vai indicar. Ajudarei você com os nossos recursos espirituais, através de passes.

Peço a Deus, nosso Pai, nos mantenha o clima da paz e da serenidade. Recebamos o Espírito Santo de conformidade com as lembranças de ontem, no culto evangélico. Ofereçamos ao Senhor um coração tranquilo para que as bênçãos dele nos tranquilizem. Esse o meu ardente desejo desta noite. Com um apertado abraço, cheio de afetuosas saudades, sou o papai que não os esquece,

A. Joviano

---

[1] Nota da organizadora: Roberto aniversariava na Terra em 7 de novembro. Contava, no ano de 1946, com 22 anos.

MAGNETISMO CURADOR

Meu caro Rômulo, Deus o abençoe e fortaleça, iluminando-nos o caminho para as necessárias realizações.

Quero felicitar a você pela nova porta que se abriu ao porvir do Roberto. Venceu ele uma fase difícil da mocidade. Meu abraço a todos, todavia, deixarei o assunto para outra oportunidade, a fim de estender-me por mais algumas linhas como desejo.

Estou muito agradecido a Deus e a vocês. As suas aplicações de **magnetismo curador** ao próprio organismo vêm sendo coroadas de maravilhoso êxito. Sua posição física melhorou de maneira considerável e espero que você não abdique desse poder, movimentando-o quanto esteja ao seu alcance em benefício de você mesmo e dos nossos semelhantes.

Acompanhei suas considerações de ordem mental, de ontem para hoje, no que se refere ao nosso amigo do Rio, que adoeceu tão gravemente, no campo das energias psíquicas. Noto a propriedade de suas perguntas acerca dos poderes da mente e da palavra, e sinto-me satisfeito com as suas indagações. Sim, é mais razoável tratar o companheiro por enfermo, conforme vocês ainda agora leram claramente na epístola do apóstolo Paulo aos Romanos, no versículo 1 do Cap. XIV.[1]

Nosso velho camarada de lides espirituais precisa de amparo, de modo que lhe advenha a necessária melhoria.

---

[1] Nota da organizadora: Romanos, 14: 1 — *"Mas acolhei o que é fraco na sua fé, não para discutir as suas dúvidas"*. Tradução pela Sociedade Britânica e Estrangeira – 1942. *"Ao que é fraco na fé, acolhei-o sem discutir opiniões"*. Tradução da Bíblia Sagrada pelo Padre Matos Soares, Porto, Portugal, 1933.

Quanto à sua impressão de que poderemos utilizar facilmente o manancial verbalístico dos amigos encarnados nos serviços de edificação, há que ser refundida para não supor você que isso se verifique extensamente. Podemos influenciar apenas os que se encontrem sintonizados conosco. Fora disso, o esforço é muito difícil, quase impraticável. No bem ou no mal, as inteligências desencarnadas que atuam nos homens se contam por dezenas e centenas, por vezes. Há muitos pregadores da própria religião, em seus diversos aspectos, que se entregam a forças menos edificantes. Nesse sentido, o próprio Cristo aconselhou orarmos e vigiarmos incessantemente para não cairmos em tentação.

Relativamente aos desvios ou acidentes com elementos brilhantes do caminho, elementos que refulgem como estrelas da palavra, não somos nós, os desencarnados, que nos utilizamos indebitamente deles e sim eles que abusam indebitamente dos patrimônios que lhes são facultados. Você compreende que a admissão de um companheiro ao serviço representa sociedade espiritual nos interesses coletivos da oficina em que nos movimentamos. O administrador dará o que possui de melhor ao subalterno, ensinar-lhe-á a ciência do ofício, aparar-lhe-á as arestas, imprimindo-lhe novo brilho aos hábitos, ao verbo e à personalidade. Mas se o servidor ainda alimenta as raízes da vaidade, dia virá em que se revela, imprevidente, sob o verniz brilhante e benéfico.

A necessidade de cooperadores no plano invisível estabelece a admissão de muitas inteligências que prometem e que chegam, efetivamente, a fazer muito, mas inteligências falíveis, suscetíveis de adormecer sobre os louros conquistados. Quando o servidor nada fez, o desvio também nada representa, mas se tomou os encargos e os cumpriu. Ainda que parcialmente, a modificação inferiorizante é grave, e por grave nos merece mais atenção e mais carinho, embora incluamos a vigilância como programa de todos os minutos.

Quanto aos problemas da palavra, tão sublime em suas manifestações, é muito triste, meu filho, quando a vaidade cega os videntes da vida humana, impedindo-lhes a justa apreciação das coisas. Nesse capítulo, o Evangelho está repleto de observações generosas que fazem muita luz sobre os nossos raciocínios. Quando o trabalhador não se prepara à frente das eventualidades do caminho, o ânimo desprevenido pode ser vítima de verdadeiros desastres.

Estamos perante um caso de oração, porque a árvore é grande, robusta e respeitável. Em virtude de haver abrigado a muitos, reclama-nos veneração, mas como se elevou tanto na atmosfera da cultura sem raízes no solo do amor o abalo que lhe move as bases é perigoso e requisita vigilância.

O quadro é simbólico. E esteja você convencido de que se o homem visita o Evangelho com os olhos e com os raciocínios e não permite que o Evangelho lhe visite o coração e os sentimentos, mesmo depois da morte é suscetível de quedas alarmantes.

Você disse bem quando se expressou há momentos afirmando que enquanto os nossos companheiros ingleses perseguem as demonstrações da sobrevivência da alma como escopo básico do Espiritismo nós procuramos estabelecer o reconhecimento da existência do espírito. Nossa vanguarda relaciona o problema da eternidade à frente de todas as questões que se tornam satélites naturais no sistema da verdade imperecível. Nesse entendimento, portanto, ajudemos ao nosso amigo com as nossas preces.[2] Ele adoeceu em plena vida, em plena eternidade, e se restabelecerá nesses mesmos círculos sagrados do Universo. Que o Senhor o abençoe e proteja.

Fazemos votos ardentes para que os nossos façam boa viagem de regresso a casa. Estaremos com vocês na luta de cada dia.

Com referência ao braço, o nosso clínico amigo é de opinião que você pode usar os medicamentos aconselhados por mais 8 a 10 dias. A manifestação úrica está cedendo, fe-

---

[2] Nota da organizadora: sobre o "amigo" em questão não nos foram dados maiores informes.

lizmente. Às vezes, o uso reiterado do peixe provoca esses pequenos fenômenos que a irritação costuma dilatar e agravar. Nada de importância. Com o auxílio divino, venceremos na boa batalha de sempre.

Boa noite e que Deus o abençoe. Receba afetuoso abraço do papai muito amigo de sempre,

A. Joviano

FLORES DO CORAÇÃO

Meus filhos queridos, Deus abençoe a vocês todos, conferindo-lhes muita paz ao coração.

Pedi com insistência aos nossos amigos cessassem as manifestações pessoais ao professor humilde para que se expresse aqui o paternal coração.

As palavras do Rômulo tocam-me o espírito. As lágrimas correm-me também dos olhos e procuro romper os véus da profunda emoção para agradecer-lhes o carinho. Quem poderá definir o perfume das flores que colhemos agora? Quem poderá aquilatar a nossa alegria, entrelaçando os pensamentos na mesma vibração? Só o silêncio da prece pode falar tão intimamente, sem palavras articuladas, porque o verbo humano ainda é pobre para gravar essas emoções que nos arrebatam à Espiritualidade Superior.

Doze anos passaram céleres, mas o amor cresceu em cada dia.[1] Vocês todos ainda são minhas crianças queridas, meus alunos do coração!

O jardim da alma permanece cheio de vozes e vocês permanecem comigo, ligados para sempre ao meu ser. Como não ser assim, meus filhos, se o espírito é eterno, se o amor é imortal? Procurem guardar da vida humana os tesouros do tempo. Toda a experiência na carne passa breve. Tudo é aprendizado.

Amem-se uns aos outros com a simplicidade do começo difícil, ajudem-se reciprocamente, creiam em Deus e em vocês mesmos, e procurem no trabalho honrado e digno a

---

[1] Nota da organizadora: vovô Arthur desencarnou a 14 de dezembro de 1934. Da data da mensagem, portanto, decorreram 12 anos.

luz divina que a Terra pode proporcionar! Auxiliem-se mutuamente. Calem tudo o que possa traduzir inferioridade no caminho de cada dia. E nunca se esqueçam de que a existência na Terra é um simples episódio da eternidade.

Pudesse voltar aos meus tempos idos e encontraria mil modos de retificar a luta, buscaria processos mil de servir a Deus com mais calor e mais confiança e, hoje, abençoo todas as dificuldades vencidas, todas as dores atravessadas, porque só a luta pode estruturar a felicidade real, quando bem vivida, bem sentida, bem aproveitada.

Vejo-os aqui, os três mais extremamente associados ao esforço de cada dia.

Recordo-me de nossas conversações de outro tempo e quero fazer-lhes sentir que eu não morri, nem desapareci no campo das sombras. Estou mais ativo que nunca! Sinto-lhes os pensamentos mais íntimos.

Vivo com vocês no fundo dos vales da preocupação ou me elevo na companhia de seus corações quando se dispõem a buscar aspirações elevadas.

Façam da experiência humana um livro divino, onde cada capítulo signifique esforço no serviço edificante e perseverança no bem.

Ainda que todas as circunstâncias sejam desfavoráveis, confiem no Poder Maior, que nunca proporciona justiça tardia.

Sofram por amor da fraternidade, da paz e do entendimento uns com os outros.

Se o salário de um servidor humilde da gleba não é esquecido, por que seria vão o ministério dos homens de bem?

Aprendamos a servir por amor a Deus, a lutar por dedicação à paz coletiva e por espírito de construção na Eternidade.

A você, Roberto, o meu grande abraço. Desejava transformar a noite de hoje numa homenagem à sua formosa realização. Queria comentar seu esforço e sua vitória, mas as lágrimas do velho coração de pai não deram lugar nesta noite aos júbilos do vovô. Falarei a você em outra noite. Deus o abençoe.

Meus agradecimentos sinceros à irmã Júlia, ao Rômulo, Maria, Fausto, José, Roberto e Wanda, a todos vocês, meus filhos, que me trouxeram as **flores do coração** com a alegria que devemos cultivar pelo meu décimo-segundo ano de trabalho novo.[2]

Não lhes posso escrever mais. Agradeço, Rômulo, profundamente comovido, as suas palavras. Conduzi-las-ei comigo, como hino do viajor alegre e feliz por haver encontrado flores de amor a caminho de uma vida mais alta.

Adeus. Guardem o coração agradecido do papai.

A. Joviano

---

[2] Nota da organizadora: relembrando, Júlia era a minha avó materna e José, o filho adotivo do vovô Arthur. Para maiores dados da família Amorim e Joviano, sugerimos a leitura de *Sementeira de luz* (VINHA DE LUZ, 5. ed., 2015), *Deus conosco* (VINHA DE LUZ, 4. ed., 2014), *Militares no Além* (VINHA DE LUZ, 2. ed., 2009), *Colheita do bem* (VINHA DE LUZ, 2010) e *Depois da travessia* (VINHA DE LUZ, 2013).

SAUDAÇÃO DE JOÃO DE BARRO

De minha casa de barro,
Cheia de paz e de amor,
Eu venho saudar convosco,
Nosso antigo benfeitor.

Trago os filhotes comigo,
Em trajes de festival,
Compartilhando a alegria
De um natalício imortal.

Vimos do abrigo amoroso,
Dos cimos da prateleira,
Entramos pela janela
Num galho de trepadeira.

Como esquecer a voz terna
Repassada de carinho,
Que conversava conosco
Na solidão do caminho?

Como olvidar a mão clara,
Que tudo faria certo,
Quando vinha docemente
Encorajar-nos de perto?

Grande amigo! Muitas vezes,
Deixava o salão dourado

Para buscar-me o lar rude,
Pobrezinho, desprezado.

Por que fôssemos humildes,
Trabalhando em terra escura,
Nunca deixou de tratar-nos
Com carinho, com ternura.

Pobre operário que eu sou,
Falava-me ao coração,
Ensinava meus filhinhos
A terem educação.

Chamado às honras do mundo
E às ambições da riqueza,
Preferiu viver conosco
Na sombra e na singeleza!...

Espalhava em nossa casa
As bênçãos e os dons divinos.
Sabia exaltar no mundo
A glória dos pequeninos!

Professor, recebe agora
Nossa eterna gratidão!
Que um passarinho também
Tem alma, tem coração!

Casimiro Cunha

Nota da organizadora: natural de Vassouras | RJ, Casimiro Cunha figura entre os poetas cujos poemas integram o livro *Parnaso de além-túmulo*, psicografado por Chico Xavier, desde a primeira edição (FEB, 1932). Para maiores dados biográficos, sugerimos a leitura de *Sementeira de luz* (VINHA DE LUZ, 5. ed., 2015).

O SALMO 1º

Meu caro Rômulo, Deus abençoe a você, concedendo-lhe o sumo bem da paz.

Pela passagem do seu aniversário,[1] trago-lhe os nossos "parabéns", consagrando à sua alma de trabalhador do bem e de batalhador do ideal **o Salmo 1º**.[2]

Jesus conserve a seiva de sua fé viva no coração, enriquecendo-a de graças infinitas e que seus dias sejam longos pelas realizações sadias e belas, pela claridade que você sabe imprimir aos quadros de serviço.

Em preces fervorosas, suplicamos ao Divino Poder conceda ao seu coração a luz do Alto, acrescentando-lhe energias para as edificações indispensáveis. Todos os nossos amigos me fazem portador de um abraço fraternal a você, com os seus votos ardentes pela sua saúde física, pela sua paz e pela sua contínua prosperidade espiritual.

Estendo a você as alegrias que recebi na noite de 14. São suas, filhas de sua lembrança filial. Retornam, desse modo, à fonte de origem, rogando eu ao supremo Senhor enriqueça a árvore de sua vida atual, colocando uma flor e uma bênção

---

Notas da organizadora: [1] Rômulo faria aniversário em 19 de dezembro, dia seguinte à recepção da mensagem. [2] Salmo 1 da Bíblia Sagrada traduzida e comentada pelo Padre Matos Soares, editada pela Tipografia Porto Médico Ltda., Porto, Portugal, 1933: *"A VERDADEIRA FELICIDADE — [1] Bem-aventurado o homem que não se deixou levar pelo conselho dos ímpios, E que não se deteve no caminho dos pecadores, E que não se sentou na cadeira pestilencial (dos maus), [2] mas que tem a sua vontade posta na lei do Senhor, E que nesta lei medita de dia e de noite. [3] Ele será como a árvore que está plantada junto às correntes das águas, Que a seu tempo dará o seu fruto, E cuja flor não cairá; E todas as coisas que ele fizer serão prósperas. [4] Não assim os ímpios, não assim; Mas serão como o pó que o vento dispersa à superfície da terra. [5] Por isso os ímpios não ressuscitarão no (dia do) juízo; Nem os pecadores (estarão) na congregação dos justos; [6] porque o Senhor conhece o caminho dos justos; Mas o caminho dos ímpios perecerá".*

em cada expressão de suas frondes, para que o seu celeiro no porvir seja farto de frutos.

Grandes luzes, abençoados serviços, horas repletas de trabalho sadio, muitos anos de luz e tranquilidade, harmonia e bom ânimo é o que pede hoje a Deus para você o coração do papai,

A. Joviano

SINTA-ME A SEU LADO E VAMOS AGIR

Rômulo, Deus abençoe a você como sempre.

O quadro de luta é o mesmo e a hora é de ingresso na arena. Vamos à nova tentativa em companhia da serenidade. Nem aflição, nem abatimento. Você sabe que a floresta é escura, mas seguiremos com a luz da esperança nas mãos, tentando novo acesso ao santuário da justiça humana. Mobilize as intervenções possíveis ao seu alcance e movimentarei os recursos espirituais à disposição de nosso concurso afetivo. O trabalho vem sendo feito desde muito tempo. Digne-se a Justiça Divina deferir-nos a solicitação. De qualquer modo, porém, prevaleçam os desígnios de Deus.

Como você não ignora, um pai não somente promete. Age. Um amigo não fala apenas e sim coopera em esforço substancial. Em vista disso, meu filho, **sinta-me a seu lado e vamos lutar**!

Abraços do papai,

A. Joviano

Mensagens | 1947

INICIANDO O ANO NOVO

Meus caros filhos, Deus abençoe a vocês todos, junto aos nossos dedicados amigos presentes, conferindo-lhes saúde e paz, alegria e bom ânimo.

Iniciando o ano novo de 1947, em nome de muitos amigos nossos, rendo graças ao eterno Senhor pelas dádivas recebidas, pelos dons e oportunidades que desceram de Mais Alto para os nossos corações. Louvado seja o Senhor pelas horas de trabalho com que nos enriqueceu as mãos, pelas bênçãos de espiritualidade com que Se manifestou no santuário de nossos corações, pela clareza concedida por Ele aos nossos raciocínios, pelo equilíbrio que, por misericórdia, nos assinalou os sentimentos, pelos roteiros abençoados de serviço no bem que nos traçou os passos, no ciclo de tempo ontem encerrado. É sempre útil examinar o passado para agradecer Àquele que nos deu os sagrados dons da vida. E à frente do futuro, roguemos a continuidade da proteção divina. Tudo depende do Altíssimo. Nada de bom ou de belo penetrará nossas vidas sem a Sua divina luz. Podemos arquitetar o destino, traçar nossos próprios mapas diante da jornada humana, entretanto, somente na posição de filhos cooperadores do eterno Pai conseguiremos atingir os cumes elevados alusivos à nossa gloriosa destinação.

O tempo, com saúde e tranquilidade relativas, constitui dádiva do Céu. À força de recebê-la diariamente, nem sempre valorizamos a oferta sublime com o entendimento desejável. Mas chegará sempre o dia em que cantaremos hosanas de júbilo pelas horas consagradas à nossa própria edificação. Vocês todos são felizes em razão da possibilidade de compreenderem semelhante graça, desde agora, entretanto, supliquemos a Deus mais visão! Que nossos "olhos interiores" permaneçam dilatados, a fim de que a torrente de benefícios do Alto não passem despercebidas à nossa observação. O vale em que nos movimentamos está cheio de ecos estranhos, de sombras que invadem o campo visual, impedindo a penetração dos divinos raios da Esfera Superior, mas a alma acordada para o amor paternal de Deus saberá sempre distinguir a claridade soberana de Sua sabedoria e misericórdia.

Exaltemos, pois, a magnanimidade do Senhor e agradeçamos o minuto, a hora, o dia, a semana, o mês, dentro dos quais tantas realizações para o bem se tornaram possíveis ao nosso espírito. E sabendo que os celeiros celestiais se caracterizam por infinitas reservas marchemos para a frente, cônscios da felicidade presente para que a mesma se intensifique no porvir.

Abrindo, portanto, as nossas orações de 1947, desejo-lhes muita paz com o dever bem cumprido, muita luz com a vitória legítima do coração sobre as sombras do mundo, muita saúde do corpo com harmonia da alma, imensas felicidades na senda de cada dia, como fontes vivas de felicidade para os que permanecem junto de vocês. As "Boas Festas" que desejamos ao coração de vocês todos se referem à eternidade da vida, à grandeza do espírito, à confiança suprema nos divinos valores do Universo. E como ninguém pode encontrar a riqueza de um século sem atender às experiências elevadas que cada ano oferece ao coração esperamos que prossigam nas construções superiores de sempre, edificados dia a dia, nas obrigações com que foram honrados pelo Poder Celestial. Que o Pai nos ajude, auxilie, esclareça e ilumine a todos.

Estive com você, Rômulo, em todas as suas medidas últimas, referentes à "nossa batalha". Tenho a satisfação de registrar que de sua parte tudo foi providenciado, tanto quanto de nosso setor. Aqui mobilizei todos os amigos suscetíveis de prestarem cooperação no seu caso e, com prazer, encontrei todas as portas favoráveis. Não faltaram particularidades, não esquecemos ângulo algum. Assim, meus filhos, estamos diante do decreto divino. Digne-se a vontade do Senhor satisfazer o nosso pedido. Fazemo-lo invocando a justiça devida ao seu esforço e contamos com o amparo necessário para que essa justiça se cumpra. Quanto estiver ao alcance de vocês, acompanhem o assunto, como se deve seguir uma embarcação de conteúdo delicado e em perigo até o porto de destino. De nossa parte, estaremos a postos.

Agradeço à Maria o vivo interesse que o seu abnegado coração tem posto no problema. O amor fiel não descansa. E exprimo sincera gratidão ao nosso caro amigo General Aurélio pelos valiosos bons ofícios que interpôs a benefício de nossa causa. Sigamos com a fé viva em Deus e gratos a todos os que, direta e indiretamente, têm cooperado e vêm contribuindo em favor de nossas justas realizações. De meu coração, devo dizer que trago a melhor expectativa. Desse modo, trabalhemos ainda e esperemos. Trago à Wanda e ao Roberto o meu grande abraço de avô pela passagem do Ano Novo. Ainda não assinalei, com palavras escritas, o júbilo que o Roberto nos proporcionou a todos. Entretanto, na primeira oportunidade, escreverei a ele a minha carta amiga de felicitações.

Nossos amigos espirituais aqui presentes expressam-lhe, por meu intermédio, sinceros votos de saúde e felicidade, luz e paz, em todo o transcurso de 1947. E reiterando a todos vocês os meus bons desejos, solicitando a Jesus lhes enriqueça o caminho de bênçãos, abraça-os, com extremado afeto e grande reconhecimento, o papai saudoso e amigo muito grato de sempre,

A. Joviano

08/01/1947

SALMO 32

Meu caro Rômulo, ofereço hoje a você a seguinte leitura evangélica, simbolizando o nosso pão espiritual:

Salmo 32

II Timóteo – 2 – 1

II Timóteo – 2 – 3 a 7

III João – 13 – 14 – 15

II Timóteo – 4 – 22

Com um abraço do papai,

A. Joviano

MEU CARO ROBERTO

Meu caro Roberto, Deus o proteja, multiplicando bênçãos de paz e luz em seus caminhos.

Reiterando hoje as minhas felicitações, depois da sua vinda de Lavras, quero abraçá-lo, em espírito, desejando muita prosperidade ao seu futuro de homem de bem.[1]

Sei que você lutou muitíssimo por não desmerecer a confiança do lar e presto ao seu coração a homenagem afetuosa de avô, que se revê no neto muito querido, anelando-lhe brilhante porvir. Reconheço que muitas realizações lhe faltam ao título definitivo, na esfera profissional, entretanto, a fase vencida representa muito esforço e enorme labor com perseverança e boa vontade. Meus "parabéns" à sua edificação de 1946.

Apesar de estarmos juntos vastas vezes, faço questão de escrever-lhe estas linhas, portadoras de minha alegria e de minha confiança em seu trabalho. Em muitas ocasiões seu cérebro jovem indaga, com justificadas razões, sobre os problemas da vida e da morte. Você desejaria possuir mais confiança, mais certeza. Mormente, fora de casa, experimenta seu coração o assédio das forças desintegrantes da fé. Isso, porém, é natural. A perfeita certeza da eternidade, quanto ao homem e à vida, constitui edifício sublime demais para erguer-se espontaneamente, sem paciente aplicação dos interessados. E você está iniciando a luta e reconstituindo a paisagem do pretérito amparado pela nobre ambição de vencer com o bem, com a sinceridade e com o serviço digno.

---

[1] Nota da organizadora: Roberto concluiu, em 1940, em Lavras, Minas Gerais, o curso de 2º grau. Foi, em seguida, para o Rio de Janeiro, a fim de candidatar-se ao curso na Escola Nacional de Medicina Veterinária da Universidade Rural.

Muitas experiências conhecerá qualquer criatura antes de alcançar o castelo da confiança absoluta e tranquila. Além disso, os círculos universitários da Terra não contribuem para que a mente juvenil se fortaleça no domínio da espiritualidade superior. Exercendo guerra declarada à religião, ainda mesmo quando os colégios obedeçam à orientação evangélica, qual acontece no instituto lavrense, a verdade é que o material didático é sempre antirreligioso, agravando-se a situação pela intolerância das autoridades dogmáticas que, comumente, dirigem o serviço escolar. Mas a existência, com os seus problemas e serviços difíceis, consolidará em você a certeza ambicionada.

Expressando-me assim quero apenas salientar que, de qualquer modo, nos entenderemos como bons amigos. Presentemente, em se preparando seu espírito para novas arremetidas nos setores da preparação necessária, peço-lhe muita ponderação e serenidade.

Em seus deveres diários, em seus abençoados afazeres comuns, não se esqueça daquele provérbio oriental que determina: "Se caíres sete vezes, levanta-te oito". Efetivamente, o chão que os homens pisam ainda é de lutas ásperas dentro de si próprios.

Não poderá você escapar à condição de todos, entretanto, não se esqueça da prudência e da observação. Não é o servidor afoito que resolve fundamentalmente as questões do trabalho. É justamente aquele que gasta minutos pensando antes da ação. Assim também a vida.

Não solucionaremos problema algum precipitando-nos no caminho. Mas meditando e agindo, examinando e trabalhando, atingiremos a culminância almejada.

Não perca o tempo de estudar para que o tempo de aplicar lhe seja propício. Você está situado num programa muito extenso em relação ao novo projeto a ser levado a efeito no Rio.

Abençoe a possibilidade de preparar-se, de aprender e aprimorar-se. Um homem que conhece o valor dos minutos está fadado a realizar grandes coisas. E em se preparando intelectualmente, organize também as suas possibilidades sentimentais, disciplinando-as.

Não deseje construir a casa de seu destino começando a edificação pelo teto. Primeiramente, examine a terra, verificando se o solo é suscetível de suportar os alicerces de suas idealizações.

A previdência não é uma utopia no caminho da vida. É farol de saída para que a chegada se faça normal.

Estamos diante de um mundo convulsionado. Cada um de nós, mesmo em se falando dos desencarnados, é célula do imenso organismo mundial. É indispensável muito equilíbrio dentro de nossas funções para não sermos deslocados.

Transferindo-se para o Rio, busque encontrar em seus avós, prestimosos, a continuidade da amorosa vigilância de Rômulo e Maria. O carinho, para ser construtivo, não pode separar-se da advertência. Sabe você que a água simples é sempre útil e preciosa, mas se transborda, sem condicionar-se à disciplina das vias naturais, forma pântanos de consequências imprevisíveis.

Nesse particular, você encontrará em nosso amigo General Aurélio e em D. Júlia a ternura edificante, o amor zeloso e o auxílio eficiente que seu espírito necessita. Por agora, talvez, não possa você compreender as minhas impertinências afetivas. Todavia, o tempo é um leiloeiro cujo martelo não repousa.

Dia virá em que você entenderá totalmente os imperativos da verdadeira proteção à juventude. Aliás, meu filho, assevero-lhe que a minha confiança em sua conduta de moço bem orientado prossegue firme. É confiança que aumenta sempre pelas suas tendências nobres e pelo seu idealismo superior.

Relativamente ao seu "vestibular", nada posso dizer. Vamos ao trabalho. Em qualquer circunstância de serviço, encontrará você a justa contribuição do Alto.

Receba o meu grande abraço de "parabéns" e que

Deus nos proteja a todos. Continue no seu esforço de ascensão e chegaremos tranquilos ao cume desejado.

Abraçando-o, pois, com muita alegria no presente e com muita esperança em seu futuro, sou o vovô e velho amigo,

A. Joviano

NOSSO COMPANHEIRO CURVELANO

Meus amigos, Deus nos abençoe a todos e o ajude sempre, meu caro Rômulo, na solução de todos os seus problemas, que me pertencem também pelo coração.

Estive com vocês quarta-feira última, acompanhando a visita do nosso estimado amigo Virgílio Machado.[1] Estive e consagrei as preces da noite à memória do **nosso companheiro curvelano**, necessitado de reforço espiritual que lhe felicite a alma com o socorro preciso. Estamos diante do mundo diferente. Após a morte do corpo, meu filho, é tão difícil o movimento para aquele que não se preparou, como se faz necessário! Daí a felicidade que me reconforta, identificando-lhes o interesse pelas conquistas do espírito. Sejam felizes nessa bendita plantação a que emprestam as melhores forças e os mais lindos ideais. Você, em verdade, não pode calcular toda a extensão da alegria de seu pai, sentindo-lhe a atenção centralizada nesses sublimes objetivos. Fazer da experiência humana um altar de serviço a Deus, no serviço permanente aos semelhantes, é, em nossa fase de evolução, a maior felicidade que um espírito na Terra pode aspirar.

Muitos séculos persegue a alma a realização da fé viva, mobilizando as energias da curiosidade e da investigação caminho afora, penetrando templos de pedra e consultando oráculos, misturando esperanças com desilusões. Quando compreendemos, porém, a necessidade de estabelecermos o serviço religioso dentro de nós, movimentando os nossos recursos próprios no co-

---

[1] Nota da organizadora: em referindo-se a Virgílio Machado, grande amigo da família Joviano. O "companheiro curvelano" a que vovô se refere é o Major Salvo, também ligado à família por laços de grande amizade.

metimento, então, meu filho, a existência transforma-se. A criatura desloca-se, a mente ilumina-se, o sentimento se renova.

É a revelação divina dentro do campo humano. Cessa a perquirição no exterior, extinguem-se os enganos da estrada, desfazem-se os véus de neblina que nos impediam a visão espiritual, e o tempo é escasso e o coração pequenino para conterem o universo de vibrações divinas a surgir-nos no ser.

Esta, meu caro Rômulo, é uma edificação que estou conhecendo em sua companhia. Sua época de despertamento espiritual é igualmente minha. Trago o cérebro repleto de ideias novas e o íntimo cheio de renovações. As luzes mais elevadas desabrocham através de incompreensível atuação, para mim, no campo oculto da consciência. Minha vida é hoje mais alta, maior. Quero, meu filho, expressar o que sinto e não posso transferir o patrimônio obtido a todos os entes amados, e os óbices se multiplicam ante meus propósitos. Abençoada, pois, seja a sua casa, convertida em templo de trabalho redentor, como o seu coração transformado em receptáculo da fé viva. Aqui você pode expandir-se, estender as flores e os frutos da graça, perseverar na esperança à frente do futuro, vendo partilharem do divino pão aqueles de quem o Senhor nos reaproximou para a tarefa de redenção e amor, diante do Infinito e da Eternidade. Guarde o seu lar a paz de Deus e que as bênçãos celestiais estejam com vocês, onde estiverem.

Estou contente com a sua visita ao Roberto na fase preliminar de vida nova.[2] Maria fez muito bem seguindo para encorajá-lo. Roberto é a nossa "planta do coração". Todos nós somos os seus jardineiros e, nesse particular, todos os nossos agradecimentos aos nossos amigos General Aurélio e D. Júlia são poucos. Sabe Deus o potencial de carinho com que ambos seguem as realizações do neto, que lhes é tão querido aos corações. Esperemos o decurso dos dias próximos. Seria interessante persistir no plano de realização junto dos avós, que representam a continuidade da guarda doméstica. Noto que o nosso

---

[2] Nota da organizadora: Roberto passou a residir no Rio de Janeiro, no lar de nossos avós maternos, General Aurélio de Amorim e Júlia Pêgo de Amorim.

rapaz permanece indeciso. Convém encorajá-lo e ajudá-lo a resolver a questão. Nessas palavras, não desejo, de modo algum, interferir, em caráter decisivo; desejo cooperar afetuosamente, sem pretender forçar as situações. Apenas saliento que a vigilância amorosa, cheia de experiência e generosidade do General e da vovó, representa fator inestimável de amparo efetivo a ele. Trabalhemos e confiemos na Bênção Divina.

Agradeço, comovidamente, à D. Júlia a dedicação com que se tem devotado ao serviço de minhas cartas pobres. Ela, com seus cuidados, sensibilizou-me bastante. Afinal, esses documentos constituem apenas notícias despretensiosas de um pai que teve a felicidade de encontrar filhos amorosos que lhe deram ouvidos. Fui muito mais feliz nas recepções que nas visitas, porque vocês todos me deram sempre mais alegria que a alegria que eu sempre lhes desejei, sem poder trazer-lhes. Se houve, pois, um trabalho digno de atenção, em tantos anos de estudos constantes, esse pertence ao Rômulo e à Maria, que invariavelmente confiaram no amigo que lhes era intangível às mãos e invisível aos olhos. É mais difícil crer naquilo que não observamos em sentido direto que visitar criaturas que adoramos, embora não sendo vistos por elas. Em razão disso, o mérito é de meus filhos e não meu. Feita a ressalva, agradeço à D. Júlia o carinho, a gentileza e a bondade que consagrou às minhas páginas singelas. E desejando-lhes uma viagem feliz peço ainda a você, Rômulo, continuar cuidadoso nas autoaplicações de recursos magnéticos e fluídicos, rogando-lhe, ainda, usar o peixe em pequena escala. Poderá comer, entretanto, na terça parte dos desejos. Felicidades a todos e que o Senhor nos abençoe. Suplicando a Ele nos conserve em paz, com a dádiva do bom ânimo, em todas as lutas a que formos conduzidos por Sua divina misericórdia, deixa-lhes afetuoso abraço, cheio de carinho e saudade, o papai e amigo de sempre,

A. Joviano

O ÊXITO DO ROBERTO

Meus caros filhos, Deus abençoe a vocês, concedendo-lhes muita paz e saúde.

Novamente no lar, rendamos graças ao Senhor da Vida pela tranquilidade que nos felicita. Luta e descanso, sociedade e ninho doméstico são como floresta e jardim. Nesse último, recolhemos as sementes necessárias ao processo educativo da selva densa. Sem o canteiro, é impossível grande lavoura. Daí o valor imenso dos dons sagrados do instituto familiar, onde a alma pode recolher as mais puras alegrias e as mais nobres aquisições para a vida eterna.

Regozijamo-nos sinceramente com **o êxito do Roberto**. Permita Jesus possa ele aproveitar o tesouro das oportunidades presentes, em que tantas moedas de luz têm sido lançadas sobre nós pela Divina Providência.

Peço agora a vocês enviar-lhe sempre (o que, aliás, não precisaria solicitar, bem o reconheço), a par dos votos de coragem e desassombro, reconforto e confiança, conselhos e diretrizes, para que lhe não faleçam as energias ante as sugestões do meio maior. A cidade grande está repleta de benditas dádivas de luz, todavia, em seus processos evolutivos, as lutas habitualmente são mais intensas. Ajudemo-lo a refletir sempre mais, com aproveitamento substancioso das horas. A vigilância carinhosa dos avós é uma bênção. Louvemos ao Pai pelo auxílio espontâneo que temos encontrado. Tudo, felizmente, correu sem obstáculos referentemente aos nossos desejos. Roberto é uma planta delicada, não nos cansemos de repetir. Exige cuidado, vigilância e muito amor para que os seus problemas não se agravem. Acompanhemo-lo, confiantes no auxílio divino. Vê-lo preparado a enfrentar individualmente a vida, com os seus títulos de competência e liberdade, constituirá para nós todos alegria grande, indefinível. Agora é a preparação, a base, o fundamento renovador. Em suma, cooperemos para que a plumagem da ave se realize solidamente. Quando desferir o voo, em plena aquisição de seus poderes, abençoa-lo-á o Senhor para que a paisagem do mundo lhe seja benéfica.

Nesse sentido, associo meus votos sinceros e ardentes aos de vocês, cônscios como estamos de que a nossa posição ainda é de combate.

Tive ocasião, meu caro Rômulo, de seguir-lhe, quanto me foi possível, os trabalhos no Rio e alhures. Primeiro, as lutas por nossa realização e, em segundo lugar, a sua colaboração ao lado de nossos amigos ingleses. Essa gente valorosa e forte possui efetivamente muitas lições para dar-nos. Ainda mais agora, sabendo você que nenhum patrimônio substancial do espírito é obtido por milagre e sim através do esforço e da perseverança, a experiência deles, aos nossos olhos, deve ser mais valiosa. Coletivamente considerando, é indispensável ter voltado muitas vezes ao mesmo educandário para conhecer os ensinamentos com tamanha propriedade. Se os nossos companheiros do Brasil soubessem aproveitar-lhes o valor, grandes seriam os benefícios imediatos para o setor econômico a que você tem dado as melhores forças. Mas não olvidemos o trabalho evolutivo. Para que os discípulos entendessem tão perfeitamente os professores, precisariam ter aprendido quase tanto quanto eles. Aguardemos a obra do tempo, que nunca dispensou a paciência com esforço afetivo.

Relativamente à sua saúde, o nosso receitista amigo vai ministrar alguns esclarecimentos. Tratam-se de pequenas intoxicações pelo ácido úrico, exigindo cooperação interna e externa. Dentro de casa, com os hábitos de sempre, é possível solucionar a questão com mais eficiência. O corpo é como se fosse um lar dentro do lar. Separado dos alicerces domésticos, às vezes se perturba e se transforma. Tudo na vida tem a sua razão de ser.

Felicitamos a vocês pelo novo trabalho de André Luiz.[1] É portador de valiosa contribuição no estudo dos desequilíbrios da alma. Ensina, com o Cristo, que é impossível sanar o corpo orgânico sem atender às causas na região do espírito. Pensamos que esse é um serviço de muito valor na cooperação aos sofredores de boa vontade, porque há igualmente enfermos de boa e má disposição perante a cura. Da sintonia do espírito ante as sugestões de harmonia ou desentendimento dependem as melhoras positivas da individualidade, tanto aí, junto de vocês, na esfera física, quando aqui, conosco, na zona espiritual. Que Jesus conceda ao mensageiro as suas divinas bênçãos.

Convém que Wanda se resguarde, de fato, contra os golpes de ar frio. A atmosfera mudou muito. Desculpem-nos os cuidados. Para nós aqui os corações que amamos, ainda encarnados, são como flores reclamando-nos atenção e carinho. O jardineiro sabe de onde procede o vento favorável e conhece quando há benefícios reais a serem extraídos do frio ou do calor.

A todos vocês o meu abraço afetuoso de sempre, esperando que a paz divina — a felicitar-nos o espírito nestes minutos — se estenda a todos os nossos que permanecem distantes, alguns não só no plano físico, mas também psiquicamente.

Jesus nos fortaleça e guarde o coração para prosseguirmos fiéis ao nosso ideal de união divina para sempre.

Deixando-lhes o meu carinho, envolto em grandes saudades orvalhadas de esperança, abraça-os com muito afeto o papai muito amigo de sempre,

A. Joviano

---

[1] Nota da organizadora: em referindo-se ao livro *No mundo maior*, psicografado por Francisco Cândido Xavier, ditado por André Luiz, editado pela FEB em 1947.

NÃO ME ALONGAREI MUITO

Meus caros filhos, Deus abençoe a vocês todos, concedendo-lhes muita saúde, paz e bom ânimo.

Reunidos para as nossas preces habituais, peço as bênçãos divinas para o nosso núcleo de serviço. **Não me alongarei muito**. Apenas desejo consignar minha saudação, com os meus votos de felicidade.

Alguns amigos do Rômulo desejam escrever-lhe algumas palavras de felicitações pela promoção de janeiro último, o que somente agora conseguem fazer em sentido direto e subscrevo, por minha vez, os "parabéns" afetuosos de cada um, esperando, meu filho, que a força do bem vibre sempre em seu coração, sustentando-lhe os ideais e dilatando-lhe os serviços. Trabalhar a benefício da comunidade é erguer templos de confiança ao Pai Supremo. Que Ele santifique os seus desejos de servir, realizando as suas nobres esperanças no caminho da redenção espiritual e da elevação incessante.

Deixando-lhes o meu afeto de todos os dias, envolve-lhes os corações num só abraço, o

Papai

26/03/1947

A PESQUISA DA CRIATURA É INCESSANTE

Meus caros filhos, Deus abençoe a vocês todos, concedendo-lhes muita saúde e paz.

Procurando a luz espiritual, como sempre, eis-nos em nosso reduto de oração, aguardando a Divina Bondade.

Refiro-me a isso recordando os proveitosos ensinamentos de ontem para concluir com vocês que **a pesquisa das criaturas é incessante** e devemos consolidar a nossa felicidade por sabermos em quem buscarmos e o que buscamos — Jesus e sua lição divina.

Enquanto nos demoramos nos laços físicos é difícil, efetivamente, tudo entender. Mil e uma circunstâncias diversas nos reclamam a atenção para que o nosso curso de experiências valiosas não se interrompa. Não fosse a multiplicidade de problemas que cercam a mente encarnada, e qualquer individualidade de cultura mais enobrecida, não toleraria os obstáculos ambienciais. A Providência, contudo, improvisa mil meios de retenção do espírito humano, a fim de que o aluno aproveite o máximo da escola.

Aqui, contudo, meus filhos, reexaminamos o quadro de luta e rendemos graças ao Eterno pelas inspirações espiritualizantes que nos felicitaram o caminho. Homens e mulheres vulgares valem-se das sugestões inferiores e procuram dilatação de interesses no campo horizontal da experiência humana, ao passo que o cristão busca as "portas de cima", muita vez de escabroso acesso.

Por manter-se a alma nesse serviço é imprescindível pagar tributos fortes e, um deles, mais imperioso e quase inevitável, é o da incompreensão de grande número dos próprios familiares. Esse imposto do espírito vocês têm sabido resgatar com exatidão. Rogo a Jesus lhes multiplique as forças, a fim de prosseguirem para a frente, firmes na fé.

Viagens existem nas quais, nem sempre, haverá possibilidade de união geral no porto de desembarque. A jornada das almas oferece perspectivas de solução curiosa. O livre-arbítrio de cada viajor tem voz ativa nesse capítulo e comumente o grupo se dispersa. Os que amam a marcha diária não podem naturalmente estimar a delonga dos que se entregam a longas estações nas ilhas de recreio. Os que se enchem de temores, ante as surpresas do tempo, e estacionam dias inteiros à espera de ventos favoráveis, não permanecem no mesmo plano daqueles que seguem sempre, desassombrados, confiantes em Deus e em si mesmos, a cavaleiro das próprias tempestades, cientes de que o Pai não lhes emprestou, em vão, a bússola e o leme. Continuemos, assim, tomados de esperança e serenidade. A viagem é longa e precisamos recolher material de auxílio a todos os que se demoram a distância, receosos ou distraídos.

Por falar em viagens, cumprimento à Wanda e espero que a sua mocidade aproveite muito no terreno das excursões valiosas. Conhecer é enriquecer-se. A memória é maravilhoso departamento da alma e aqueles que não se comunicam com o ambiente exterior fornecem a impressão de uma casa fechada. Viajar, por isso mesmo, mormente para quem observa a grandeza da obra divina em todos os lugares, constitui elevado processo educativo. Formulo votos, minha filha, para que você recolha o maior número de bênçãos e estou satisfeito com as suas realizações. Em nos referindo aos aviões, é forçoso reconhecer que a condução através deles não deixa de ser algo parecido com as nossas incursões aqui pelas esferas mais próximas. Estejam convencidos de que aqueles caminhos, de que aquelas amplitudes, aparentemente vazios, estão repletos de "gente" na maioria das regiões em que se subdividem. Há rotas de almas, como há estradas para as máquinas aéreas. Não sou, de modo algum, contra as excursões pelos ares, apenas creio que todas as viagens nesse sentido devem ser feitas por intermédio de companhias instituídas com seriedade para esse fim, de vez que os desportistas da aviação representam sempre perigosos aventureiros. Estaremos, porém, juntos, e sempre que me for possível participarei da experiência com vocês na atmosfera plena. Considerando isso, quando se dispuserem a viajar, lembrem-me essa agradável obrigação com um "radiograma mental" (um ideograma), de três a cinco minutos. É uma lembrança útil, porque, às vezes, podemos ser úteis em algum pequeno serviço. Quanto ao mais, confiemos sempre no amor divino que nos confiou tão sublimes dádivas. Deus não nos concederia semelhante bênção para a morte e sim para glorificar a vida e exaltar a ciência dos homens continuamente sustentada e iluminada por Ele.

Aqui também temos, igualmente, maquinário para viagem à esfera onde vocês se encontram e a outros círculos de vida que nos são próprios, quando somos compelidos pelas circunstâncias a viajar em grupos de vibrações menos harmônicas. De modo geral, porém, utilizamo-nos de nossa própria força individual para esse fim, recorrendo a poderes pessoais que podemos e devemos cultivar pouco a pouco.

Desse modo, o avião não deixa de oferecer um curso preparatório, no qual lhes desejo paz e êxito, certos de que não voarão com condutores de "cabeça aérea", embora seja aérea a viagem. Deus nos abençoe e ajude sempre.

Sobre a sua saúde, Maria, o nosso amigo espiritual aconselha a você o uso de *Alvoricine* por alguns dias, para uso apenas na boca, e recomenda a continuidade do *Cantana* por mais algum tempo. Lembra, também, que uns gargarejos com o chá das folhas de tomate lhe farão igualmente muito bem. Depois fará indicações novas.

Para Wanda, julgou ele aconselhar o *Uroformina*, porque os rins requeriam uma limpeza e um encorajamento. Felizmente, tudo segue em ritmo normal.

Por último, felicitamos o Rômulo pelos passes. Sua posição é outra depois de sua procura de recursos na fonte de si mesmo. Cada vez que você busca o benefício, tentando encontrá-lo nas próprias correntes de suas energias, o seu pensamento se eleva muito alto, colocando-se em comunicação com o divino suprimento. Para a distribuição de águas no mundo, há, muitas vezes, necessidade de aquedutos. A corrente mental alçada além, em demanda de mananciais superiores, simboliza "aqueduto sublime" através do qual é possível receber recursos para todas as justas necessidades, sempre que merecermos intensificar as bênçãos do Alto, em torno de nós. Que o Pai eterno abençoe a vocês, conservando-os em paz.

Sobre os amigos que os procuraram, na tarde do sábado passado, não convém consultar sobre o que desejam. O irmão que estimariam ouvir não se encontra em condições favoráveis. Trabalhará ainda uns tempos para poder vir com proveito.

Boa noite para vocês todos. Desejando-lhes continuidade de saúde e tranquilidade, deixa-lhes afetuosos abraços o papai muito amigo de sempre,

A. Joviano

O MÉRITO DA CONTINUIDADE É SEMPRE LEGÍTIMO

Meus caros filhos, Deus abençoe a vocês, concedendo-lhes muita saúde, felicidade e paz.

Venho de casa onde fui abraçar o pessoal ao primeiro de abril e sinto-me feliz completando minha noite de recordações em companhia de vocês, sob o céu maravilhoso. As nossas preces como que são cânticos silenciosos do coração. Lá fora, tudo convida para Deus e vocês atendem aqui dentro, rendendo graças. A felicidade é enorme, meus filhos, quando podemos transformar o caminho da vida humana em bênçãos de espiritualidade superior. Ouço-lhes a conversação e felicito-lhes o entendimento.

Em verdade, há quantos anos nos congregamos aqui para celebrar o que de algum modo só é concebível pela fé. Não fosse essa lâmpada viva, de há muito estariam cessadas nossas vias de intercâmbio. Sob lutas e dificuldades, sob incompreensões e tropeços, vocês confiaram e a segurança desses sublimes sentimentos obteve a resposta invariável das zonas mais altas. **O mérito da continuidade é sempre legítimo.** Todos sabem iniciar, raros sabem persistir. De projetos elevados vivem os caminhos repletos, entretanto, raros corações se dispõem a fazer, a cumprir, a executar. No entanto, as dádivas do Alto, como as águas de um grande rio, correm para todos. Os dons do Céu caem à maneira da chuva, buscando fecundar os corações. Todavia, esmagadora percentagem de nossos amigos humanos ainda dorme. Julga construir imperecíveis castelos de possibilidades humanas, supõe penetrar para sempre a imortalidade com a monumentalização do personalismo que lhe assinala as atitudes, quando apenas dorme e sonha, sob o ponto de vista espiritual. Há para eles pesadelos de todos os feitios. Os que despertam, porém, ouvem uma voz suave e constante que os compele à marcha, à coragem, ao prosseguimento... Esses não ignoram que a realização elevada, qualquer que seja, se nunca é desamparada pela bênção divina também reclama a preocupação superior e o trabalho persistente do homem.

Vocês tiveram a felicidade de acordar na casa respeitável da Terra, nossa venerável escola de tantos anos. Aprenderam em cursos de esperança bem sentida e bem vivida a lição do suor e da colaboração em Cristo. Amaram a edificação de todos e se sentiram felizes com as conquistas de cada um e amam e sentem com intensidade cada vez mais viva semelhantes verdades e semelhantes bens. Por isso mesmo, ainda na carne, experimentam júbilos que só são dados a muita gente depois de laborioso esforço no plano espiritual. Envaideço-me do patrimônio de fé ativa e operante que conseguiram amealhar, dia a dia, no trabalho progressivo do espírito convertido ao Senhor divino, que tudo nos concedeu.

O empréstimo celestial com que fomos distinguidos passou a ser propriedade de nossas almas. Tudo o que realizamos no espírito é igualmente eterno e nossas aquisições têm sido substancialmente espirituais. Em vista disso, contemplo desta casa, que nos é particularmente querida, a paisagem do céu tranquilo onde vibram melodiosamente as forças sublimes da natureza. Estrelas distantes, mundos remotos nos esperam... Deste pequeno ponto do planeta, desferimos nosso apelo a Deus e desenhamos nosso roteiro. Vocês, ligados ainda aos ângulos da crosta, eu, ainda ligado às forças das esferas que lhe são conexas.

Quando voltarei a corporificar-me, não sei, quando nos abraçaremos de novo em divina e integral união, espírito a espírito, ainda ignoro, mas sei que podemos abençoar este pouso de amor e esperança como celeste marco da jornada. Estejam vocês onde estiverem, vá, por minha vez, onde for, não esqueceremos o porto que o Rômulo edificou devagarinho, nos primeiros dias, e que você, Maria, veio vestir de ideias e realizações adequadas ao pensamento superior.

Não criaremos com isso algemas para o coração, mas a lembrança e a gratidão viverão conosco para sempre. Diante, pois, do firmamento claro e brilhante, sentindo o testemunho das energias divinas que fluem do Alto, agradeço a Jesus todos os júbilos que nos foram concedidos e faço votos para que continuemos realizando sempre mais para Deus e para todos os que nos cercam. Dar de nós mesmos para que a glória divina seja respeitada e compreendida é a felicidade máxima suscetível de ser encontrada nas regiões onde vivemos. Quem dá recebe e por havermos dado nossa boa vontade e o coração fiel recebemos hoje elementos espirituais que não chegam a ser entendidos por outrem e que nos iluminam para as horas de hoje e para os dias que virão.

Sejam felizes, meus filhos! Que a paz do Céu coloque o coração de vocês a cavaleiro de todas as sombras, são os nossos votos mais ardentes. E que essa paz os siga, passo a passo, em todas as estradas do mundo, a fim de que prossigam de pensamento voltado para a Vida Maior, que nos reunirá um dia, embora vivendo todos os deveres e obrigações mínimas que a existência terrestre impõe a vocês no desdobramento de cada dia. São os desejos do meu coração de pai que não os esquece,

A. Joviano

O NOSSO CARO
AMIGO MÁRIO CARNEIRO

Meus caros filhos, Deus abençoe a vocês, conferindo-lhes muita saúde e paz aos corações.

Aqui nos encontramos, orando juntos. Que o Senhor Todo-Misericordioso nos auxilie e proteja, iluminando-nos os caminhos.

Hoje veio em minha companhia o nosso caro amigo Mário Carneiro, ao ensejo do primeiro aniversário de sua libertação.[1] Convidamo-lo a escrever-lhes, entretanto, declinou do convite, alegando encontrar-se ainda inexperiente nos problemas daqui. Contudo, recomenda-me transmitir-lhes, mais ou menos, o seguinte:

"Meus amigos, agradeço-lhes a lembrança generosa. Os bons pensamentos que me enviam reconfortam-me o espírito. Estou bem. Naturalmente, desambientado. Cuidei muito de preservar meu caráter, de sustentar a integridade de meus princípios, todavia, não fiz o mesmo quanto ao coração. O campo da fé manteve-se vazio dentro de meu ser. Jornadeei numa estrada correta, mas esqueci-me de semear nas margens. Não pratiquei o mal, que me lembre, e não sinto aguilhões na consciência, no entanto, no meu peito há angústia. Estimaria voltar. Renovar caminhos. Retomar atividades. Criar elementos novos que me garantissem iluminação

---

[1] Nota da organizadora: Mário Carneiro era um amigo da família Joviano.

espiritual mais intensa. Em suma, sofro por não haver realizado o bem que eu podia concretizar. Estou na condição do preposto que de regresso à sede de trabalho se atormenta pela omissão. Meu tempo não foi plenamente preenchido. Poderia ter subido montes da sabedoria, ao invés de haver palmilhado somente as longas estradas da planície. Apesar de tudo, sou quase feliz. Não supunha encontrar o mundo que eu encontrei. Não julgava que a vida pudesse esconder tais maravilhas, não obstante suspeitar sempre de que as lutas daí não estariam circunscritas aos curtos dias do corpo físico. Lastimo, porém, não haver experimentado, no mundo, o processo do despertamento consciencial... A morte, por isso, me colheu espantosamente. Procuro refundir meus conhecimentos e concepções, mas reconheço que é indispensável muita calma e humildade para o reajustamento. Continuem amparando-me. Um dos grandes problemas para nós, os que precedemos as criaturas amadas na marcha da morte, é o do esquecimento natural a que somos relegados. A questão do morto não se resolve com a lápide honrada. É mais complexa. Requisita cooperação e fraternidade. Nesse sentido, estou lutando intensamente. Não soube ou não pude construir no espírito dos que me eram afeiçoados o laço de ligação que me garantiria a continuidade ao auxílio deles. Vejo que vocês são muito felizes. Sabem viver e construir, num reino maior, numa esfera mais vasta. Nada posso desejar-lhes de mais preciso, além da continuação do serviço a que se devotam. Agradeço em particular ao Rômulo o carinho e a consideração que me dispensou de maneira invariável, não só nos tempos da facilidade como nos dias em que a existência humana não traz grandes contentamentos. E sou extremamente grato pelo espírito de colaboração, do qual o seu devotamento de amigo ainda me cerca. Que o Criador os recompense e ilumine sempre..."

Em síntese, são essas, meus filhos, as palavras do nosso visitante querido. Por minha vez, agradeço a ele, em nome de vocês e no meu próprio nome, pela generosidade das referências. Sua gentileza é tocante, porque bem sabemos que ele foi na Terra um missionário completo da organização e da justiça. O positivismo inibiu-lhe muito empreendimento que o conduziria a descobertas maravilhosas, em nos referindo à espiritualidade superior, entretanto, essa circunstância jamais lhe impediu o exercício das qualidades nobres de que foi portador fiel. Se me não engano, o seu primeiro ano de vida espiritual ocorreu a 4 deste mês. Ele tem recebido o amparo de vocês, através da lembrança e da oração, e está naturalmente reconhecido. Que Jesus lhe enriqueça as mãos e o coração de dons e bênçãos sublimes. O caminho da morte é da continuação. Prossegue invariável o drama evolutivo e, de qualquer modo, reaverá o nosso prezado, presentemente, seu patrimônio de oportunidades e possibilidades vultosas e valiosas.

Relativamente à conversação de vocês com referência ao Chico, também nós estamos cooperando. Vamos confiar no poder "de Cima". A fonte das bênçãos nunca se empobrece. Todos os assuntos versados são dignos de atenção. O Senhor permitir-nos-á auxiliar.

Estou acompanhando a Wanda sempre que posso. Vi-a na passagem por São Paulo e peço a Deus prossiga bem.

Quanto ao mais, meus filhos, trabalhemos amando o ensejo de sermos úteis. A existência não vale pelos dias que a somam e sim pelo que fizermos dela. Sejam a paz e a fé viva o nosso precioso salário, para que a luz divina habite em nós. As dificuldades terrestres podem ser grandes, todavia, é forçoso observar que são elas como o serro empedrado escondendo os diamantes. Ajudemo-nos uns aos outros e sigamos avante.

Pedindo ao nosso Mestre divino nos abençoe a todos, renovando-nos os títulos de proteção e ajuda, abraça-os, com carinho e saudade, o papai muito amigo de sempre,

A. Joviano

SOMENTE A ORAÇÃO É CLARIDADE

Meus caros filhos, Deus abençoe a vocês, concedendo-lhes muita saúde, bom ânimo e paz nas lutas de cada dia.

Que as horas redentoras da experiência humana encontrem vocês orando, segundo os ensinamentos recebidos na última reunião doméstica do Evangelho. Quem ora está sintonizando com as forças do Alto. A prece é ascensão. E o cume do pensamento constitui a máxima luz que podemos acender para sermos vistos e ajudados por aqueles que já escalaram as culminâncias da luz divina.

Às vezes, comentamos, de maneira superficial, as sombras que rodeiam o homem encarnado, mas em verdade não nos é possível fornecer dados precisos quanto à sua extensão e complexidade. Quando vocês entram em contato direto com agrupamentos portadores de princípios diversos, quando se aproximam de criaturas que ainda não puderam receber o batismo do conhecimento espiritual, então é possível avaliar o que vem a ser o ambiente pesado e obscuro em que respira a mente humana. **Somente a oração é claridade** rompendo as trevas. Oração que não seja apenas atitude adorativa e sim trabalho permanente e ação construtora.

Observo, Rômulo, sua faina de trabalho para amanhã e ligo seu espírito de serviço ao quadro real da luta. Em verdade, meu filho, o plano terrestre é assim mesmo — pesado conjunto de estações emissoras do sentimento menos elevado. Muitas vezes, nos próprios círculos da responsabilidade administrativa, temos a impressão de permanência em vasto educandário de jovens nas primeiras letras. Entretanto, a missão mais bela e, por isso mesmo, mais árdua, é a de educar através do trabalho edificante. Não esmoreça em seu ministério educativo, no campo de serviço que você escolheu para buscar a redenção espiritual. Servir ensinando é uma bênção. E creia que não é fácil atingir semelhante combinação. Muitos trabalham, mas não educam; muitos instruem, mas não desejam servir ao próximo. É necessário que o "fiel" do amor permaneça regendo a balança da personalidade para que o cérebro e o coração, raciocínio e sentimento, como as duas conchas preciosas da alma, estejam equilibrados e em perfeita consonância um com o outro.

Faça de sua criação de trabalho um recurso cada vez maior de ensinar o bem. Não se incomode se há reduzido terreno para a compreensão e nem esmoreça se todas as energias em torno parecem menos aptas ao benefício. O menino que menospreza a lição, sorrindo da solicitude daquele que a ensina, mais tarde meditará no ensinamento que ouviu despreocupado.

O bem, em qualquer aspecto, é sempre alguma coisa de Deus para a alma a que se destina. Se esta não o recebe, de pronto, a dádiva permanece à porta da mente, a fim de penetrá-la na hora precisa, beneficiando-a e enriquecendo-a. Os problemas do administrador consciencioso na atualidade do mundo são cada vez mais desconcertantes. Não só no Brasil. Por aqui, vemos uma indiferença dolorosa na maioria dos casos. Em países de supercivilização, encontramos dolorosa obsecação pela guerra. Em terras jovens quanto a nossa, sobram os orçamentos festivos, em outra chegam a impressionar os orçamentos belicosos. Vivemos um tempo em que não é possível esquecer a vitaliciedade dos ensinos do Cristo para colhermos alguma paz. Sem essa lâmpada para o caminho, qualquer prosseguimento seria difícil, senão impraticável.

Ajude a todos na esfera de suas realizações e não desanime. O clima do cristão é esse mesmo — trabalhos e dificuldades no setor da compreensão exata. Mas é justamente aí, meu filho, que preparamos instrumentalidade mais adequada aos serviços daqui. Cada tarefa, portanto, no mundo onde vocês estão presentemente, tem a sua finalidade. O melhor do caminho evolutivo é ser útil, e nenhum descanso para o servidor leal é mais legítimo que aquele que procede do dever bem cumprido na consciência feliz.

Na semana passada, lembramos um amigo em seu aniversário de libertação. Mário Carneiro foi sempre um missionário, para quem a morte representou apenas ingresso à vida mais nobre. Hoje recordaremos um companheiro do caminho que tem se lembrado de vocês. Trata-se do Hermeto, que tem pensado nos companheiros que ficaram em seu primeiro ano de nova luta.[1]

Tenho orado por ele, enviando-lhe os meus pensamentos de paz e fraternidade. Vocês, aí na esfera carnal, tantas vezes são defrontados pelos que necessitam! Aqui, por onde nos movimentamos, a diferença não é essencial.

Há sempre tanta gente que chora e precisa, tantos corações que se debatem nas vibrações desarmoniosas, que não temos recurso senão movimentar os patrimônios intercessórios da amizade sincera.

Wanda está com os pensamentos ligados aos nossos, nesta hora. Que ela possa receber a nossa lembrança e o nosso carinho, é o que desejo.

Você, Maria, vai muito melhor quanto ao problema dos dentes, mas não deve deixar o uso da vitamina C, de vez em quando. Os cozimentos das folhas de tomate podem ser aplicados, entretanto, não convém adicionar o sal.

Quanto ao tratamento do Rômulo, somos de parecer que deva, efetivamente, evitar o processo de cicatrização rápida no momento oportuno. Mais razoável lutar um pouco, tentando um serviço provisório, até que a natureza resolva o problema com calma. Fazemos votos para que o tratamento corra bem. Dentro de nossos recursos, estaremos a postos, cooperando como sempre.

---

[1] Nota da organizadora: sobre "Hermeto" não nos foram dadas maiores informações.

Agora, meus filhos, despeço-me desejando-lhes muita felicidade. A irmã Engrácia está presente e cumprimenta-os, alegremente, formulando sinceros votos pela paz de todos.

Boa noite. Que Jesus nos envolva os corações em suas bênçãos de amor e vida, é a prece ardente do papai que não os esquece.

A. Joviano

CULTUEMOS O DEVER, DIA A DIA

Meus caros filhos, Deus abençoe a vocês, concedendo-lhes muita saúde e paz.

Partilhando-lhes as preces, em nossa hora de paz, formulo votos para que sejam muito felizes nas viagens que os levam à luta em setores diferentes. Estarei com vocês, em pensamento, seguindo-lhes de perto os passos, quanto esteja ao alcance de minhas possibilidades humildes.

Espero, Maria, que Wanda seja muito feliz, voltando enriquecida de experiências e novidades de elevação. O intercâmbio é imperativo da fraternidade. E a nossa alma requer alimento de emoções novas que nos renovem constantemente para o bem.

Tenho seguido, Rômulo, o curso de seus pensamentos nestes dias. Sinto-me satisfeito, identificando a serenidade que você vai adquirindo à frente das lutas que a Bondade Suprema reservou ao seu espírito na presente "estação terrestre".

À medida que correm os anos, avolumam-se as responsabilidades e escasseia a colaboração para todos os que se propõem ao espírito de serviço no mundo atual. Ainda é característico da posição evolutiva da comunidade planetária. Procure despreocupar-se da responsabilidade e achará logo cooperadores em bando, que exaltem a primavera festiva sem cogitar do inverno que pode vir depois. Mas **cultuemos o dever, dia a dia**, e a assembleia dos companheiros visíveis é sempre menor. É natural. É a subida. E a escalada, meu filho, é muito diferente das carreiras na planície.

Sua experiência de administrador, a esta altura do trabalho, deve falar bem alto ao seu coração. Uma alegria ninguém conseguirá subtrair à sua alma — a alegria de haver servido a todos, em nome do Poder que os elementos atendidos não se preocupam em conhecer, o júbilo de haver criado padrões de trabalho edificante para muitos e muitos interesses da coletividade, o contentamento de haver projetado e concretizado tanto quanto tem sido possível a você na direção do bem comum, sem fronteiras divisórias e sem restrições de qualquer natureza.

Esse é um bem que inúmeros administradores que passaram aí, envergando condecorações e títulos diversos não chegaram, de leve, a conhecer.

Quanto ao mais, a luta não pode, efetivamente, ser outra. A árvore que se desenvolve passa a respirar em clima de solidão nas zonas mais altas. E as correntes que se movimentam em certa altura são muito diversas das que entretêm a vida embaixo, rente ao solo. Ajude a você mesmo, no sentido de aceitar essas realidades como são.

Lembremo-nos do próprio Cristo, ainda aqui, nestes comentários à vida habitual. Quando foi colocado à frente da turba, separado daqueles aos quais amava enternecidamente, julgado por todos e compreendido de ninguém, aparentemente sem o poder de curar e sem o título de salvador, distanciado das aspirações populares que lhe pretendiam a declaração revolucionária para que fosse coroado rei, só e distante mentalmente da multidão, foi apresentado por Pilatos como sendo o "homem".

Todos nós, em nossas tarefas construtivas, conhecemos esses momentos. Como que desconhecida voz fala conosco mesmo: "Eis o homem". E você é feliz por sentir-se quitado com os seus compromissos.

Convertendo seu esforço humano em missão espiritual, você tem lucrado infinitamente e aqui não teço tais comentários para provocar pensamentos tristes e sim louvar a sua coragem e esperar sua calma bem-humorada para essas situações transitórias.

O salário interno que você acumulou é grande demais para que seu coração resvale para o pessimismo. Esse é o plano no qual ainda estamos. Essa é a luta que o Pai nos confiou. Esses são elementos que seguem conosco. É melhor sempre acender uma vela que maldizer a escuridão, segundo nosso amigo André Luiz.

Não gaste muitas palavras, nem grandes emoções no acervo das experiências em curso. Trabalhemos e passemos. E creia que tudo isso, no fundo, é também redenção. Ninguém, e nisso esteja convencido, permanece dois anos em nossa companhia sem laços adequados para a concretização de boas experiências ou sem elos seculares e milenários que precisamos santificar.

Em sua missão administrativa, os remanescentes do passado são numerosos. A maioria já passou e rendamos graças a Deus por haverem passado à frente de sua tolerância e sincero propósito de servir.

No comércio divino da vida, só o amor paga as contas. E amando suas realizações você tem colocado seus deveres acima de quaisquer preocupações exclusivistas. Louve a Jesus por haver sabido desenvolver esse patrimônio. Representa graças e socorros do Alto, que nem todos sabem receber. Procure, desse modo, desligar sua mente das perturbações que as circunstâncias estabeleçam em seu jogo incessante.

Preserve sua saúde psicofísica e recorde que suas possibilidades de servir são imensas, não só aí, onde a luta procura instituir o desânimo em seu espírito, mas em outros setores diferentes, em que os seus valores podem crescer cada vez mais. Não convém desancorar o navio para enfrentar a tempestade. Afinal de contas, o Senhor tudo dispôs para que façamos sempre boa viagem.

Dar excessivo preço a mercadorias precárias não é de bom parecer. Não quero com isso menoscabar ninguém. Todos os homens são portadores de imensos patrimônios potenciais. Desejo apenas que você transite pelo "mercado espiritual" de cada dia sem inquietações e desapontamentos.

Ofereça constantemente os bons artigos de seus sentimentos mais elevados e se outrem desejar expor elementos menos superiores, que o faça sob a fiscalização do Governo Divino. Tudo está nas mãos de Deus. Essa, meu filho, é a grande verdade e Deus põe em nossas mãos o que pedimos para cultivar.

Relativamente ao Fausto, peço a você não se impressionar em demasia. Cremos que a licença é de bom alvitre. Poderá, talvez, refazer as energias psíquicas e melhorar o quadro geral de suas disposições. Faça o que você puder. Você sabe que o meu coração de pai é sempre o mesmo. Peço a Jesus conceda a ele suficientes recursos para restaurar a visão, o entendimento e a saúde.

Se eu pudesse, infundir-lhe-ia todos os bens que eu desejo, mas, como você sabe, há situações em que o amor não pode operar senão com a prece. Tenho receio de que ele se afaste de sua influência direta. É um perigo entregar-se o homem, ainda não muito seguro da espiritualidade mais elevada, a si mesmo.

O trabalho é um refúgio para que a mente não desperta de todo possa sair de si mesma em procura de alimentação renovadora. E você sabe que a hora do Fausto é difícil, em vista dos compromissos assumidos com a organização doméstica. Contorne a zona nevrálgica e ajude-o como se o fizesse você a qualquer um outro. Será melhor assim para que o sentimento não experimente dilacerações com "palavras do tumulto".

A luta pela Terra é assim mesmo. Não se aflija. Continue comandando sua batalha, valorosamente, até que Deus modifique seu gênero de serviço. Mas prossiga satisfeito e contente consigo mesmo. O otimismo e o bom ânimo dão saúde, e precisamos de sua saúde em boa forma.

Agora, despeço-me. Com os meus votos de felicidade, aguardo para nós todos a bênção de Deus.

Ainda em tempo, aconselho-lhes cuidado com os dentes — Maria com a vitamina C para defender-se e você providenciando o trabalho de reforma, com calma, que necessita.

Que Deus os abençoe e fortaleça é o voto muito sincero do papai que não os esquece,

A. Joviano

Minhas carinhosas lembranças ao Roberto.

Papai

VEJO AS FLORES DO NOSSO SANTUÁRIO

Rômulo, meu filho, Deus abençoe a você, multiplicando-lhe as energias no serviço da espiritualidade superior.

Vejo as flores do nosso santuário doméstico e lembro que as suas esperanças de cristão igualmente florescem agora. Sua fé viva não mais se circunscreve à folhagem robusta e sim oferece rosas de confiança em Jesus e em si mesmo, antecipando a colheita de bênçãos maiores. Refiro-me a isso em face de seu triunfo íntimo nas lutas uberabenses, em que você não poderia usar apenas as armas do homem correto, mas também as outras — as armas do espírito cristianizado para solucionar os problemas.

É uma felicidade encontrar os enigmas que seu coração tem encontrado em pleno ministério de realização. A Sabedoria Divina não oferece questões difíceis a entendimentos ainda frágeis. E se os serviços são agravados tal circunstância significa aumento de confiança, dilatação de oportunidade, enriquecimento de poder.

Por lá, muitas vezes, estive ao seu lado e estimei a sua boa posição espiritual. Agradeço o conforto que recebi de seus testemunhos pessoais e de suas atitudes. A experiência humana, meu filho, é uma escola vasta. Se Deus quisesse, nenhuma dificuldade surgiria, nenhum obstáculo surpreender-nos-ia as marchas de cada dia. Se os óbices são multiplicados, se os trabalhos avultam, rendamos graças — fomos considerados dignos de maiores ensinamentos.

As missões humanas de elevação, qual a em que você se encontra no setor administrativo, são possibilidades precisas para a transferência de ordem superior. Aquelas nossas conversações sobre "mudanças de plano", em suas meditações ignoradas e silenciosas, foram de grande proveito ao seu espírito. Se você tivesse atravessado os anos de luta, menosprezando as dádivas que o Senhor colocou, de muitos modos, em suas mãos, de maneira nenhuma poderia entender semelhantes assuntos. A luz divina é um terreno sagrado que não se abre ao que simplesmente procura. Antes da investigação, da busca, é indispensável revelar a verdadeira sede do coração, com o firme propósito de nos esquivarmos às sombras. Fiquei, portanto, satisfeito, identificando-lhe as decisões dignas e cristãs, no silêncio ativo a que se recolheu na experiência. Observei de mais perto o seu esforço, a extensão do seu desejo elevado, sua firme resolução de aplicar o que juntos vamos aprendendo em nossas tarefas espirituais, embora separados um do outro, em nos referindo à matéria densa.

De modo algum, meu filho, estimaria qualquer desistência de sua parte, diante da luta que as atuais experiências lhe impõem ao coração. "Perseverar até o fim" não é uma frase exclusiva dos círculos religiosos, é imperativo para todas as atividades do bem na Terra. Em vista disso, vê-lo forte e tenaz, confiante e otimista em sua posição de trabalhador que administra cheio de fé positiva, e de administrador que trabalha por amor ao bem coletivo, é motivo de nobre vaidade para mim. Entretanto, espero que os nossos compromissos de espiritualidade na transformação de planos estejam sempre presentes em seu coração, porque não devemos o depósito dos nossos créditos espirituais no "Banco Universal da Graça Divina". Pouco a pouco, eleve igualmente todos os seus trabalhos para o plano mais alto que estamos buscando, a fim de que a esfera menos elevada não nos prenda os ideais.

Em verdade, minhas escolas eram meu templo vivo.

Em Minas ou em outra parte, sempre estive ligado a elas. Depois, em pleno Rio, fui compreendendo que me competia reter o espírito das organizações escolares e trabalhar com ele, fosse onde fosse.

Sem o prurido de repousar, quando a vigilância dos filhos me convocava ao descanso, eu mesmo procurava esse "espírito do ensino", onde se achava. Fora das agremiações do magistério, ia ver as "classes infantis", segregadas nos bairros escuros para onde os professores tabelados se sentiam menos atraídos. E a realidade é que voltei para cá experimentando essa alegria sublime de não haver perdido a mim mesmo, de ter sido controlado pelos meus ideais mais nobres até o fim. Refiro-me a essas observações individuais, nesta noite de entendimento, porque esta é uma fase em que seu coração precisa manter todo o vigor no serviço que vem executando e toda a força de sua esperança em realizações maiores, considerando as dificuldades compulsórias que vão surgindo entre o seu espírito e o plano que nos prende há muitos anos. Não pense seja fácil essa permuta de envoltórios do ideal. O guarda-roupa íntimo não é de fácil acesso. Necessário despendermos enorme esforço para renunciar... Permanecendo, libertando a nós mesmos... Prendendo-nos a todos, modificando essencialmente... Conservando tudo, ajudando a cada um... Deixando cada qual em seu próprio lugar. É imprescindível muita força e serenidade, muita aspiração de subir e ganhar as alturas, porque o nosso balão, meu filho, ainda tem muito material sublime de ligação com a atmosfera amiga que tanto nos tem dado e que por ser sublime é demasiadamente respeitável para ser alijado sem mais nem menos. Nem os grandes orientadores da Espiritualidade Superior nos obrigam a cortar os liames do "balão cativo". Somos nós mesmos que vamos buscando as portas, que identificamos os horizontes mais altos e sonhamos com o voo... E é interessante assinalar que nenhuma dessas palavras se relaciona com a palavra "morte". Aqui temos a real expressão do renascimento. Paulo de Tarso disse magistralmente: "Eu morro todos os dias". Isso significava que o seu espírito renascia sempre.

Espero, pois, que você compreenda minhas palavras, interpretando-as como reconforto da amizade paternal contemplando-lhe a renovação imanifesta aos demais. Você tem ganho muitíssimo. Sua visão está aumentando e o que hoje se esboça mais firmemente constituirá abençoada realização do espírito eterno, concretizada amanhã. Vamos trabalhar confiando na misericórdia do Senhor.

Tenho recebido seus pensamentos quanto ao caso do nosso amigo, através de quem escrevo estas linhas. Cremos que tudo está em seu lugar e que só temos razões para regozijo. Estive presente com vocês na segunda-feira, quando discutiam o futuro da oficina espiritual de Pedro Leopoldo. E por que desejo acompanhar seus esforços de companheiro sincero e valoroso dos trabalhos de edificação tomo a liberdade de opinar no caso para dizer-lhe que estou inteiramente de acordo com o seu ponto de vista. A hora reclama bastante pensamento. Os amigos espirituais estão fazendo quanto é possível para que a "missão do livro" continue. Você compreende que estamos numa luta razoável. O trabalho da mediunidade cristã opera ao inverso da instrumentalidade humana para as obras respeitáveis. Enquanto o coração de um missionário das melhores realizações terrestres é afiado na "pedra do estímulo", o coração do servidor das edificações espirituais há de ser amolado no "rebolo do sofrimento". O gasto é diferente. As leis são outras. As disposições que vigoram para os serviços a serem feitos são diversas. Daí esse duelo grande, essa tempestade natural em favor da "produção do espírito". O clima não é senão de trabalho e renúncia. Enuncio claramente essas razões para abraçá-los pelo que vocês têm podido fazer em colaboração com os emissários de Mais Alto e para afirmar-lhes que nossa esperança não esmorece, embora conhecendo, como nos ocorre, todas as tormentas e luas decorrentes do esforço. Em razão disso, reitero a afirmativa de que estamos trabalhando pela concessão de mais dilatadas oportunidades aos nossos trabalhos e confiamos em que a vontade do Senhor nos dará o melhor.

Quanto ao fato de assumir você responsabilidades mais fortes em uma organização na cidade, somos de parecer que o assunto é adiável e, quase mesmo, fora de cogitação por enquanto. O grupo de Pedro Leopoldo, nas circunstâncias examinadas, terá de renovar-se, renovando os próprios "alicerces espirituais". Surgiria, nas bases previstas, uma hora em que os alunos aplicados de mais de dez anos não poderiam sentar-se em uma classe iniciante, sob pena de não prosseguir nas realizações iniciadas. Nesse caso, você poderá perfeitamente cooperar na edificação das bases materiais, amparar o empreendimento como sempre, dar tudo o que estiver ao seu alcance, mas sem assumir um compromisso formal no setor da orientação porque, então, nesse caso, Pedro Leopoldo não teria recipientes para o seu dínamo. Você não começou o esforço da mediunidade curadora em vão e um médico não é chamado ao deserto. Seu trabalho, se Deus nos conservar a felicidade de uma longa permanência na Terra, é maior, muito maior. Temos planos de ordem muito elevada para a sua vocação de servir. Creia que você terá, se chegarmos com a graça de Jesus à movimentação deles, mais serviço ativo do que você já teve em toda a sua vida presente. Os anos daqui, como aqueles dias felizes de sua passagem pela Inglaterra, jamais serão esquecidos. Serão flores imortais na coroa de sua fé atuante e renovadora. Estarão em suas palavras e em seus gestos, em seus ideais e ações, mas a sua riqueza na distribuição de conforto ao sofrimento será um tesouro crescente que força alguma do mundo, então, poderá deter. Conserve sua saúde, alimente suas reservas e sigamos para as nossas finalidades. Considere como caminhamos nos dez anos últimos. Temos atravessado esferas e ângulos que, dantes, não nos seria possível apreciar.

A vida é renovação, a felicidade é o serviço. Que Jesus nos abençoe e nos ajude sempre.

Escrevi mais longamente porque as circunstâncias assim exigiam. Abrace Maria e os netos por mim.

Cuidem da saúde. Preservem o equilíbrio das energias orgânicas. E pedindo a Jesus, meu filho, abençoe o seu espírito de confiança e resistência na luta para o bem, abraça-o muito afetuosamente o

Papai

O ALTAR DOMÉSTICO

Meus caros filhos, Deus abençoe a vocês, conferindo-lhes muita saúde e paz.

Rejubilo-me sentindo-os novamente reunidos no santuário doméstico, partilhando as bênçãos da tranquilidade familiar. Ainda ontem aqui estive, no culto de vocês, e acompanhei o nosso amigo em sua demonstração de amor fraterno.

Senti-me feliz com o material de interpretação que recolheram. **O altar doméstico** é, sem dúvida, o maior receptáculo da luz divina. As lutas pequeninas das horas são júbilos para o espírito, como portadoras que são, de mais brilho, nos vasos do templo. Que Deus abençoe sempre a vocês, multiplicando alegrias em torno de seus passos. E estejam certos de que continuaremos, através do tempo e do espaço, a nossa bendita semeadura de amor. Os valores do espírito, como o próprio espírito, são eternos.

Felicito a você, Wanda, pelo êxito da viagem.[1] Muita vez estive ao seu lado, apreciando as situações e as paisagens. Como você observou, minha filha, os problemas e organizações de ordem material são os mesmos, embora os povos se façam diferentes. As árvores do Rio Grande prosseguem deitando raízes pelo Uruguai adentro.

A natureza física em si mesma é acervo de substâncias idênticas. E no fundo, examinando desapaixonadamente o quadro, reconhecemos que os imperativos espirituais das nações perante o Cristianismo se identificam igualmente.

---

[1] Nota da organizadora: vovô faz referência à minha viagem até o Uruguai, na companhia dos tios Iacy e Oswaldo Benjamim de Azevedo.

Sempre a necessidade de Jesus nos corações, as perspectivas de um futuro sublime com ele e as ameaças de decadência sem a sua influência divina. E o que nos assombra é a paciência do Senhor aguardando-nos no caminho. Por mais que pudéssemos raciocinar sobre isso, jamais chegaríamos à compreensão de sua grandeza em nosso presente estado evolutivo. Estou satisfeito por você haver começado e terminado tão bem o roteiro traçado, embora as modificações impostas ao mapa inicial.

Quanto a você, Maria, sentimo-nos todos contentes em face de sua permanência com os que, no Rio, nos são queridos aos corações. Para o nosso amigo General Aurélio, a sua visita foi um acréscimo de forças pelo incentivo que a sua atuação afetuosa consegue infundir-lhe ao espírito e para o Roberto sua cooperação representou um remédio salutar e oportuno.

Sua saúde ganhou muito e foi proveitosa a sua observação do fenômeno bucal, a fim de reconhecer que o problema não se radica à circulação. Já conversei com o nosso clínico amigo, que me esclareceu tratar-se de uma deficiência muito pronunciada da vitamina C — embora o uso do *Cantana* esteja sendo observado — deficiência essa que se alia ao capítulo dos dentes, que devem continuar sob as vistas do odontólogo amigo, como se faz necessário.

Quando sobrevém pequena indisposição do fígado em suas atividades naturais, a situação se complica e a intoxicação surge à tona com mais força. O nosso amigo é de opinião que você use o *Clorascorbs* — aliado ao *Cantana* — para melhorar o suprimento vitamínico, e o *Neo-Gorgesan* para bochechar, como elemento de colaboração com o dentista. Se isso não bastar, então voltaremos a novas diretrizes nesse particular. Relativamente ao fígado, não convém traçarmos regimes de alimentação. É suficiente evitar os molhos muito excitantes e observar o mínimo de carne de porco e ovos, durante algum tempo. Nada mais. Sempre que possível, verduras frescas. A verdura auxiliará muito no reajustamento orgânico a que estamos nos reportando. Fique tranquila e vamos cuidar da questão com o otimismo e confiança em Jesus.

Rômulo, acompanhei a visita do pequeno-velho filósofo até vocês. Francamente, tive o desejo de ser-lhe útil, de alguma sorte. Não sei se ele voltará ao nosso campo de lutas edificantes, mas se isso acontecer, e se ele se colocar numa posição espiritual que mereça um amparo mais forte no setor de trabalho, não posso deixar de pedir as suas simpatias para o caso dessa criança, envolvida, tão cedo, nos meandros de missão tão complexa. Não convém oferecer-lhe coisa alguma, não só considerando os imperativos espirituais que nos regem, mas também a fisionomia humana da situação.

Registro o fato e não oculto os desejos que, aliás, são pessoalmente meus, em vista da importância das possibilidades de que ele se faz portador.

Não estou autorizado a identificá-lo, mas é companheiro do próprio Rousseau reencarnado, em compromisso de trabalho espiritual de alto porte. Mas você, hoje, sabe tanto quanto nós que o trabalho dessa natureza depende em vastíssima percentagem do tarefeiro. Não podemos improvisar-lhe o clima cristão para o campo íntimo. Ele teria que se conquistar, centímetro a centímetro, adaptando-se àquele cuja luz é, presentemente, a razão de nossos mais sublimes ideais. Enfim, esperemos o tempo.

A Graça Divina descortinou-nos ao serviço horizontes verdadeiramente sem fim e em todos os lados para os quais nos voltemos encontramos o trabalho a fazer, de mil modos e com mil sugestões diversas em cada dia. Que Jesus nos fortaleça para o desempenho de todos os deveres conferidos aos nossos corações é o que peço ao Alto, em minhas preces sinceras.

Despeço-me, agora, desejando-lhes, como sempre, os meus afetos do coração.

Segundo o nosso culto interno, de ontem, atendamos ao governo iluminado da vida. A luz varre as sombras da estrada, a condução da luta garante a harmonia. Que a bênção da paz divina santifique o esforço de vocês em todas as horas da vida, são os votos do papai muito amigo de sempre,

A. Joviano

TENHO ESTADO AQUI SEMPRE

Meus caros filhos, Deus abençoe a vocês, conferindo-lhes muita saúde e paz.

Tenho estado aqui sempre, como não podia deixar de ser, e consigno as visitas últimas de quarta-feira passada até a presente para considerar com vocês a tempestade que vai soprando de rijo, estrada afora, ameaçando os missionários da ordem material.

Vocês sabem que as grandes naus sofrem mais intimamente os golpes da perturbação. Reinam por aí tamanhas aflições que o culto tranquilo à prece é um refúgio abençoado para o coração. Demo-nos por felizes na viagem calma, através do roteiro de serviço digno. O Senhor, por intermédio de seu poder infinito, dá sempre de acordo com as nossas rogativas. E os que pedem excessivamente, mobilizando as forças do desejo, muita vez se encontram assoberbados pelos compromissos. A impressão que nos causam os visitantes que receberam é a de "quase lástima", para não dizer "piedade".

A palavra "piedade" envolve, na maioria dos casos, algo de presunção descabida. E digo "quase lástima" porque esses nossos companheiros, embora respeitáveis em seus planos de serviço, brincam com o "fogo da responsabilidade".

Dirão vocês, com razão, que tais obras exigem mentalidades corajosas à altura e que semelhantes realizações reclamam sempre criaturas que desconheçam a timidez. Entretanto, se isso é insofismável verdade, efetivamente eles não conheceram a tempo a necessidade de visão sobre a balança de aquisições e promessas. Prometeram demasiadamente e encheram a embarcação com tudo o que poderia favorecer-lhes os interesses imediatos. E, no instante da realização das promessas, o navio, com excesso de carga, sofre estranhos fenômenos desequilibrantes. Deus se compadeça de todos os nossos amigos que, apesar de crentes na Espiritualidade Superior, se agarram à expressão mais obscura da Terra, com todas as suas forças.

Na verdade, quando chamados à aferição dos valores positivos da vida, revelam-se tateantes e juvenis. Possuem de tudo para a hora que passa, mas "nesta hora que passa" se encontram encarcerados nos grilhões do mundo, nas grades da posse em que presumem tudo encontrar, sem visão libertadora e renovadora para a hora que virá.

Não me refiro a isso aqui para fazer comentários melancólicos em torno deles. Não. Estão em experiências tanto quanto nós. E chegarão à luz divina, como esperamos chegar, por nossa vez.

Apenas desejo salientar que vocês têm sabido escolher aquela "melhor parte" a que se referiu Jesus nos Evangelhos. Não basta estender as posses humanas ou multiplicar responsabilidades em derredor do espírito. Necessário saber como viver e possuir para o bem comum.

Relativamente ao caso do pequeno candidato ao serviço em sua companhia, meu caro Rômulo, creio que o seu programa mentalizado está excelente. Se ele souber e quiser aproveitá-lo, grandes benefícios recairão sobre as suas possibilidades latentes. Como aluno, você terá oportunidade de observá-lo mais demoradamente antes de assumir compromisso mais forte em seu coração.

Faça do caso um problema comum. Ao que me parece, o pequeno traz um instinto de autoritarismo que o torna menos desejável nos círculos mais íntimos e, por isso, convirá a observação minuciosa com a assistência precisa à sua renovação. Esperemos o tempo.

Se ele suportar o clima disciplinar que as suas necessidades espirituais estão exigindo, então os horizontes do futuro dele serão mais claros e mais propícios. Não estabeleçamos qualquer plano definitivo quanto a realizações espirituais. O momento é apenas de exame indispensável. Vejamos se o seu sentimento "está pronto" para aceitar as bases da tarefa. Se não estiver, restitua-o à escola do mundo, com a mesma serenidade dentro da qual estamos comentando o assunto. No seu programa de condições a ser oferecido, acrescente mais: "abstenção de conversações sobre matéria política ou religiosa".

E, sobretudo, convém afastá-lo do trabalho mediúnico indiscriminado. O momento dele é de disciplina, trabalho e estudo. Só essa trilogia, aceita de boa vontade por seu coração de menino (embora a velhice espiritual), poderá salvá-lo de perder uma sementeira que será rica de bênçãos porvindouras. Não considere o meu pedido e o meu cuidado, levando longe o desejo de atender. Não. Iniciemos uma experiência tranquilos. Se não der perspectivas de serviço produtivo inicialmente, entreguemo-la ao tempo. Você e eu temos coisas mais urgentes para cuidar.

Sobre as suas indagações no serviço de assistência magnética, mais tarde comentaremos suas lembranças nessa matéria. De início, apenas recordo que um grande avental branco, com botões igualmente brancos, à maneira do médico operador ou do enfermeiro-chefe, lhe faz falta. Mas isso é providência para quando vocês estiverem numa casa maior, contando com um pouco mais de espaço, o que esperamos para breve.

Por agora, o trabalho ali há de ser o de um "pronto-socorro" sem grandes preocupações pelas particularidades. O instituto de vocês é mais uma "casa de misericórdia" como é conhecido em nosso meio que propriamente um centro espiritualista. Aguardemos o tempo. A vestimenta branca é mais adequada para o trato com os doentes de qualquer espécie, do corpo ou da alma. Noutra ocasião, seremos mais claros.

Meus "parabéns" a vocês pelos vinte e quatro anos de compromisso assumido para a felicidade e para o bem. Não pude falar-lhes nisso na quarta-feira última.

Boa noite. Meu afetuoso abraço a todos.

E pedindo a Jesus pela saúde e pela paz de vocês, abraça-os muito afetuosamente o papai que não os esquece,

A. Joviano

MAIS UM POSTO EDUCATIVO

Meus caros filhos, Deus abençoe a vocês, concedendo-lhes muita saúde, alegria e paz. Enquanto essa trilogia permanece conosco, o estímulo que procede do Alto, através dela, nos sustenta o bom ânimo para a execução dos mais pesados deveres.

Desejo hoje, meu caro Rômulo, referir-me ao seu curso de treinamento instituído para a formação de trabalhadores rurais. A organização é das mais louváveis e inteligentes. Mas não me reporto propriamente a ela. É **mais um posto educativo**, mais uma oportunidade que a administração humana, amparada pelo poder divino, desdobra na Terra.[1]

Quero aludir ao espírito com que você recebeu os encargos. Sei que representa acúmulo de obrigações sobre as obrigações que você já detém inúmeras, mas estou satisfeito com a sua atitude varonil diante da luta. Natural que o plano estabelecido não se enquadre às finalidades da instituição que você fundou, organizou e dirige sob o amparo divino, entretanto, suas diretrizes, conduzindo o projeto para dentro de seu trabalho, são mais que acertadas. Educar, meu filho, é talvez, digamos sem audácia e sem presunção, problema de Deus.

Mundos e mundos se fazem e desfazem para atender a programas educativos. Do infinito ao finito, do macro ao microcosmo, sentimos a divina e invisível mão do Senhor aproximando e elevando em processos de educação, formosos e benditos, cuja grandeza e sabedoria jamais nos cansaremos de admirar. Que Ele conceda a você acréscimo de forças para o novo setor de trabalho. Instruir alguém no caminho dignificante do trabalho que santifica é preparar corações para a glória divina.

---

[1] Nota da organizadora: em referindo-se ao Centro Brasileiro de Aprendizagem Rural (CBAR), que foi instituído em 1948, na Fazenda, para treinamento de jovens nas diversas atividades rurais.

Não é necessário que a assembleia dos alunos seja compacta e multiforme para que o serviço do educador seja abençoado, frutescendo no tempo e no espaço. Basta, às vezes, um só aprendiz para alcançarmos os objetivos mais íntimos. Lembremo-nos de que para modificar a estrutura do Império Romano, servido por legiões treinadas para a guerra e para o domínio em quase todas as regiões semicivilizadas do mundo, Jesus só possuía doze discípulos, arrebanhados um a um. E não podemos esquecer que os seus objetivos foram alcançados. E o trabalho continua na reconstrução moral da Terra por milhões de servos dedicados às suas lições sublimes. Assim, pois, atenda ao seu ministério e avance feliz.

Não creia que as energias externas dos campos mais distantes e dos mais próximos estejam habilitadas à colaboração que você espera e deseja. Não. O seu problema de resistências exteriores, ainda aí, é o mesmo, traz a melhor recompensa — a recompensa da possibilidade de algo fazermos de útil, em que os outros sejam os principais beneficiados. A filosofia do imediatismo terrestre não compreende bem tal assertiva. Todavia, o câmbio do entendimento modifica-se com os fenômenos da morte carnal, compulsórios para todos. E aqui, então, colhemos, de fato, o que houvermos dado com espírito de sinceridade e renúncia ao bem de todos. Que os planos menos elevados da Terra se oponham sistematicamente às realizações do bem é lógico e natural. Sempre acontece assim nos campos de edificação humana. Mas a força do serviço redentor flui "de Cima" e, desse modo, esperamos que você continue com o seu elevado idealismo vitorioso no coração.

Não permita que as sombras da negação lhe envolvam a mente. Nossa alma tem milhares de facetas para refletir a luz divina em prismas novos. A ciência de conservar a energia não é filha da matemática, embora a matemática seja a senhora absoluta dos serviços de arrolamento e estatística do Universo. Essa arte sublime pertence aos que sabem crer numa Sabedoria que criou os números, não para limitar a vida, mas para ministrar pálida ideia de Sua ilimitada grandeza. Sonhar sem substância na atitude mental pode ser perigoso, entretanto, sonhar com o bem, construindo-o sempre em todas as pequeninas oportunidades que a hora nos descortine isso é sublime e deve ser o terreno ideal dos filhos de Deus. Peço aos nossos maiores na Espiritualidade Superior favoreçam os seus planos de serviço. Que suas atividades sejam abençoadas por Jesus são os meus votos.

O seu caso, quanto aos dentes, há de ser solucionado com o concurso de nossos benfeitores. A autoassistência magnética contribuiu de maneira brilhante pela fase de fácil deslocamento ocorrido nos dias últimos. Sigamos com a natureza. Ela é sempre mais sábia e ainda que as inquietações nos peçam pousada no espírito será melhor ocupar o coração com a serenidade que ela nos exemplifica, em todas as direções da vida comum.

Relativamente à Maria, temos auxiliado na solução da avitaminose, cooperando com os nossos recursos através de passes. Esperamos em Jesus que o fenômeno continue com as reduções precisas, de modo a não provocar maiores incômodos aos lábios. Esperemos confiantes. Deus tem sempre graças para nos dar em quantidade muito superior à nossa capacidade de recebê-las.

Para Wanda, o nosso amigo clínico aconselhou a homeopatia. Mais tarde, indicará elementos alopatas. Os rins necessitam de um pouco de movimento a mais. Andar um tanto além do normal, mormente pela manhã, lhe fará grande bem. Uns 20 a 30 minutos, em passeio agradável e regular. Os trabalhos de escrita, em sua idade, pedem esse esforço.

Espero que a bênção de Jesus nos felicite a todos, ajudando-nos a vencer nas provas de cada dia. São os votos que registro de coração, certo de que a providência do Alto não nos faltará em tempo algum. Que o Pai excelso nos permita prosseguir amparados uns aos outros em nossa fé viva em Seu infinito amor, valendo-nos do presente de boas lutas para construir um futuro sempre melhor, são os desejos muito fortes e ardentes do papai que não os esquece,

A. Joviano

25/06/1947

LEMBRANDO QUEM TANTAS BÊNÇÃOS TEM ESPALHADO

Meus caros filhos, Deus conceda a vocês muita saúde e paz, alegria e bom ânimo, nas lutas purificadoras de cada dia.

Reportando-me à semana passada, assinalo com satisfação a visita de nosso estimado amigo.[1] Embora não me fosse possível estar presente na hora exata do reencontro de vocês, antes disso estive espiritualmente, em companhia dele, apreciando-lhe a renovação. Seu espírito lúcido e ativo vem se transferindo vagarosa, mas seguramente para cá. A modificação que demonstra não é simplesmente fruto de leitura ou de esforço puramente intelectual. Revela trabalho consistente neste "outro lado" em que nos achamos à espera dos amigos que ficaram. Que Deus lhe abençoe os impulsos de transformação para a espiritualidade superior.

Naquela noite, **fomos em maior número lembrar afetuosamente quem tantas bênçãos tem espalhado em nosso milenário caminho.**

Descrever-lhes o que foi nossa reunião de agradecimento é impossível por enquanto. Os grandes ambientes da fé nos círculos que vocês ainda habitam não podem fornecer ideias relativamente às assembleias espirituais daqui. Entretanto, posso dizer que as dádivas de tão sublime benfeitora foram derramadas abundantemente sobre nós.[2]

Notas da organizadora: [1] sobre "o nosso estimado amigo" não nos foram dados maiores informes.
[2] Em referindo-se a Célia Lucius, personagem do romance *50 anos depois*.

Até 1941, ela esteve mais próxima de nossos ângulos evolutivos. O amor e o devotamento traziam-lhe o coração mais fortemente ao nosso campo e o seu interesse em religar-nos ao Cristo era então absorvente, absoluto!... Protegeu-nos o serviço revelacionista, lançou jorros de intensa luz sobre nossos corações transfundidos uns nos outros entre alegrias e lágrimas... Sentia necessidade de convidar-nos à claridade eterna, de algo dizer-nos do Senhor, do amor dele, o nosso Mestre divino... Conseguida a sublime realização, através do trabalho de reexame do passado, nas páginas que passaram a viver, dentro de nós, retornou aos labores divinos que lhe competem e em torno dos quais, para falar-lhes com franqueza, não posso tecer grandes e particularizados comentários, como vocês, apesar do amor que me consagram, não podem, no momento, efetuá-los em torno dos serviços que me cabem nos novos círculos de luta a que fui chamado.

Não podemos referir-nos aqui a um afastamento. Não. Certos espíritos sublimes em nossos destinos são como os cometas raros em derredor da Terra. Voltam à nossa órbita com determinados fins, revelam sua luz, beneficiam-nos, ajudam-nos, enriquecem-nos e tornam à esfera que lhes diz respeito, não, muitas vezes, atendendo ao seu coração, mas aos desígnios soberanos do Pai eterno. Jardineira abnegada, encheu-nos o solo dos sentimentos de beleza e divindade, semeando felicidade e júbilo imperecíveis em nosso campo espiritual. E de eminências radiosas da vida continua amparando-nos e guiando-nos para a suprema destinação de nossas vidas, embora não lhe possamos perceber, de pronto e por agora, toda a grandeza de sua influenciação.

Vocês sabem que a cooperação dos recursos físicos é sempre perceptível. O mesmo não acontece, em face da colaboração divina, em nossa estrada, colaboração que é fundamental e indispensável ao nosso equilíbrio. Justas e oportunas, desse modo, foram nossas preces em homenagem à sua glória, no santuário doméstico da Terra e aqui, em nosso domicílio espiritual. Que possamos honrá-la com o nosso trabalho cristão e com a nossa fidelidade ao Senhor são os meus desejos ardentes.

Somos viajores numa grande jornada. Dia virá em que, atingido o cume da redenção, nos reuniremos todos em nosso divino lar. De uma certeza espero que vocês estejam repletos: temos companheiros atolados em zonas escuras e dolorosas a quem precisamos socorrer mais tarde, quando houvermos adquirido o direito de auxiliar, em nome de Deus, no campo do espírito eterno, em tão grande distância psíquica de nós, através do espaço, como é grande a distância que nos separa dela. Através dessa afirmativa, vocês poderão avaliar como é extenso o trabalho. Vocês e nós somos lembrados carinhosamente em círculos mais baixos com a mesma ansiedade e com as mesmas lágrimas com que nos recordamos de nossa heroína. Isso, porém, é outra região do véu benéfico que nos deve resguardar a memória provisoriamente a benefício de nós mesmos na tarefa que estamos executando. Pertencemos ao quadro do serviço universal de Deus e não podemos, nem devemos, violentar limitações benfeitoras.

Maria, estamos acompanhando sua saúde carinhosamente. O nosso clínico informou-me que de hoje a uns 8 a 10 dias você pode interromper um pouco o uso da vitamina C e usar, em lugar dela, 1 a 2 vidros de *Anabiose*. Trata-se de um preparado alopata muito útil no combate à urticária de que seu organismo vem sendo ameaçado. As manchas irritadiças são prenúncios fortes e com o *Anabiose* estaremos a postos para lutar convenientemente. No setor da alimentação, prevalecem nossas lembranças anteriores. Pode seguir o curso normal evitando os pratos muito excitantes ou excessivamente gordurosos. Quanto à manifestação gripal, estamos colaborando em seu benefício com os nossos recursos espirituais e pela manhã e à noite será útil uma dose de 5 gotas de *Ipecacuanha* e 5 do *Gelseminum*, num cálice grande de água pura, em três dias e noites consecutivos.

Faço votos para que vocês todos sejam felizes na viagem, recolhendo como sempre bênçãos e luzes.

Sobre as suas perguntas alusivas ao magnetismo, meu caro Rômulo, mais tarde conversaremos. Seus esforços vão prosseguindo muito bem. Distribuam minhas lembranças com todos os nossos.

Antes de retirar-me, meu filho, quero anotar minha satisfação com a leitura do trabalho que recorda os tempos em que Nero ditava ordens ao mundo. Para nós aqui esses estudos assumem maior beleza. Os séculos deixam de ser, para os desencarnados de mediana evolução, longos períodos de tempo, qual se nos apresentam sob a denominação das vibrações carnais. Passamos a vê-los quase como dias ou semanas rápidas. Tudo o que você está lendo tem para mim, agora, maravilhosa atualidade. Dezenove séculos, afinal de contas, é curta fração da eternidade! Continue. Ali não estão apenas as reminiscências de Paulo ou de Nero e sim, igualmente, as de nós mesmos.

Boa noite para vocês todos. E desejando-lhes muita tranquilidade e bem-estar, abraça-os afetuosamente o papai que não os esquece,

A. Joviano

É NA MOCIDADE QUE O HOMEM SEMEIA

Meus caros filhos, Deus abençoe a vocês todos, enchendo-lhes de paz e alegria o caminho diário.

Sinto-me feliz anotando as boas disposições do Roberto, em trânsito, dentro de nosso culto desta noite. Digo "em trânsito" para fixar a imagem das férias, de vez que, compelido pelas circunstâncias, não poderá demorar-se no campo doméstico tanto tempo quanto seria de desejar.

Abraço a você, meu filho, formulando votos pela continuidade do seu esforço edificante. Creia que a situação vai assumindo aspecto muito confortador, em face de sua boa vontade na aplicação aos serviços educativos. A vida estudantil longe do lar é sempre uma questão grave. Entretanto, apelo para seu valor, diante das dificuldades pequeninas. Busque superá-las, sempre que surjam na estrada. Confio, Roberto, em que você chegará ao termo dos estudos sem acidentes desagradáveis, na cota de tempo estabelecida. Apenas não me cansarei de lembrar ao seu espírito a necessidade de selecionar companheiros, costumes e princípios. A juventude é um patrimônio respeitável de força. Infeliz do moço, porém, que desvie o poder, conduzindo-o a esferas de luta menos dignas. **É na mocidade que o homem semeia** para a madureza e para a velhice da experiência corporal. Não olvide semelhantes verdades.

Acredite que o Rio é a zona mais adequada à continuação de sua atividade preparatória em face da luta humana. O lar dos avós é o prosseguimento do seu santuário de sempre. E nesse caso, à frente da "batalha escolar" que você é obrigado a sustentar ausente da mamãe e do papai, muito mais confortadora para nós todos é a certeza de que a máquina de suas necessidades de assistência, etc., não se encontra sem base. Lavras seria excelente esfera de ação. Contudo, é preciso considerar que você foi ali defrontado por muitas situações críticas, por faltar-lhe base doméstica. Louvemos, pois, a facilidade que o Rio nos oferece e agradeçamos a Deus a oportunidade favorável. Que Ele, nosso Pai de Infinita Bondade, nos proteja e abençoe a todos.

Rômulo, estive muitas vezes em sua companhia na paisagem de trabalho comum. De suas impressões, ultimamente recolhidas, destaco as que lhe ficaram dos companheiros juizdeforanos, em virtude da ternura com que lhes receberam a visita. Eu sei como são quase estranhas ao seu coração essas manifestações de ternura, menos compreensíveis naqueles que lidam com interesses de muita gente na administração dos interesses espirituais do povo. Sei que você se habituou ao realismo das situações de serviço que, na presente posição evolutiva da maioria, não se compadecem com o carinho manifesto de público. Entretanto, devo dizer que vocês e eles têm razão. Energia e doçura são duas asas para a alma. Sem ambas, o voo às culminâncias da vida é difícil, senão impraticável. A energia exclusiva endurece o solo dos sentimentos. Doçura absoluta improvisa pantanais, impedindo a sementeira. Aquilo que o portador da energia encontra no emissário da doçura é o mesmo que o adepto do carinho encontra no temperamento acostumado às realidades mais ásperas. A ciência da dominação, meu filho, está no equilíbrio. Todos nós somos conduzidos a situações em que deveremos prover a alma de recursos de ambos os valores. Os excessivamente enérgicos serão encaminhados às experiências de ternura e vice-versa. Com semelhante enunciado, não quero dizer que você estima a superenergia. Desejo tão-somente lembrar que nós todos atravessaremos serviços alternados para completar o que nos falte num e noutro setor. Chegados à harmonia, caminharemos com mais êxito, porque, então, o voo às regiões mais altas se realizará mais facilmente. Esteja certo de que nos achamos em permanente exercício na academia da vida. Adquiriremos no planeta terrestre todos os valores suscetíveis de ser encontrados em suas seções de aprendizado, aprimoramento e evolução.

Tudo está acertado e a única dissonância que eu sinto em particular é justamente a de não haver sentido a verdade divina há mais tempo, sentido e aplicado a mim mesmo, a fim de ser mais apto a servir em nome de Deus. Felizmente, porém, sabemos que as palavras "nunca e impossível" não fazem parte do dicionário divino, em se tratando do bem. Progridamos sempre e iluminemos os nossos caminhos.

Sobre as suas preocupações com o Fausto, façamos o possível por atender à observação do apóstolo Pedro em uma de suas indicações, "lançando toda a ansiedade nas mãos do Senhor". Casos existem nos quais outros recursos não sobram à ação. De vez em quando, recorde-se de que eu também tenho sido obrigado a reajustar o meu coração em maior número de vezes do que você poderia pensar. E isso, em verdade, é sempre fatal toda vez que desejamos elevar o espírito para esferas mais altas.

Expresso-me aqui, desse modo, esperando que minhas palavras fiquem exclusivamente conosco. Estendê-las aos companheiros queridos e interessados em nossos votos de felicidade e paz seria perturbá-los. Exprimo-as não para corrigir, nem para aconselhar, e sim para confortar o seu espírito consagrado ao bem de todos. A parábola do "filho pródigo" não é um símbolo inexpressivo. Cada um de nós deve achar a si mesmo. Esse é imperativo do caminho, disposição de lei universal. E quanto mais se me prolonga a estação na Espiritualidade mais compreendo a necessidade de deixar cada mente entregue às suas próprias necessidades, embora continue o meu amor crescendo mais e agindo cada vez mais vivo na colaboração indireta.

Quanto ao José, peço a você ajudá-lo a preparar-se mais intensamente para o futuro.[1] Homem de muitas iniciativas, é obrigado a muita vigilância. Jovem ainda, em plena luta, é necessário alertar-se convenientemente. Digo isso, no entanto, somente a você, porque os amigos encarnados, em recebendo pareceres dos desencarnados, quase sempre se deixam chocar, de modo negativo. Sei que você tem feito o que é possível por auxiliá-lo, mas rogo-lhe não esmorecer nos conselhos e diretrizes, para que a sua missão seja bem cumprida.

Espero que vocês todos continuem de boa saúde. O tratamento de Maria, felizmente, vai correndo satisfatoriamente. Precisávamos de um elemento mais decisivo, qual esse que foi aplicado.

Auxiliem-se, todos, contra os golpes de ar frio.

Agora despeço-me, renovando-lhes os meus votos de paz. Que Jesus conserve todos vocês em sua divina bênção são os desejos do papai que não os esquece,

A. Joviano

---

[1] Nota da organizadora: em referindo-se ao seu filho adotivo, José de Araújo, irmão, pelo coração, de Rômulo.

UMA GUERRA DESEQUILIBRA A EXISTÊNCIA COLETIVA

Meus caros filhos, Deus abençoe a vocês todos, concedendo-lhes alegria e saúde, paz e bom ânimo.

Compreendemos as lutas que atravessam, em nos referindo às dificuldades que cercam a vida atual, em todos os setores — **uma guerra, como a que se verificou nos últimos anos, devendo nos lembrar de que este século já suportou dois movimentos sinistros dessa natureza, desequilibrando a existência da coletividade.** As próprias moléstias, embora seja difícil o entendimento de tal realidade, são agravadas nos círculos evolutivos pelas empresas sangrentas dos homens. As administrações do mundo não vivem o clima da irresponsabilidade. A própria esfera carnal resgatará todos os compromissos que, porventura, venha a assumir no seu campo de ação.

Nos últimos anos, grande tem sido o número de criaturas transferidas a outras zonas do sistema em que nos situamos para o necessário reajustamento. Entretanto, a saída de milhares de irmãos mais intimamente viciados na perturbação da ordem planetária não nos exonera da obrigação de tolerar milhões que se acham nas regiões mais próximas. O nosso tempo é de drenagem espiritual, doloroso é dizer. Impossível cercear a marcha da luta renovadora. O organismo social da Terra, considerado no todo, por vezes experimenta angustiosos períodos de tratamento indispensável.

Imenso é o trabalho regenerador em todos os círculos. Nossos redutos de ação espiritual movimentam-se de um modo que a vocês, por enquanto, é inconcebível. Falanges de trabalhadores se congregam em todas as direções, buscando auxiliar os centros de serviço humano. Desdobramo-nos em todas as linhas de trabalho para que a prosperidade da inteligência não seja asfixiada pela pobreza dos corações. O campo vibratório do mundo, principalmente na esfera onde colocam vocês temporariamente os pés, apresenta inquietante desequilíbrio. O fenômeno de tempestade espiritual é muito mais intenso que vocês possam supor. Daí a necessidade de acendermos mais fortemente nossas lâmpadas de oração e vigilância. Quem se descuidar nestas horas difíceis, falamos aqui referindo-nos ao espírito, pode sofrer mais dolorosas consequências do ciclone que nos rodeia as atividades restauradoras. As massas de criaturas sofredoras sem veículos carnais, algemadas ao círculo do homem comum, são imensas. Semelhante noite só pode ser vencida pelo coração que guarda o luar da prece. Amigos nossos, mais serenos que nós, esclarecem que o mundo tem atravessado períodos iguais a este em outras eras, que a bondade de Deus sempre prevaleceu sobre as defecções dos homens. Entretanto, tenho de mim para comigo que a responsabilidade coletiva da Terra, presentemente, é maior pela luz cristã que nos ilumina os caminhos há quase dois mil anos. Refiro-me a semelhante quadro para que vocês todos estejam encorajados na tormenta. Sempre que as ondas estiverem encrespadas pelo vento das provas benfeitoras, toda vez que a sombra cerque o veleiro do coração ou procure obscurecer a esperança que alimentamos num futuro de perfeita redenção espiritual, recorramos ao Cristo, renovando a nossa fé. A atualidade pede muita confiança no divino poder.

Rômulo, estou ao lado do Fausto, no caso orgânico um tanto aflitivo. A intoxicação orgânica é enorme. Estamos lutando por debelar a crise. Tememos consequências desagradáveis na corrente sanguínea, mas trabalhamos para que o fenômeno decresça e para que a normalidade se restaure.

Você sabe que há situações em que só o amor silencioso pode funcionar com proveito. Vamos, assim, operar e cooperar com o proveito possível. Deve o nosso doente prosseguir sob cuidados médicos. A nossa contribuição será estritamente espiritual para ser mais eficiente na hora que passa. A aviação terá sempre valores diretos onde haja aeródromo, mas no lugar em que o aeroporto aguarda construção o concurso há de ser forçosamente indireto — auxílio do ar sobre as bases incertas. Colaboramos, porém, com todos os nossos esforços e reforços, e contamos com a bênção de Deus aos nossos propósitos. A fase ainda é de trabalho intensivo. Veremos nos três dias próximos o que é possível fazer com mais segurança. Deus abençoe a todos.

Usem o *Eupatorium* e o *Gelseminum*, conselho que se adapta mais fortemente ao Roberto. Os surtos de gripe que acometem os círculos em que estão respirando são de caráter grave e pedem socorro substancial.

Boa noite, e que a paz de Jesus esteja conosco, agora e sempre. Guardem o abraço muito afetuoso do papai que não os esquece,

A. Joviano

CADA QUAL DE NÓS TEM UM CAMPO A SEMEAR

Meus caros filhos, Deus abençoe a vocês, concedendo-lhes muita paz e saúde, alegria e bom ânimo, no campo de lutas purificadoras.

Cada qual de nós tem um campo a semear. E com o auxílio divino nossas sementes já passaram pelo serviço seletivo. Sabemos o que desejamos. Alargamos a visão para tratar de nosso futuro sublime e, nessa abençoada tarefa, situamos nosso esforço e nossa fé.

Quarta-feira última, efetivamente, não me foi possível acompanhar o culto doméstico. O pequeno Carlos Oswaldo exigia, de fato, um companheiro mais atento. A dilaceração do tecido, pela tentativa de extração do berne, foi um tanto desastrosa. O processo inflamatório era intensivo e mesmo que o doentinho pudesse ficar mais tempo com vocês teríamos de estudar um recurso de reconduzi-lo ao Rio para tratamento necessário. Não era problema assim tão grave, mas que no fundo reclamava assistência dos pais e enfermagem mais adequada ao organismo do nosso estimado enfermo. Felizmente, a viagem não foi má e cumprimos o nosso desejo.

Quanto ao Fausto, meu caro Rômulo, vamos indo mais encorajados. As imersões na água fria quando a situação se lhe fazia menos suportável, em face do calor procedente da urticária maligna, fizeram-lhe grande mal. As manifestações reumáticas foram invocadas com violência. Mas o tratamento geral é assim mesmo. Com reduzidas armas para se defender, em seu reduto, as surpresas da enfermidade reclamam dele energias dilatadas. Peço ao Médico divino o restabeleça e, muito satisfeito com a sua colaboração fraterna, espero que o melhor proveito se faça para ele e nós, que lhe desejamos completo equilíbrio. Há ocasiões em que os pais desencarnados sentem grandes obstáculos para atuarem ao lado dos filhos. Os anos de ausência psíquica imprimem modificações profundas. Para quem ama, essas dificuldades não existem. Todavia, gastam tempo para se desfazer. Cooperemos e esperemos.

Por vezes, notará você, meu filho, um quase alheiamento de meu espírito, em nos referindo aos nossos laços fortes no mundo. Isso, porém, é superficial. Todos os que deixei aí vivem no meu espírito, no meu interesse ardente, mas, francamente, como fazer-me sentir? Não disponho com eles do capital de compreensão que vocês me oferecem e sobre o qual posso sacar à vontade!

Quando voltamos para cá, procurando mais luz, esbarramos com um enigma. Não podemos agir no impulso afetivo, de modo mais amplo, quase absoluto, tal qual na Terra. Aí tínhamos nosso olhar limitado pelo desconhecimento quase total das causas sagradas que nos reúnem perante as leis que nos regem os destinos. Aqui, entretanto, sempre que desejamos galgar o monte da elevação sublime o conhecimento e a responsabilidade nos cercam por todos os lados. Como agir agora? É invariavelmente difícil se não temos o que vocês me proporcionam — a base do entendimento.

Quando tratamos aqui das verdades eternas, dos deveres maiores, das obrigações edificantes, das esperanças que nos movem, dos ideais superiores, nenhum de vocês experimenta estranheza. O serviço de cada dia no terreno da boa vontade nos espiritualiza as relações. Sentimos alegria em ser notificados para o cumprimento de um dever, rejubilamo-nos com a felicidade dos nossos amigos e se uma sombra, por vezes, nos acena de longe, é a da tristeza por não podermos dar tudo quanto poderíamos dar agora, no campo do espírito, aos que amamos. Isso, meus filhos, é fruto do trabalhinho de cada dia e de cada noite, de cada impulso educado, de cada palestra que ilumina, esclarece e santifica.

Sobre tais esforços, temos assentado a máquina de nosso intercâmbio. Como veem, é máquina de peças delicadas, impossível de improvisar-se. Acionando-a, parece, por vezes, que estamos alheios aos outros, mas a realidade é que os outros talvez ainda não encontrem prazer no sítio onde plantamos o nosso júbilo. Em face disso, é melhor esperar com amor e cooperar em silêncio.

Não fazemos privilégios. Estamos apenas utilizando recursos que vocês nos trazem. Não é nosso propósito fazer comparações tais, no entanto, recordemos que todos os beneficiados do Evangelho traziam para Jesus o que possuíam em suas almas, no capítulo da confiança superior. O Mestre valia-se dos elementos que lhe eram apresentados pelos próprios candidatos à sua divina intervenção.

A vida terrestre não pode deslizar de outro modo. O carro de nossa experiência passará invariavelmente sobre o leito da estrada que estivermos organizando. Onde houver trilhos adequados as rodas ganharão distâncias imensas sem óbices a vencer. Continuemos, contudo, fortes no amparo recíproco. É para o bom entendimento que todos nós estamos trabalhando.

Estou examinando, meu filho, com o nosso clínico espiritual, um remédio homeopata que auxilie seus olhos. Esperemos passar a sua fase intensiva de trabalho nestes dias. Depois trarei a receita, quando observar que você já pode usá-la sem sacrifícios. É colaboração para o órgão visual, sem ser medicação propriamente dita. Entre medicina preventiva e pronto-socorro há sempre diferenças enormes a considerar.

Desejo-lhes muito bom ânimo na boa luta da Terra. Que o nosso Mestre divino estenda sobre todos vocês as suas bênçãos de amor e paz, a fim de que estejam tranquilos e bem dispostos em qualquer parte, são os votos ardentes do papai que lhes deixa afetuoso abraço,

A. Joviano

ÚLTIMA QUARTA-FEIRA 27 DO ANO

Meus caros filhos, Deus abençoe a vocês, conferindo-lhes muita paz aos corações.

Trazemos até vocês nosso pensamento de alegria nesta última quarta-feira, 27, do ano corrente. Convenhamos que a data tem sempre o seu sublime simbolismo.[1] Jesus conceda a vocês muita luz e muita felicidade, agora e sempre.

Rômulo, suas vibrações de entusiasmo na leitura do livro de Sholem Asch contagiam também o meu espírito.[2] Não pense que respiramos em esferas onde a história de Jesus, isto é, da passagem de Jesus pela Terra, seja assunto tão líquido como operação de Matemática. Temos numerosos círculos de estudiosos e recebemos esclarecimentos de companheiros mais sábios e de orientadores mais responsáveis quanto à matéria.

A existência em nosso plano, para grande quantidade de criaturas, resume-se quase em atividades intensivas para o retorno à carne. A preparação para o regresso à sementeira terrestre absorve o tempo da maioria. Aí no mundo vivem os homens inquietos por se aproximarem da vida de cá, enquanto que em nosso meio a luta é enorme para que se desfaçam complicações, a fim de que o acesso à crosta seja facilitado. Realmente, há círculos mais altos que poderíamos, muitos de nós, disputar, onde, certo, as recordações dos tempos apostólicos se fazem mais claras. Entretanto, nosso grupo estima o serviço mais próximo de vocês e nada há de anor-

---

Notas da organizadora: [1] em referindo-se ao casamento de Rômulo e Maria, ocorrido num dia 27. [2] Sholem Asch nasceu em Kutno, Polônia, em 1881, e faleceu em Londres, em 1957. Escritor das línguas hebraico e idiche. Entre os livros escritos por ele, foi traduzido, no Brasil, o de título *O Nazareno*, em 1939.

mal no interesse que manifestamos em torno das lembranças do Messias divino. Creia que todos esses estudos são belos e edificantes. Todos nós, os que vibramos com semelhantes reminiscências, inclusive o autor das páginas que comentamos, somos detentores de recordações fragmentárias, difusas, que as autoridades de Mais Alto aproveitam na concatenação de dados possíveis, aptos a melhorarem os conhecimentos do espírito geral sobre o assunto. Nesse setor, agimos também por percentagem de poder receptivo. Uns mais, outros menos. E quando o instrumento se faz mais altamente maleável, a iluminação espiritual do trabalho é mais positiva, mais intensa. Trata-se de alimentação para a mente. Todo o serviço respeitoso e construtivo, em torno do Cristo, recebe as benditas irradiações da esfera dele. Seus emissários divinos não descansam. Fecundam o pólen da alma, difundindo nova luz destinada ao progresso de todos.

A propósito desse espírito de agrupamento na esfera próxima a que me refiro, recordo as preces que vocês fizeram em companhia de Branca. Minha presença em casa do Albano, junto dos irmãos, não foi acidental. Tentávamos despertar no Atílio, que se vai avizinhando de nós, e nos filhos, recursos de renovação espiritual.[3] A família aqui é também santa e sempre que a afinidade possa aliar-se com o trabalho de elevação estamos juntos para servir em comum, principalmente para soerguer corações amados, como aconteceu naquela noite. Deus nos abençoe o desejo de semear para o bem e para a felicidade de todos.

Permanece conosco, nas preces de hoje, um amigo espiritual que agradece a vocês a proteção fraternal dispensada à irmã Maria do Nascimento, desencarnada não longe do nosso abençoado lar.[4] Não nos esquecemos — o mensageiro inclusive —, da súplica dessa mãe tão infeliz, quando

---

Notas da organizadora: [3] em referindo-se a Branca, sua sobrinha. Albano era seu esposo e Atílio, irmão de Albano. Residiam em Belo Horizonte. [4] Sobre "um amigo espiritual" e Maria do Nascimento não nos foram dadas maiores informações.

lhes bateu à porta solicitando permissão para continuar em sua moradia. Vocês fizeram semelhante concessão além dos limites do que era possível e, por isso mesmo, nosso reconhecimento é mais efusivo. Enquanto a criatura age nas tabelas das obrigações comuns, os processos da vida são igualmente os comuns, mas quando vocês abrem a alma, enfrentando dificuldades pelo prazer de ser úteis, então há maior alegria em nossos círculos pelo esforço de compreensão que despendem. A pobrezinha permanece em profunda perturbação, como é natural, mas os que velam por seu futuro deixam nas rosas que nos enfeitam o santuário o perfume de sua gratidão. Os órfãos seguirão o caminho que o Alto determinar.

Peço a Jesus para que vocês tenham sempre oportunidade de plantar o bem. Nenhuma semente do coração é esquecida ou abandonada. E as sementes do bem partilham da Eternidade, são filhas do erário divino, constituindo os créditos dos herdeiros do Céu na vida imortal. Deixo-lhes também o meu agradecimento com a gratidão do amigo que interpreta a satisfação de vários dos seus companheiros.

Rômulo, felizmente a sua indisposição orgânica vai passando. O distúrbio havido procedia dos pratos. Não dos pratos, propriamente. Isso será desconsideração pelo trabalho de quem os preparou com respeito e atenção. Procedia do antagonismo entre as substâncias ingeridas e o estado orgânico que vinha um tanto combalido do hotel, fora de casa. Com calma e serenidade, tudo se vai reajustando.

Despedindo-me, peço ao Senhor os abençoe. Que as riquezas do Céu façam, como sempre, a maior felicidade de vocês, aí no mundo, são os votos do papai,

A. Joviano

NÃO ESQUEÇAMOS A ALEGRIA SÃ

Meus caros filhos, Deus abençoe a vocês, concedendo-lhes muita saúde, paz e bem-estar.

Estive ontem em companhia de vocês, observando o Fausto e a sua viagem. Auxiliemo-lo com as nossas preces, para que os seus pensamentos sejam soerguidos. Realmente, a luta por ajudá-lo a libertar-se das pesadas influências que o rodeiam é titânica. E para agravar-lhe o problema a reação individual é mínima por parte dele. Venho fazendo o que posso, no entanto, anoto a complexidade do assunto que o nosso estimado doente complica sempre mais. Enfim, **não esqueçamos a alegria sã**, em meio de semelhantes obstáculos. Com otimismo, ao lado da energia e da vigilância, qualquer situação difícil tende a melhorar.

O caso orgânico do nosso amigo General Aurélio decorre de certo abatimento geral quando o resfriamento lhe visita a saúde. De qualquer modo, assinalo para com vocês que o nosso amigo tem sido um herói. As energias dele, contudo, reclamam vigilância. Faremos, amorosamente, quanto seja necessário, mas desejamos que vocês ambos se sintam integrados no conhecimento do que vai ocorrendo. A benemérita irmã Amélia pediu em orações fervorosas que lhe fosse prolongada a permanência na Terra, enquanto o seu filho Alexandre se visse obrigado a peregrinar na prova purificadora.[1] A vitória do General Aurélio como sustentáculo vigoroso da família vale por um dos títulos mais belos de sua missão espiritual. Tem sido o refúgio de todos os ramos de generosa árvore

---

[1] Nota da organizadora: em referindo-se à minha bisavó Amélia, mãe de vovô Aurélio.

amazonense. Tem sabido lutar e vencer, e nunca se sentiu em indisponibilidade perante os compromissos divinos. Creiam, porém, de que a partida dos irmãos últimos que voltaram, Adelaide e Alexandre — filhos do seu coração fraternal, que por ambos se desvelou tempo enorme — lhe fez imensa diferença.[2] Fazem-lhe falta as preocupações constantes de que se haviam eles constituído objeto. E a lacuna para o nosso devotado amigo é muito maior que vocês possam julgar. Sua resistência tem sido minada pela lembrança-saudade que lhe permanece oculta no ser. Registremos, assim, as ocorrências e cooperemos quanto estiver ao nosso alcance pelo seu fortalecimento. De nosso lado, não faltam providências e medidas a benefício de sua resistência e restauração.

Ouvi o que comentavam em matéria de trabalho espiritual no socorro aos doentes. O articulista é bom observador. Cremos, sinceramente, que na hora atual vocês não podem ser úteis, em sentido fundamental, numa sessão de efeitos físicos, tanto quanto os nossos companheiros desse setor não apresentam vantagens imediatas, no campo de efeitos especializados em que se encontram. No fundo, os objetivos espirituais são os mesmos, mas os ângulos do serviço são diferentes. Vocês não poderiam oferecer condições propícias aos trabalhos de materialização, no meio em que atuam, como os nossos irmãos não suportariam a carga de vibrações adversas que vocês são compelidos a aceitar no bom desdobramento da tarefa espiritualizante. O amparo aos obsedados requer clima especial e, sobretudo, de caráter quase público. E o obsedado é como o "iceberg", que mostra somente pequena zona da montanha de gelo que o constitui. Vocês veem somente um homem perturbado. Nós, porém, enxergamos, quase sempre, atrás dele, extensa fileira de mentes desequilibradas.

As observações dos nossos amigos do Rio são, contudo, muito valiosas. Começam os cooperadores encarnados

---

[2] Nota da organizadora: Alexandre e Adelaide eram irmãos de vovô Aurélio.

a compreender o valor da sintonia, da colaboração e da reciprocidade. Não há milagres em trabalhos espirituais, como não existem maravilhas nas ações do homem comum. Tudo se desenrola em plano de boa vontade e concurso conscientes. Sem essas bases, qualquer edificação séria é impraticável.

Peço a Deus conceda a vocês vastas oportunidades de enriquecer o conhecimento geral da luz divina para que iluminem a tarefa no bem cada vez mais.

Deixo-lhes um abraço muito afetuoso.

Com os meus votos a Jesus pela paz do lar e do coração de vocês, sou o papai que não os esquece,

A. Joviano

AS HORAS DEDICADAS AOS AMIGOS

Meus caros filhos, Deus abençoe a vocês, conferindo-lhes boa saúde e paz.

São **horas proveitosas as que dedicamos aos verdadeiros amigos** da grande causa espiritual que nos reúne as esperanças e, por isso, embora reconheça os sacrifícios que semelhante intercâmbio impõe de quando em vez, formulo votos para que vocês continuem valorosos, atendendo a esses problemas sempre que lhes for possível.

As visitas honrosas, mesmo sendo de pessoas que se afinam pelos nossos princípios, contudo, são sempre como as árvores preciosas ao pé do lar. Podem produzir muito fruto e oferecer sombra amiga, no entanto, por vezes, perturbam a construção e ameaçam-na. Esse meu pensamento não contradiz os meus votos sinceros para que prossigam à altura desse bom serviço de confraternização. Apenas registro os proveitos e as desvantagens, pedindo a Jesus para que vocês possam vencer galhardamente. Todos os serviços trazem problemas lógicos e inevitáveis. Se as atividades menos dignas entre criaturas menos elevadas se fazem acompanhar de pesadas obrigações, na maioria das vezes, que não dizer das obras do bem, cujo escopo fundamental é a espiritualidade superior? São os percalços da viagem que vão fazendo. Deus os conduza a porto pacífico e seguro.

Estou muito satisfeito por haverem sido felizes nas jornadas últimas. Assinalo a que Wanda vem de terminar para dizer-lhes que estamos cooperando em benefício dos nossos doentes no Rio. Permanecemos atentos ao tratamento do nosso bom amigo General Aurélio e esperamos que as energias se lhe refaçam em breves dias. Nosso esforço de colaboração em Botafogo e no Meyer continua sem alteração. E vocês sabem que os serviços do "lado de cá", no sistema preventivo, é, na maior parte das ocasiões, muito mais vasto que a ação curativa quando os quadros humanos de tratamento se estabelecem. O desdobramento de nosso concurso nesse sentido, embora oculto, é eficiente e perseverante. A verdade é que estamos sempre interessados em que vocês tenham, aí na Terra, maior número de dias, maior tempo de luta para aproveitamento mais positivo. A fortuna de uma existência dilatada, com elevado ensejo de semear o bem, representa verdadeiro e sólido tesouro que compreendemos com exatidão somente aqui, neste "outro campo". A esfera em que vocês permanecem é de plantio incessante. Todas as criaturas, ainda as mais ociosas, estão semeando e, com isso, transformando a face do planeta e a estrutura da experiência planetária. Aqui é a zona da colheita farta, e que essa colheita seja para vocês todos rica de bênçãos é o que meu espírito mais deseja.

Muito agradeço a vocês o carinho com que me recordaram na viagem pelo nordeste mineiro, mormente em Peçanha, onde foram descobrir um amigo de tempos idos.[1] A lembrança de vocês me ecoou docemente na alma, porquanto, em vão, temos buscado socorrer aquele companheiro voluntariamente afastado de grande círculo de amigos. É o caso da semeadura e do celeiro. Agrilhoou o coração e a energia mental com tanta força ao estranho drama de que se fez protagonista central que dificilmente abandonará aquela paisagem que não é a dele. Enfim, toda vez que a mente de vocês se voltar para essa recordação enviem-lhe uma prece. O melhor processo de amparar o faminto que dorme, aparentemente desalentado, não é transportá-lo às costas e sim dar-lhe algo de nosso pão, a fim de que se restaure e caminhe por si próprio. Essa é a valiosa lição que venho aprendendo, com dificuldade, mas com segurança.

---

[1] Nota da organizadora: sobre o "amigo dos tempos idos" não nos foram dados maiores informes.

Estive presente aos estudos evangélicos de ontem e felicito a vocês pelas imagens obtidas. Levemos para o Cristo o potencial de nossas forças, ofereçamos ao serviço dele na Terra, e em nós mesmos, o que possuamos de mais precioso. Confio em que vocês continuem assim, trabalhando sempre mais na abençoada obra de nossa redenção.

Peço à Providência Divina lhes multiplique os dons de fé viva e otimismo, esperança e bom ânimo, e abraçando-os muito afetuosamente sou o papai que não os esquece,

A. Joviano

QUEM MAIS APROVEITA É AQUELE QUE SE ENCARREGA DE ENSINAR

Meus caros filhos, Deus abençoe a vocês, concedendo-lhes muita saúde, paz e bom ânimo.

Louvemos a Divina Bondade, que tanta alegria espalha conosco, estimulando-nos a prosseguir caminho afora, na direção da Espiritualidade Superior. A prece constituir-nos-á sempre uma restauração da alma em fonte celeste.

Estou satisfeito, Rômulo, com as realizações que você vai conquistando nos setores do magnetismo curativo. Também, de minha parte, venho aprendendo muitíssimo. Você não ignora que em qualquer curso **quem mais aproveita é aquele que se encarrega de ensinar** ou orientar, assim como em qualquer obra de serviço legítimo com Jesus, na evolução humana, aquele que administra é quem trabalha mais. Não me sinto habilitado a conduzir seu curso de progresso na arte de curar em nome do Médico divino, pois me falece competência para tanto, contudo, na qualidade de amigo que o assiste espiritualmente com assiduidade, é-me possível contribuir, de algum modo, na orientação de seu desenvolvimento geral. Assim é que estimei sua adesão ao meu propósito de afastá-lo do círculo de luta mais áspera na última sexta-feira. Creia que você entendeu, perfeitamente, quanto quis dizer a você. O abatimento quase repentino, o mal-estar que se fazia em derredor de seu "clima silencioso", representavam o acúmulo de vibrações destrutivas, emitidas, na maioria, de muito longe. Há um metabolismo de forças mentais, como existe um metabolismo de energias físicas. E as energias que procedem de mananciais distanciados são elementos tão vivos quanto as forças que alimentam o corpo ou perturbam-nos. Inalamos pensamentos como respiramos o ar e você sabe hoje que no bandeirismo da espiritualidade o trabalhador que se devota é defrontado por situações e problemas difíceis. Sempre que você se sentir como na noite de quinta para sexta-feira, acredite que o nosso sinal de alarme está funcionando. Será necessário trocar o clima mental por algumas horas, respirar noutras essências, buscar outro "pão" que modifique as paisagens interiores. Pelo campo de lutas benéficas que você vem aproveitando, é possível calcular a extensão das necessidades que se desdobram no mundo e o futuro grandioso desses trabalhos que atendem à "mente humana" em seu próprio "habitat", fora da "atmosfera artificial" formada pelas religiões, ciências e filosofias de todos os tempos, para que a criatura terrestre encontre acesso à vida superior.

Cada caso que passa por suas mãos de instrumento do bem (e você registra somente os casos materiais, visíveis) tem movimento próprio e cores peculiares. Sua atividade de cooperação, sempre que chamada a exprimir-se, afeta o círculo diferente de cada um e vice-versa. Reconheçamos, pois, a delicadeza do serviço, o ilimitado da obra e a sedução do assunto para rogarmos ao Senhor nos esclareça, ilumine e guie por intermédio de seus emissários divinos. Felicito seu esforço por não haver retrocedido. Ao invés de estacionar em estudos teóricos infindáveis, você prossegue atento ao bem e essa realidade nos conforta muitíssimo.

No reino do espírito, o ânimo firme é qualidade essencial e imprescindível à movimentação própria. Muita gente pretende os dons, mas foge à distribuição deles. Efetivamente, recebem numerosas dádivas, mas o resultado é que acabam a recepção enfadados. Tudo o que é absolutamente gratuito, para a humanidade terrestre, não constitui grande valor. O beneficiário, porém, que experimenta o serviço de Deus, por gratidão aos bens que o Pai lhe confia, assinala vida nova em si mesmo e caminha multiplicando os próprios dons. Aqui temos a chave da luta de muitos companheiros de fé e trabalho que pararam a longo prazo, a meio caminho.

Wanda, use 5 gotas do *Beladona* num cálice de água pura antes do seu sono próximo. Você voltou um tanto resfriada.

Desejo-lhes a todos uma noite feliz, com muita tranquilidade e alegria em Jesus.

Esperando que o Céu nos conceda luz e serenidade, equilíbrio e ânimo valoroso para todos os trabalhos do caminho de abençoada realização em que nos achamos, abraça-os o papai muito amigo de sempre,

A. Joviano

"NO MUNDO MAIOR"

Meus caros filhos, Deus abençoe a vocês, concedendo-lhes muita paz e saúde.

Assinalo com prazer, na experiência da semana, a visita que lhes fez a irmã Zaíra, dedicada colaboradora do bem.[1] Aí no mundo, nos círculos de luta humana, criatura alguma pode deixar de ser humana, mas venturoso aquele que situa a mente no serviço edificante, convertendo o trabalho de cada dia num esforço incessante de melhoria, de erguimento definitivo, de elevação laboriosa e difícil, mas segura e confortadora. Nossa amiga, em seu serviço sacrificial aos leprosos, a esta altura da existência, é uma companheira do bem, digna de estima e de apreço. Na dor alheia, encontrou recursos de renovação incessante e com a sua coragem transformou-se num manancial de energia e esperança, resistência e bom ânimo para muitos. As experiências que lhe são peculiares oferecem grande valor. São lutas vividas, experimentadas e gravadas para sempre. Deus a abençoe no ministério escolhido, assinalado de espinhos que crescerão com as suas próprias obras.

Registramos alegremente, não só de minha parte, como também da de muitos amigos nossos, a saída de "No mundo maior",[2] onde André Luiz, traduzindo os sentimentos e instruções de grande grupo de orientadores espirituais, oferece valiosa contribuição ao estudo do cérebro perispiritual, examinando causas de perturbação e estímulos ao reajustamento, fenômenos e acontecimentos diversos, alusivos à

Notas da organizadora: [1] sobre Zaíra não nos foram dadas maiores informações. [2] Psicografia de Francisco Cândido Xavier, pelo espírito André Luiz. Obra publicada pela FEB em 1947.

mente humana encarnada e desencarnada. Interpreto, perante vocês, o reconhecimento de muitos companheiros de luta, que formulam votos de paz e alegria a todos vocês que perseveram no trabalho espiritual e na oração.

Com o nosso agradecimento, agradecimento que nos emociona, assinalamos igualmente o amor que consagram à causa nas particularidades mínimas do esforço edificante e educativo. Reconhecemos o carinho que dedicam à obra da Espiritualidade e esse carinho nos é particularmente sagrado. Todavia, pedimos a vocês não se preocuparem com a cooperação dos nossos amigos outros. Emmanuel, de nosso lado, examina satisfeito a ternura que transparece dos comentários dos últimos dias e lembra-nos de que a única documentação que não deve ser corrigida ou refeita é a daquele "maior Escritor do mundo", que "nada escreveu" a não ser algumas palavras numa página de areia. Se um dia, diz ele, observarmos o Evangelho alterado ou menosprezado, a título de ser corrigido, soframos e trabalhemos por rearticular-lhe a grandeza de algum modo, mas, quanto a nós, estejamos prontos ao concurso fraterno, onde estivermos.

Alguém nos recorda ainda que na marcha dos serviços escriturísticos que nos foram confiados seria impraticável qualquer incursão no reino dos gramáticos e dos filólogos. Não seria possível entregarmo-nos à revisão de serviço algum e somos constrangidos a deixar semelhante tarefa aos nossos amigos que trouxeram a missão de apresentar a palavra falada ou escrita. Permaneçamos certos de que eles, na instituição venerável que dirigem, estão autorizados a colaborar na indumentária da organização espiritual e estejamos convencidos de que não prosseguirão na tarefa quando o mandato lhes for cancelado. Às vezes, poderão, por entusiasmo, acentuar o concurso que lhes compete, aqui ou ali, no entanto, poderosas forças "de Cima" controlam-lhes os movimentos. Assim dizemos porque em muitas ocasiões a fagulha converte-se em incêndio e um dos mais belos e preciosos característicos da colaboração de Pedro Leopoldo é o desprendimento das considerações. Exigi-las seria desdouro para nós e prosseguir no trabalho por amor ao ideal é o melhor caminho de quem aceita o ministério do auxílio sem compensações no imediatismo da vida humana. Não conservem qualquer traço de contrariedade e em sendo visitados pelos irmãos que se esforçam pela missão do livro a distância não se refiram às notas de estranheza surgida nos primeiros instantes. São humanos como nós, meus filhos, e o que ocorre nasce mais do desejo incontido de prévia defesa da causa, ante os críticos, que mesmo do propósito deliberado de emendar desnecessariamente. As lutas passam e as ideias ficam, e nós somos servidores das ideias e não propriamente das lutas. Pedir a consideração alheia é mais desagradável que exigir proventos materiais, porque os bens materiais podem, no último caso, espalhar utilidades e benefícios com muita gente e a consideração solicitada, além de ser suspeitosa, não oferece vantagens a ninguém. Numa certeza me edifico: é que vocês conseguiram, com a graça de Deus e com amor à causa, alcançar a realização da promessa estipulada em trinta livros e acreditem que há dez anos os amigos espirituais, embora confiando sinceramente na dedicação do grupo ao serviço, reduzia a cota-promessa para a metade, atentos às dificuldades naturais do caminho terrestre. O esforço rico de bênçãos demonstra que vocês têm recebido a consideração de devotados companheiros da Espiritualidade Superior e, nesse capítulo, sou testemunha da alegria com que veem a prosperidade espiritual com que vão caracterizando a marcha vitoriosa. Preparemo-nos para ajudar sempre. Os grandes repositórios de força elétrica se precipitam nos abismos. Quanto mais fundo o obstáculo façamo-nos mais altos, a fim de que as energias suscetíveis de ser recolhidas em nossa atividade beneficiem o maior número. Considerado o problema nesse prisma, prossigamos para a frente e passemos. O essencial é que haja "pão do espírito" enquanto o Senhor nos permitir a dádiva de contribuir na distribuição dele.

Mais uma vez, desse modo, agradecemos o carinhoso devotamento que deram à tarefa. Marchemos para o "Mundo Maior". Quem estimar o menor demore-se mais um pouco.

Despeço-me, recomendando à Wanda o uso de *Ruta* amanhã, caso a zona dentária esteja dolorida.

A você, meu caro Rômulo, tenho auxiliado magneticamente. O banho e a concentração para nós ambos, atualmente, são dois pontos de intercâmbio e entendimento.

Boa noite para vocês todos. Desejando-lhes muita paz e felicidade, deixa-lhes carinhoso abraço o papai muito amigo que não os esquece,

A. Joviano

PERSPECTIVAS DE UMA VIAGEM PROVÁVEL

Meu caro Rômulo, peço a Deus abençoe a vocês todos, multiplicando-lhes as forças na luta construtiva da Terra.

Associando-me às preces de seu coração e de Wanda, peço ao Todo-Poderoso nos ilumine a senda e ajude sempre.

Tenho estado junto de Maria, acompanhando, quanto me é possível, o tratamento do nosso amigo General Aurélio. Devotados companheiros, avultando entre todos a veneranda irmã Amélia, ali se conservam também, colaborando para que o nosso prezado enfermo se restaure. Quanto for possível a você, ajude-o a reerguer-se espiritualmente. O processo de restabelecimento geral não prescinde do motor interno. A vontade fortalecida é um dínamo poderoso. Você conhece como é extenso o problema. Felizmente, o nosso dedicado amigo vem fazendo muitíssimo nesse capítulo de autorreajustamento. As ideias que recolheu são muito úteis a ele, agora, neste período mais dilatado de meditação. Ao homem que patrocina diversos setores de luta digna o descanso intensivo ou a exoneração espontânea de certas responsabilidades não fazem bem. O trabalho e a preocupação representam alimentos valiosos da organização espiritual. Conforta-nos, todavia, a satisfação de vê-lo cercado de excelentes cooperadores do nosso plano e de santificadas afeições que lhe suavizam as aflições imanifestas a lhe pesarem sobre a alma ativa e robusta. A nossa respeitável benfeitora Amélia superintende os trabalhos de assistência ao filho querido. Colaboraremos com ela em todas as atividades, no desdobramento das quais possamos ser úteis. Confiemos na Providência Divina e sigamos para a frente.

Peço a você dizer à Maria que tenho estado junto de todos tantas vezes na semana quanto me é possível no quadro das obrigações comuns. Acompanho igualmente com interesse as perspectivas que se desdobram **no caso da viagem provável.**[1]

No momento, ainda não posso trazer-lhes qualquer informe definitivo, não obstante verificar que as probabilidades estão pesando na balança em favor da realização do plano, em face do carinho de muitos amigos interessados no feito. Devo dizer a você, porém, que minha satisfação é enorme se vocês puderem ir realmente. Aliás, de alguns meses para cá, anelava para você uma viagem menos curta, com ausência de horas mais dilatadas e na vizinhança do mar. Se a excursão efetuar-se, por avião, mesmo assim teremos o programa realizado, porque a mudança de ambiente por alguns dias, com inalação das forças vigorantes da água salgada trarão benefícios positivos à sua saúde. Pelo menos uma vez por ano essa medida é necessária a quem, como você, despende cotas demasiadas de forças mentais na composição do trabalho em que se empenha.

Como vê, formulo votos para que você, Maria e Wanda sejam muito felizes no projeto em via de realizar-se. A ida de Wanda será muito agradável. É indispensável enriquecer-lhe o quadro de experiência para que a vida atual se lhe faça, consequentemente, mais rica. Prevendo o que pode acontecer, o nosso clínico indicou-lhe o azeite doce, puro, de modo a liquidar, com eficiência direta, uma certa irritação que o aparelho gástrico apresenta. Esperamos, desse modo, que a minha boa neta se restabeleça em breve tempo

---

[1] Nota da organizadora: viagem que papai Rômulo, mamãe Maria e eu realizamos aos Estados Unidos da América do Norte. Papai foi representando o governo brasileiro na exposição de animais realizada em Houston, Texas. Como previsto por vovô Arthur, passei meu aniversário em Houston.

e que possamos cuidar do plano com alegria e bom ânimo. Se forem, tudo parece indicar que o aniversário transcorrerá distante de Pedro Leopoldo, o vovô estará em espírito onde vocês estiverem, celebrando no coração os júbilos de nossa união efetiva e permanente.

Os remédios homeopatas devem ser cuidadosamente organizados. Temos aí, se não me engano, uma antiga relação dos mais necessários e imediatos. Quanto ao mais, estejam convictos de que tudo vai seguindo bem. Tantas são as dádivas do eterno Pai, estimulando-nos ao progresso para a vida imperecível que, francamente, não sei como render graças. Louvado seja, pois, o Senhor Jesus, que tanto nos tem concedido aos corações na construção de nossa felicidade futura.

O livro que você está lendo e estudando é repositório magnífico da verdade divina, na forma suscetível de ser aproveitada pelos leitores do meio a que se destina. As lições de "grupo espiritual" são profundas e oportunas. Atualmente, meu filho, o nosso máximo esforço é o de afinar a instrumentalidade de acordo com a orientação harmoniosa de Jesus. O serviço de espiritualidade prestado por esse volume, tão pequeno na estruturação e tão grande no conteúdo, é simplesmente inestimável! Você, tanto quanto eu, conhece a missão do livro e admira-a. O livro pode ser a sementeira de todo o bem ou de todo o mal. Daí a necessidade de aproveitá-lo como divino incubador do Cristianismo legítimo e santificante.

Meus votos sinceros para que seus braços continuem descobrindo essas luzes da eternidade. À irradiação delas, é possível abrir caminhos novos e erguer energias à nossa própria mente no rumo das esferas superiores.

Aqui farei ponto final, desejando-lhes muita alegria e muita paz. O dia de hoje é consagrado a Tereza de Jesus, a grande reformadora do Carmelo, em Ávila antiga. Consagrem-lhe um pensamento afetuoso.

Boa noite, com os meus rogos a Jesus, a fim de que o projeto de vocês, isto é, organizado para vocês, produza excelentes frutos de experiência benéfica e edificante para nós todos. Os lucros que obtiverem me alcançarão igualmente.

Com um forte abraço, despede-se o papai e vovô muito amigo de sempre,

A. Joviano

IREI PESSOALMENTE NA MÁQUINA EM QUE ALÇAREM VOO

Meus caros filhos, Deus abençoe a vocês todos, enchendo-lhes o caminho de alegria, saúde, paz e bom ânimo.

Tomei hoje o lugar do nosso prestimoso e devotado João de Deus, atendendo às circunstâncias excepcionais dos planos que se vão concretizando. Agradeço a ele que preside, como sempre, a nossa reunião das terças e cumprimento a vocês pela disposição de satisfazer aos superiores desígnios que nos marcaram o serviço em perspectiva.[1]

Estimo a presença de Maria, nesta noite, pois é um conforto para mim vê-los partir todos juntos. Antes de maiores considerações, minha filha, registro animado as melhoras do General Aurélio. Permita Jesus possamos deslocar certas impressões prejudiciais que lhe consomem grandes cotas de energia, e podem crer que, feito isso, tê-lo-emos novamente bem disposto e restaurado para a luta. Quanto lhes for possível, ajudem-no a "romper a nuvem". De nossa parte, faremos tudo o que se enquadra em nossas possibilidades para que o tenhamos refeito e recuperado em breves dias. A libertação íntima, porém, é fator importante. Os passes e aplicações da nossa esfera que lhe vão sendo dirigidos têm trazido benefícios completos ao organismo dele, mas precisamos contar

---

[1] Nota da organizadora: como já citado em nota anterior, João de Deus Macário presidia os trabalhos do *Grupo Doméstico Arthur Joviano* durante o culto do Evangelho no lar da família Joviano em Minas Gerais e no Rio de Janeiro.

com esse serviço de "desanuviamento". Esperemos na Providência Divina. A nossa devotada irmã Amélia continua vigilante, satisfazendo aos mínimos imperativos da hora que passa e, felizmente, o nosso amigo pode dizer que tem ao seu lado o anjo materno. Aguardamos, dessa forma, eficientes resultados da assistência referida.

Quanto à inesperada excursão, estejam certos de que estarei com vocês em todas as particularidades que a ela se refiram. É importante que cheguem efetivamente ao Rio, com a precisa antecedência, a fim de cogitarmos de todas as atividades com a calma necessária. As nossas autoridades, infelizmente, às vezes, estimam as informações vagas, com enormes perdas de tempo e realização, competindo ao servidor interessado na execução do dever a positivação dos elementos destinados a orientar os assuntos. Vamos como quem espera a luz do Cristo. Conheço um hino em que os crentes declaram não conhecer o caminho, mas asseguram confiar no Guia divino. Nossas mãos estão entrelaçadas com as dele e espero que a nossa colheita seja a mais rica possível. O momento é de vastas perturbações em toda parte, perturbações que caminham para a zona culminante, todavia, francamente, sentir-me-ei muito feliz com a experiência que vão adquirir. Precisamos alongar o nosso raio de conhecimento sem o que o nosso raio de ação seja, invariavelmente, restrito.

Faço votos para que recolham um novo mundo de impressões. Ajustadas as providências e organizado o roteiro, aceitarei a marca que vocês aceitarem e **irei pessoalmente na máquina em que vocês alçarem voo**. Pena não me ser possível a materialização plena, a fim de conversarmos mais à vontade, observando o cenário e enfileirando deduções. Entretanto, o fato de saber que estaremos em entendimento espiritual me enche de justa satisfação.

Examinei o caso no domingo último e amanhã tornarei a ausculta-lo para formular juízo definitivo. Convençamo-nos de que o voo a realizar-se não é muito diferente daquele que André Luiz descreve, aludindo à Casa Transitória. E se irmã Zenóbia e os companheiros se movimentavam sobre abismos não é menos certo que vamos fazer o mesmo.[1] Que Deus nos guarde o caminho e nos abençoe o propósito de servir, em tudo, ao Seu divino programa.

Sinceramente, consigno a minha gratidão ao Daniel, pelo apreço que dispensa ao trabalho do Rômulo.[2] É um dos raros amigos que não se perderam no nevoeiro geral. Tem feito o que lhe é possível para corresponder ao esforço desenvolvido em Pedro Leopoldo e se não pode estender-se no capítulo é que também ele está preso a severas injunções de ordem política. Não esquecerei, porém, a atenção com que nos respondeu afirmativamente à luta de dezembro-janeiro, na classificação funcional e, examinando tudo isso, com muito prazer, seguirei em companhia de vocês na missão que se entreabre.

Peço a você, meu caro Rômulo, guardar a maior alegria e serenidade em face do serviço a entremostrar-se. Apareceu numa hora oportuna, em que sua saúde pedia uma renovação de ambiente, ainda que rápida. Não se preocupe excessivamente com o problema das construções em perspectiva, porque, de qualquer modo, as construções humanas, de qualquer teor, dão benéficas dores de cabeça. No momento justo, é natural que você as tenha pelas imposições naturais das obras a se levantarem. Por isso, não precisará sofrê-las por antecipação. Aliás, você hoje sabe comigo, mais que ninguém, que "quanto maior a nau maior a tormenta", mas que vale a pena enfrentar sempre grandes tormentas para que as grandes naus beneficiem a muitos. Lancemos fora o medo e prossigamos adiante.

O receitista vai indicar o *Iodium*, que você poderá usar pela manhã e à noite, durante 15 dias, além dos outros elementos. Esse preparado fará muito bem ao seu campo orgânico, porque, com a colaboração dele, a máquina poderá voar

---

Notas da organizadora: [1] Zenóbia, personagem do livro *Obreiros da vida eterna*, psicografado por Francisco Cândido Xavier, pelo espírito André Luiz (FEB, 1946). [2] Em referindo-se ao Dr. Daniel de Carvalho, natural de Minas Gerais, amigo da família Joviano há muito tempo e que, à época, ocupava o cargo de Ministro da Agricultura.

a qualquer altura, sem prejudicá-lo. Penso que vocês devem levar a homeopatia já preparada e além dela um pouco de *Bicarbonato*, limões, sal de frutas, sem descurar de agasalhos eficientes para qualquer eventualidade. Vocês não seguirão como eu, sem o corpo de carne, mas podem estar certos de que, por minha vez, não irei sem cuidados para comigo. Tenho também preparativos adequados à situação.

Concretizando-se o projeto em definitivo, acredito, meu filho, que você não deve partir sem uma visita pessoal à Fundação Interamericana de Educação, no Rio. É sempre útil consultar os redutos da amizade e aquela gente é interessada no seu concurso, para o qual converge grande cota de simpatia.

Quanto ao mais, partamos alegres e tranquilos. Estimaria que o mundo gozasse de mais paz para que a nossa segurança no contentamento fosse mais sólida. Todavia, tamanhas são as perturbações terrestres que se nos fixarmos nelas ninguém arredará um pé de casa, nos vários continentes do planeta.

Assim, peçamos a bênção de Jesus e guardemos a nossa serenidade no dever bem cumprido. O receitista fará as indicações gerais. Meu abraço ao Roberto, quando estiverem novamente com os nossos. Estamos colaborando no reajustamento de suas energias físicas.

Se fôssemos comentar as nossas expectativas, o papel não seria capaz de guardar-nos as impressões todas. Fiquem, pois, com o meu coração.

Reunindo-nos num só abraço, cheio de amor, saudade e carinho, sou o papai que não os esquece,

A. Joviano

MENSAGEM ÀS FILHAS

Minhas filhas queridas, que Deus nos abençoe a todos.

Como dizer-lhes do júbilo que me vai no coração? Reconheço que entre nós, presentemente, se erguem as fronteiras pesadas e escuras da morte. Há quase treze anos permanecemos distantes uns dos outros, sob o ponto de vista material, entretanto, nunca nos encontramos tão profundamente unidos em espírito quanto agora. Estimaria materializar-me ao olhar de vocês, perpetuando o encanto e a alegria desta hora, contudo, meu velho amor paternal deverá conformar-se aos dispositivos da lei que me fez antecedê-las no túmulo. Não acreditem possa viver aqui distraído de nossos problemas fundamentais. Vendo-as aqui e abraçando-as, recordo os nossos antigos entendimentos: a mesa ruidosa e alegre da palestra caseira, e a meditação no gabinete de trabalho que vocês conservaram por amor à minha lembrança afetuosa...

Muitas vezes, debruço-me sobre a secretária de serviço, a fim de pensar e examinar em nosso santuário doméstico as questões que se desdobram. Impossível que o sepulcro nos separasse de todo. O que encontrei "neste lado" diferente do mundo foi a vida triunfante e é com essa vida que volto a eternizar o nosso afeto e a nossa compreensão.

Envaideço-me, observando-lhes o sublime devotamento ao dever. Graças à Providência Divina, regozijo-me verificando que minha vigilância paterna acertou, escolhendo para vocês o sagrado patrimônio do trabalho.

---

[1] Nota da organizadora: no original datilografado por Júlia Pêgo de Amorim não consta o dia da recepção da mensagem no mês de novembro.

O nosso "team" continua atento no campo das obrigações. Vocês se entendem mutuamente no desempenho dos deveres de cada dia e essa certeza de continuidade dos nossos ideais enriquece-me o coração. Em verdade, o papai não amealhou o dinheiro. Realmente, o professor humilde não sabia lidar com os livros dos bancos, todavia, a minha dedicação encontrou no carinho com que me honram a memória a maior felicidade que um pai pode aspirar na Terra. O nosso inventário constitui-se de obrigações enobrecedoras, de bênçãos edificantes de sagrado entendimento. Como manifestar a vocês, minhas filhinhas queridas, o contentamento que se represa em minha alma feliz? Deus traduzir-lhes-á as comoções que me vibram no ser, semeando estrelas de paz e ventura no firmamento de nossa bendita comunhão espiritual.

Recebo todas as manifestações de ternura que me enviam, por intermédio das orações particulares e dos ofícios religiosos. Rejubilo-me com as dádivas que me endereçam ao espírito, no entanto, creiam que a correção do proceder, a consciência edificada, a noção da responsabilidade, os compromissos abraçados representam os mais sublimes tesouros com que me podem dotar para a felicidade perfeita na vida nova em que me encontro. As saudades do meu jardim interior crescem com os dias, mas desejo que aproveitem da experiência terrestre todas as oportunidades de enriquecimento espiritual.

Digam à nossa querida Martha do amor com que lhe recebo os carinhos. Se possível, estimaria vê-la mais contente. Para tanto, ser-me-ia agradável vendo-a respirar clima diferente do Rio, por algumas semanas. Trata-se de um problema de saúde que não somente Martha, mas também nossa prezada Marcelina, deveriam encarar seriamente.[2] O sacerdócio a que se devotou junto das crianças enche-me

---

[2] Nota da organizadora: Martha era uma das filhas de Arthur Joviano que, orientada por ele, fundou e trabalhou no primeiro colégio infantil, pré-primário, no Rio de Janeiro. Marcelina foi dedicada e estimada servidora do lar de Arthur Joviano por longos anos.

de alegria. Vocês sabem que a minha vocação para a paternidade espiritual não foi uma hipótese. Digam-lhe, pois, em meu nome, que o amor às criancinhas é um dom de Deus e que eu, afastado compulsoriamente do lar, em que fruímos alegrias tão grandes, procuro valer-me do tempo numa obra de educação de mais vulto, até que um dia nos reunamos de novo no lar espiritual, sem lágrimas e sem morte.

Cuidem da mamãe com essa ternura que lhes assinala os mínimos gestos.[3] Vocês não ignoram que são as mais lindas flores do nosso jardim. A experiência humana, minhas filhas, só é valiosa pela luz que acendemos, pelo bem que praticamos, pela virtude que construímos. E nesse aspecto, com o auxílio de Deus, todas vocês compreenderam a divindade do ensejo que a luta terrestre nos trouxe.

Agradeço a você, minha querida Flora, quanto tem feito pela paz de todos. Anoto-lhe as longas vigílias e as extensas preocupações na posição de responsabilidade que eu deixei. Efetivamente, o Albino seria o indicado para o comando do barco doméstico, entretanto, de antemão, sabia que você colocaria as mãos abençoadas no leme. Sei que seu coração precisa de auxílio. Em suas noites, eu estou velando. Tantas vezes tenho beijado seu coração, rogando-lhe coragem! A Terra é assim mesmo. Os fortes são os vencedores da tempestade e essas tormentas ocultas do coração doem muito e essas responsabilidades inquietantes são dolorosas! As meninas precisavam de sua mão diretora, de seu esforço amigo e fraterno. Nunca se suponha sozinha em suas lutas. Estamos juntos. Como poderia ser de outro modo se você guardou, com tanto carinho, o trabalho que era meu? Acredite que o papai trabalha e ora ao seu lado. Por vezes, imploro a Deus, com lágrimas, a possibilidade de ser-lhe mais útil! Eu reconheço como é difícil fazer-me sentir aqui nesta carta, com

---

[3] Nota da organizadora: da união com Francisca da Rocha, Arthur Joviano teve 9 filhos, sendo que uma menina desencarnou precocemente. Foram eles: Rômulo, Fausto, Albino, Zina, Martha, Flora, Célia e Lúcia. Mais tarde, o casal adotou como filho José de Araújo.

todos os elementos de identificação pessoal, pois utilizo uma terceira pessoa para escrevê-la, entretanto, quanto estiver ao seu alcance tenha fé em Deus e lute com a mesma disposição de ânimo em nosso processo de redenção. Aqui, minha filha, é que vim saber a grandeza do destino e da vida. Somos associados na luta salvadora desde quanto tempo? Só Deus o sabe. Não a deixarei sozinha na batalha. Segui-la-ei passo a passo, a fim de que um dia possa o Altíssimo abençoar o fruto de nosso esforço. Ame a todos, ajude a todos, vele por todos como sempre. Creia que o professor de nada se esquece. Quando você se sentir cansada, procure o nosso gabinete silencioso. Pense em mim e estarei ao seu lado para auxiliá-la a dispor nos trabalhos difíceis. Tenho meu coração emocionado e reconhecido. Graças a Deus, pude dizer-lhes que estou vivo, embora em condições diferentes.

Você, minha querida Lúcia, vai muito bem medicada. Todavia, não se exceda muito no caso do "tenis". A zona melindrada pede um certo repouso. Abraço-a carinhosamente e rogo a Deus a fortaleça.

Quanto a você, minha querida Célia, que lhe notificar senão o prosseguimento de minha ternura e do meu bem-querer? Faço votos para que os seus méritos sejam reconhecidos e para que as suas esperanças sejam realizadas. Nossas conversações de outro tempo permanecem vivas em minhas recordações. Não se esqueça de que o papai continua carinhoso e vigilante.

Você, minha querida Zina, tem assinalado com exatidão a minha presença espiritual. Suas meditações estão modificadas. Tenho conseguido muito em pensamento no sentido de afirmar a você a minha assistência constante. Reparo-a mais fervorosa, mais compenetrada dos deveres espirituais. Minha alegria é enorme, anotando-lhe as modificações. Creio que se você se dedicasse com mais intensidade às fontes do espiritualismo, quanto o Rômulo vem fazendo, a sua prosperidade no conhecimento e na possibilidade de auxiliar aos outros seria muito grande. Todavia, convém agir com a natureza. Nada de violência. A flor é bela porque o botão não foi violado. Nesse terreno de convicções e transformações espirituais, o tempo e a serenidade constituem fatores imprescindíveis.

Se pudesse, escrever-lhes-ia noite adentro, falando-lhes do Infinito, de minha saudade, de meu amor, de minha ternura e de meu reconhecimento. Contudo, devo terminar. Abracem e beijem a mamãe por mim, e sejam felizes na viagem.

Continuem alegres e otimistas. O coração contente é um remédio celestial. Não se perturbem, não se desanimem. Encontrar-nos-emos na primeira oportunidade.

Guardem a gratidão e o carinho num grande, apertado e afetuoso abraço do papai,

A. Joviano

FESTEJANDO O ANIVERSÁRIO DO IRMÃO ARTHUR

Meu amigo, Deus nos abençoe a todos. Você fez bem orando conosco na data que nos é particularmente querida aos corações. Nossa mais bela reunião é sempre a que se processa segundo os imperativos da vida espiritual e hoje as circunstâncias nos compelem a festejar **o aniversário do irmão Arthur** de modo diferente.

Ele, que se conserva ao lado dos filhos, divide-se agora para receber os nossos pensamentos de amor e gratidão. No clima da prece, porém, não há distância a vencer. Entendemo-nos todos, os queridos viajantes, o amigo inesquecível e nós outros. O pensamento é a linguagem do Universo e as nossas mentes permanecem sintonizadas na mesma onda de espiritualidade superior.

O professor Joviano regozija-se e agradece, por nosso intermédio, as orações que lhe são endereçadas pelos filhos sempre lembrados e pelos amigos que não o esquecem.

As flores que vocês lhe oferecem na formosa noite de hoje misturam-se às que nós lhe trazemos do plano espiritual.

Receba, generoso amigo, que hoje alcança a décima terceira estação de espiritualidade santificante, os nossos votos de felicidade e paz, agora e no porvir.

Possa seu espírito abnegado mirar-se venturoso no amor da extensa família que a sua dedicação semeou no mundo, encontrando, nas próprias obras, motivos de estímulo santo para prosseguir na concretização do ministério que abraçou com Jesus! E que as suas flores de esperança e de luz produzam frutos de paz e sabedoria, a lhe enriquecerem as mãos venturosas de bênçãos celestiais para a vida eterna, são os votos da velha amiga de sempre.

Engrácia

NA FESTA DO PROFESSOR

Nesta noite de alegria,
Meu prezado professor,
O seu natal festejamos
Em preces de paz e amor.

Comigo bulhentos bandos
De trêfegos pequeninos
Beijam-lhes as mãos dadivosas
E exaltam-lhe os dons divinos.

Todos eles trazem flores
De afeto e de gratidão,
Que as flores falam mais alto
Das bênçãos do coração.

Receba da menorzinha,
Da pequena Maristela,
Um ramo todo orvalhado
De glicínias da janela.

Mais duas chegam contentes.
São elas Cristina e Wanda!
Com joias das trepadeiras
Que florescem na varanda.

Agora é aquele peralta,
O traquinas João Cotuba,
Que lhe traz, regenerado,
Uma flor de jurujuba.

O João Pica-Pau, aquele
Das pancadas e comidas,
Tem um buquê cor de neve,
Composto de margaridas.

Repare quem vai chegando!
É a endiabrada Laurinda,
Que lhe oferta, carinhosa,
Um galho de acácias lindas!

Olhe agora! Quem diria?
É o teimoso Ezequiel,
Com ramalhetes das flores
De trevos, cheirando a mel.

Antonico, o aleijadinho,
Que a própria mãe jamais quis,
Vem trazer-lhe alegremente
Dois formosos bogarís.

Guilhermino, o preguiçoso,
Que chorava dia inteiro,
Mostra um ramo grande e belo
De flores do jasmineiro.

Lelé, Xandoca e Iracema,
As maiores das meninas,
Colheram grandes braçadas
De esporas e de cravinas.

Os demais trazem consigo
Auréolas de terno encanto,
Formadas no roseiral
Que seus filhos amam tanto.

Bendito seja o seu nome!
Continue feliz assim!...
Tantos netos Deus lhe deu
Por esse mundo sem fim...

Nosso abraço, grande amigo!
Que lhe conceda o Senhor
A luz da vida infinita
E a paz do infinito amor.

Casimiro Cunha

14/12/1947

AO IRMÃO ARTHUR

Abençoe o Supremo Senhor, para sempre,
aquele que passou no mundo:
a ensinar amando,
a iluminar brilhando por si mesmo,
a governar cedendo,
a elevar os outros apagando-se,
a corrigir com brandura,
a semear o bem sem preferências,
a pacificar sem imposições,
a melhorar sem alarde,
a esclarecer sem ruído,
a beneficiar sem recompensa,
imitando aquele divino Amigo,
que, embora incompreendido e crucificado,
passou no mundo fazendo o bem.

Emmanuel

NOVAMENTE NO LAR

Meus caros filhos, Deus abençoe a vocês, concedendo-lhes muita saúde, paz e bom ânimo.

Novamente no lar, felicito-lhes pelos sucessos da viagem. Colhemos valiosas experiências. Conquistamos conhecimentos preciosos. Possibilitou a jornada maior intercâmbio espiritual para nós e intensificação da troca mental significa campo mais vasto para a evolução e para o serviço redentor.

De tudo o que nos foi possível conhecer, avaliar, analisar, penetrar, só o tempo conseguirá habilitar-nos para a justa apreciação. Creiam que aprendi igualmente muito. Não perdemos, na condição de desencarnados, o imperativo de aprendizado maior. Cada povo, cada região, possui características próprias e valores específicos, cujo patrimônio não herdaremos sem esforço e trabalho. Nas condições em que me encontro, tenho, na realidade, estudado outros círculos e outras nações, mas confesso que foi muito agradável segui-los na viagem proveitosa e feliz para nós todos, desde as impressões do avião simbolizando a "casa transitória" das descrições de André Luiz, até as impressões graves que a vida norte-americana nos sugere.

Vocês ficaram aprendendo um tanto do "valor vibracional" nos voos mesmo terrestres e verificaram que o serviço foi sempre mais agradável à medida que se acentuava a cordialidade no grupo. Se conseguissem um núcleo de perfeito entendimento, não só quanto à delicadeza social, mas também com respeito à oração, observariam com que segurança e alegria superior se efetuariam todos os trabalhos da travessia aérea. Graças a Deus, tudo decorreu na esfera do auxílio mútuo, da simpatia fraternal, e bendizemos o regresso de vocês ao santuário doméstico para o nascimento do Ano Novo. Minhas impressões são quase a cópia das que trouxeram. Visitamos um "colosso do mundo", entretanto, não obstante as expressões respeitáveis que lhe assinalam o poderio, apesar da riqueza econômica que lhe caracteriza o esforço das comunidades operosas e progressistas, imenso serviço renovador lhe revolverá as entranhas. Não que haja sombras condenáveis na maioria das diretrizes que adota, mas pelos impositivos do progresso espiritual inelutável.

Uma árvore rica e venturosa se cobrirá de flores alegres e promissoras, abrigará muitos ninhos, aproveitará muitas bênçãos da fonte, todavia, o seu destino é frutificar para o bem coletivo. O povo norte-americano, em verdade, prima pela operosidade, pela cooperação, pelo aproveitamento dos recursos que as mãos do Senhor lhe conferem, contudo, no capítulo da espiritualidade humana, santificante, universalista, ainda será chamado a maiores contribuições. E acreditem que o índice de loucura nos círculos da nacionalidade constitui necessidade de Cristianismo sentido, aplicado e vivido para a comunhão das mentes individuais. A coletividade, em si e por si, na expressão terrestre, está satisfeita e farta, vivendo período extraordinário de desenvolvimento no espírito sadio da concorrência e do estímulo, mas, em sobrevindo a ausência de possibilidades para essa luta "pró-conforto próprio", o pensamento se desarvora sem abrigo.

O raciocínio está amparado na livre procura de vantagens imediatas e as necessidades primárias do corpo se encontram tão maravilhosamente resolvidas quanto talvez em nenhuma outra parte da Terra, entretanto, o alimento mental é insuficiente. Temos à nossa frente um "verdadeiro mundo" dentro do mundo, no entanto, a vida é juvenil, não obstante, bela e venerável quão sublime foi em sua significação humana a de outras civilizações gloriosas substituídas no curso do tempo. Rendamos graças ao Todo-Poderoso pelas bênçãos recolhidas e valorizemos com o trabalho robusto as preciosidades que possuímos.

Estamos à frente do futuro como nos achamos hoje perante um novo ano. Esqueçamos um pouco a jornada e passemos ao abraço de "Boas Festas".

Recebam os meus votos de muita paz e bem-estar para o novo período de 366 dias de abençoadas lutas.

Rômulo, meus "parabéns" pela saúde física melhorada. Os dias da planície e do mar lhe renovaram as energias completamente! Nesse setor, você foi o mais fortemente aquinhoado de benefícios. Felizmente. Precisávamos dessa troca de ambiente, clima e luta por algumas semanas.

Espero que, de volta à casa, todos recebam de Jesus as dádivas de seu amor infinito e providencial.

Maria, cumprimento-a junto do Rômulo pela passagem do 27. Agora, aproximamo-nos das suas bodas de prata, que desejo de plena luz, hoje e sempre.

Ao Roberto e Wanda, os meus afetos de todos os dias e desejando-lhes a todos um 1948 cheio de felicidade cristã, com muita saúde e muita tranquilidade, reúne-os num só abraço o papai muito amigo de sempre,

A. Joviano

Nota da organizadora: Rômulo fez a seguinte observação a respeito desta mensagem: *"Em 1963, em 22 de novembro, ocorreu o assassinato do presidente dos Estados Unidos John Fitzgerald Kennedy. Em 1947, na mensagem de 31 de dezembro, portanto, 16 anos antes, o Professor Arthur Joviano usou as seguintes palavras com referência à vida norte-americana: 'E acreditem que o índice de loucura nos círculos da nacionalidade constitui necessidade de Cristianismo sentido, aplicado e vivido para a comunhão das mentes individuais'".*

Mensagens | 1948

A VIDA É UMA COLEÇÃO DE EXISTÊNCIAS SUCESSIVAS

Meus caros filhos, Deus conceda muita paz a vocês, intensificando-lhes a saúde e a tranquilidade.

Maria, às vésperas de seu aniversário, que nos é sumamente querido, desejo ser o primeiro a abraçar você com os meus votos de muita alegria para o seu coração, hoje e sempre.

A vida é uma coleção de existências sucessivas e aqueles que jornadeiam conosco, de século a século, são naturalmente os mais fortes credores de nosso amor e reconhecimento. Acredite, minha filha, que eu possa distrair-me do infinito débito de ternura que tenho para com a sua alma? Não suponha que o velho amigo lhe esqueça as dedicações e os sacrifícios de experiência em experiência. Às vezes, enquanto os companheiros encarnados tocam as flores da árvore do tempo, os companheiros do plano espiritual trabalham nas raízes profundas, preparando os serviços e as colheitas do futuro. Sei compreender a nobreza de seu heroísmo silencioso. Na sua luta abençoada, o porvir de muitos corações depende de sua firmeza. Eu conheço as horas que você gasta a pensar na prosperidade humana e espiritual do Rômulo e das crianças, conheço a extensão de seu trabalho íntimo, desconhecido, para que tudo lhes corra bem. O lar, em que tantas graças temos recebido, é um jardim onde aspiramos as flores que você tem plantado carinhosamente. Diante do mar encapelado, que seria de uma organização sem a serenidade da defesa justa?

Compreendo-a, minha filha, e rogo ao Senhor da Vida lhe abençoe os passos. No campo do mundo, sobram os espinhos e as suas mãos já se feriram demasiadamente. A sua dor tem sangrado muito e aqui me refiro ao pretérito remoto e próximo, e não seria eu, que a estima e respeita como um pai, quem desconheceria sua renunciação e seu desejo de acertar.

A hora ainda é de luta, de defesa da paz do santuário. O espírito vigilante de esposa, mãe e guardiã fala alto em seu peito dedicado à retidão e à ordem, ao equilíbrio e à vida proveitosa.

Eis porque, no limiar de seu natalício, trago-lhe as flores de minha visitação. Parece até que estamos outra vez no Rio, quando os visitei, sozinho, com o meu coração tranquilo, reconhecido e feliz. Deixe que o papai trabalhe na outra lavoura. Buscarei semear os canteiros de novo. Mudarei a hera que cobre os muros da separação para que o sol os reaqueça, renovarei as plantações e, sobretudo, combaterei as forças que durante tantos anos nos assediam a paz tentando destrui-la. A terra abandonada será revolvida. Que não pode a enxada que Jesus abençoa, minha filha? Se ele se declarou o Semeador que saiu a semear, que não faremos nós para imitar-lhe o exemplo, que ainda nos encontramos no esforço da redenção? Modificarei tudo e então, quem sabe? Novas flores esperarão sua vinda. Não mais rosas rubras, ostentando escuros espinhos sob a verde folhagem, mas pétalas de paz e contentamento, de harmonia e de luz.

Acredite que estou trabalhando. Nas festas do Natal, costumamos pedir aos amigos que não venham à árvore festiva antes que a mesma se mantenha na forma justa. Não parece a você que é esse o nosso caso? Quero preparar as frondes da renovação e dependurar alegrias em cada folha para que você tenha a felicidade e o deslumbramento que merece. A árvore há de ser bela, cheia de estrelas santificantes, porque você tem trabalhado para a conquista. Se eu pudesse retribuir-lhe a ventura que me tem dado, certo não seria com essas pobres palavras que tentaria fazê-lo. Mas...

Você sabe que hoje as minhas dificuldades sob o ponto de vista humano são maiores. Se vibramos aqui em nota de igualdade espiritual no santuário da oração, em outra parte devo comparecer pedindo e suplicando para que a luz não se extinga. Essa, minha filha, é, porém, uma boa luta. Nunca me senti tão bem como nos últimos anos em que posso trabalhar em conjunto com vocês nesta abençoada comunhão de interesses espirituais. Ainda aqui, servir ao contentamento das criaturas que amamos, qual nos ocorre nesta casa bendita de trabalho, amor e fé viva que você criou para nós, constitui a maior bênção que podemos do eterno Senhor receber.

Creia em mim, na velha e imperecível dedicação de cada hora. Estaremos unidos, cooperando nos setores da redenção. E esteja certa de que, em minha prece de cada dia, rogo a Deus para que você e o Rômulo prossigam cada vez mais unidos, orientando o caminho para os que vêm conosco. Celebramos assim o seu natal com indizível prazer. Seus olhos não as veem, materialmente falando, mas sua alma guardará o perfume das rosas que eu lhe trago. São irmãs das que recebo de seu carinho em nossas noites de oração e entendimento. Abençoe-as o Senhor para que se convertam em estrelas de paz e júbilo para o seu coração consagrado ao bem. Não importa que outros delas não tomem conhecimento. Você e o Rômulo recebendo-as é o que eu desejo. Muitos e muitos anos se repitam com a sua e nossa data querida em feliz dilatação. Precisamos de seu concurso, de seu devotamento, de sua bondade. O carro da redenção prossegue no caminho, que não nos falte dentro dele a sua inspiração e a sua ternura vigilantes. Outros amigos partilham-me a saudação. Estamos ao seu lado tanto quanto você tem estado conosco, na abnegação e na compreensão de cada dia. Deus, minha filha, a fortaleça e enriqueça de dons cada vez mais.

Estimaria alongar-me nestas páginas, não só pela satisfação de escrever-lhe, como também por que desejo falar um pouco sobre as bênçãos que recebemos no 1947, e sobre determinado tratamento aconselhável ao Chico, mas esperaremos a quarta-feira próxima. Hoje, consagramos a noite à filha do coração e senhora do lar.

Para vocês todos a minha mensagem em Filipenses (1: 8).[1]

Abraços muito afetuosos do papai,

A. Joviano

[1] Nota da organizadora: ao pé da mensagem havia a transcrição do versículo: *"Pois Deus é minha testemunha das saudades que tenho de todos vós na terna misericórdia de Jesus"*.

ABENÇOADOS MOVIMENTOS DE 1947

Meus caros filhos, Deus abençoe a todos vocês, concedendo-lhes muita paz e sólida saúde para o bom combate em que nos empenhamos.

A visita do nosso amigo Pires não me permitiu as páginas que havia prometido para a semana que findou.[1] Não foi possível utilizar-lhes maior cota de tempo. Estamos, porém, satisfeitos. Aquele companheiro nosso necessitava fortemente dos benefícios da prece e na oração silenciosa do nosso plano se mergulhou, retirando-se melhorado e mais forte.

Prometera comentar as graças pelas quais temos elevado nossos agradecimentos ao Alto e aqui as enumero com alegria, a fim de que comunguem nossos votos de reconhecimento. Ao Senhor e aos companheiros da Esfera Superior enviamos a nossa gratidão pelo concurso recebido nestes **abençoados movimentos de 1947**:

I – promoção do Rômulo à letra N, dentro do padrão da justiça.

II – Obtenção de recursos para melhoria das condições e instalações da Fazenda, cuja terra nos tem proporcionado tão grandes alegrias.

III – Reconstituição das possibilidades físicas do nosso amigo General Aurélio.

IV – Ingresso do Roberto na fase decisiva da carreira a que se devotou.

V – Mais amplo desenvolvimento do Rômulo nos serviços de cura.

---

[1] Nota da organizadora: sobre o "amigo Pires" não nos foram dados maiores informes.

VI – Execução do compromisso espiritual de trinta livros dados à sementeira dos ideais cristãos, necessariamente completos e publicados.

VII – Reafirmação de nossa amizade à missão do livro, em memória do irmão Frederico Figner.[2]

VIII – Recursos para que a organização espiritista-cristã de Pedro Leopoldo seja convenientemente situada.

IX – Viagem de saúde aos Estados Unidos.

Creiam que tivemos um ano de muita alegria e riqueza de bênçãos. Tratam-se de trabalhos pacientemente elaborados, alguns deles por muitos e compridos anos. Sejam felizes, meus filhos, e pelo contentamento que nos proporcionaram o Senhor nos abençoe.

Nossa vida é dupla — no plano terrestre, com as necessidades mais imediatas de vocês, e no plano espiritual, com as nossas necessidades. Vivemos num grande sistema de auxílios mútuos e pelas contribuições valiosas de vocês para conosco aceitem a nossa gratidão muito sincera e o nosso grande júbilo.

Outra parte de minha promessa referia-se ao Chico. Não preciso destacar o trabalho de medicação que já foi iniciado e esperamos que o mesmo não sofra solução de continuidade. Depois de dez anos de convivência, creio não dever designar o médium e sim o amigo. Por isso, embora o constrangimento da situação em que um amigo se vale de outro para tratar de assuntos particulares e peculiares a ele mesmo, acredito não esteja cometendo uma intromissão em lhe solicitar a anulação dos propósitos de dedicação intensa aos irmãos leprosos. Há ideias que devem ser trazidas das sombras do subconsciente para a luz da boa análise e da apreciação útil. Sabemos que lhe sobram as lutas nos variados setores da vida sentimental e mais íntima, todavia, à frente dos trabalhos espirituais, enormes, é forçoso con-

---

[2] Nota da organizadora: em referindo-se ao espírito de Irmão Jacob, autor de *Voltei*, obra psicografada por Francisco Cândido Xavier, publicada pela FEB em 1949.

vir que a família humana fala agora mais alto. Compreendo que os seus pensamentos se baseiam na decisão de Alcíone em "Renúncia" e da própria "Maria de Magdala" em "Boa Nova", todavia, diferem as situações e cada qual de nós tem um programa diverso, intransferível. No fundo, a ideia é boa para o seu campo individual e convertida em autossacrifício lhe carrearia enormes bens, entretanto, os interesses da tarefa espiritual são agora mais imperativos. Dedicar-se aos irmãos hansenianos, sem uma chamada individual de Mais Alto para esse gênero de serviço, o que no caso seria o desabrochamento da própria moléstia, não é uma ideia louvável quando tantos trabalhos nos aguardam a colaboração. Se é verdade que o conflito das opiniões e das vibrações dá para esmagar os menos fortes, não acredite que estaria livre de semelhantes antagonismos entre as lutas em que um instituto desses se confina. Os recursos maiores ao nosso dispor são ainda os da prece.

Reconstitua quanto lhe seja possível a saúde e trabalhemos. Se eu pudesse aconselhar alguma coisa, recomendar-lhe-ia, depois do verão, uma semana à beira do mar, sem pensar, sem lutar, e sem outro descanso que não fosse inalar os elementos marinhos. Essa é uma lembrança de minha amizade. Há ocasiões em que precisamos reconduzir as células ao seu "habitat" e não podemos esquecer que a matriz de nossa organização terrestre reside na casa oceânica. Emmanuel, naturalmente, se pronunciará a tempo. Adianto tais lembranças por amor, porque eu também me sinto feliz com a nossa boa oficina de luz e faltaria ao meu coração se aqui não enunciasse os meus cuidados.

A beleza da luta humana está justamente nas grandes tormentas vencidas. Vamos para a frente com a fé. Que a perturbação não nos vença e que a sugestão de desânimo jamais nos turve o espírito na batalha. Estamos convocados a lutar até o fim e Jesus nos ajudará na luta, a fim de que possamos perseverar até o seu término.

Na primeira oportunidade, escrever-lhes-ei sobre a viagem à América. Será interessante dar-lhes a conhecer as minhas impressões do "lado em que me encontro". As horas menos agradáveis que experimentei, espiritualmente falando, foram as que decorreram à saída do Pará até a Guiana, pela quantidade de espíritos sofredores e menos evoluídos que se estendem da Ilha de Marajó para diante.

Enfim, a hora voa e o nosso assunto é palpitante e sem fim.

Maria, volte ao *Anabiose*, uns 5 a 8 dias. É conselho do nosso amigo receitista. Vamos socorrer as causas. Esse medicamento é mais que oportuno no período pré-urticária, eliminando-a.

Boa noite para todos vocês. Jesus nos conserve com saúde e em paz. Seus propósitos de obtermos mais amplos apontamentos sobre magnetismo, meu caro Rômulo, são muito confortadores para mim. No momento oportuno, voltaremos aos seus desejos.

Que a Bênção Divina nos fortaleza e edifique a todos, são os votos do papai reconhecido e saudoso,

A. Joviano

NOVO REBENTO NA ÁRVORE DOMÉSTICA

Meus caros filhos, boa noite para vocês todos, pedindo a Deus nos abençoe.

Meu caro Rômulo, não se preocupe com a nossa cooperação no receituário, mas, de conformidade com o nosso amigo receitista presente, convém que a sua medicação se constitua dos seguintes elementos: *Bryonia, Lachesis, Iodium* e *Spongia Mar.*.

Outro remédio que lembro a você para a primeira oportunidade é a adição das folhas de mostarda, semicruas, na alimentação. Temos aí grandes reservas de vitamina A, que lhe farão muito bem aos órgãos visuais.

Estou satisfeito vendo o Fausto receber um **novo rebento na árvore doméstica**. Permita Deus possa ele desincumbir-se dos compromissos assumidos, porque ser pai é muito mais que ser o provedor do corpo — é ser também mestre e renovador. Por agora, limitemo-nos à alegria dos votos de felicidade que o acontecimento nos merece. Dentro de meus recursos, ajudá-lo-ei no desdobramento das tarefas e lutas.

O culto de ontem foi efetivamente rico de júbilos, pois, ao que me parece, o 27 da véspera é a primeira das doze rosas sem espinhos na coroa das Bodas de Prata. Não sei expressar-lhes a nossa satisfação, tanto assim que, sabendo nós que vocês dificilmente estariam aqui no 27 de dezembro passado, comemoramos alegremente a passagem da última quarta-feira 27, no ano findo que nos precede o 25º ano de felicidade conjugal. Sejam felizes para sempre e que o Senhor nos abençoe.

Embora distanciados um tanto já do regresso da América do Norte, devo dizer-lhes que muitas lições recolhi no meu setor de trabalho. Tomei o avião com vocês, não sem primeiro pedir a bênção de Jesus para a jornada, porque estejam convencidos de que, através dos ares, como através dos caminhos terrestres, as falanges perturbadoras não são poucas e nem pequenas. Há tanto perigo na viagem aérea quanto na excursão a pé pelo solo, entretanto, a responsabilidade de quem dirige uma máquina de voar é realmente enorme, não me achando autorizado a descrever tudo o que vi na esfera das formas que lhes são invisíveis.

Lembro-me bem de que mais dois amigos espirituais iam conosco, sendo que um deles guardava um dos passageiros que se destinava à Califórnia. Muitas vezes oramos, porque dois dos rapazes não tinham a mente muito desligada das entidades inferiores a que vivem ainda imantados. Assim é que as lembranças do Rômulo de entrar em pensamento de apelo, em certos instantes, eram muito oportunas e proveitosas. Tudo felizmente correu bem, entretanto, houve dificuldades para conservar maior equilíbrio na zona geral do voo. Em Fortaleza, à noite, visitei um grupo espiritista, sendo muito bem recebido, podendo verificar quão atentos devemos estar todos à sementeira espiritual da verdade e do bem. Todavia, a minha surpresa foi triste em verificando as legiões de espíritos não totalmente perturbados, mas de evolução primária que povoam grande, imensa extensão do extremo norte do Brasil até a América Central.

Muitos, por que eu orasse em companhia de outros poucos irmãos conscientes e esclarecidos evangelicamente, na esfera deles, perguntaram-me se eu era algum mensageiro divino. É tão aflitivo o quadro, que bastará dizer-lhes que por ali, para aquelas entidades desencarnadas, as escolas de alfabetização constituem medidas iniciais. Em verdade, estamos diante de um mundo criado, mas muito longe de ser aperfeiçoado, segundo nossos padrões de vida superior. A chegada à América foi muito agradável, o que aliás não era para mim, depois da desencarnação, uma experiência inédita, porque antes visitara em companhia de amigos brasileiros a região onde as irmãs Fox cumpriram nobre tarefa.[1] Sempre que me foi possível, estive ao lado de vocês, não só na intimidade familiar, como também na vida social. De todas as visitas realizadas, destaco a de Houston como inesquecível. O espírito do Irmão Jacob é admirável e muito me comoveu a posição da nobre senhora doente e quase cega, a quem, com a ajuda de Jesus, aplicamos passes regeneradores, não por espírito de intromissão, mas de concurso fraterno. No terreno econômico da missão que desempenharam por lá, registrei as dificuldades para fazer valer qualquer favor aos serviços da pecuária no Brasil, mas enquanto vocês contemplavam a terra e as paisagens, os fatores da riqueza nacional e as facilidades criadas pelo gênio inventivo e empreendedor dos norte-americanos, examinava eu o quadro espiritual para concluir que o trabalho a fazer por lá é enorme. O Cristianismo reformado das igrejas protestantes muito fez pela América do Norte no princípio, e vali-me da oportunidade para recordar velhos tempos ali vividos, mormente quando se dirigiram a Chicago. Entretanto, a verdade é que o Cristianismo sentido e vivido ardentemente ainda tem muito a edificar nos círculos do grande povo. Esperemos o tempo. Espiritualmente, a maternidade moral ainda pertence à Inglaterra, em nos referindo às comunidades que ali se congregaram para constituir o gigante de força e inteligência, operosidade e raciocínio que se ali ergue para a renovação do novo mundo.

---

[1] Nota da organizadora: as irmãs Fox, "(...) Kate Fox (1837–1892), Leah Fox (1814–1890) e Margaret Fox, também chamada de "Maggie" (1833–1893), nascidas nos Estados Unidos da América, tiveram um importante papel na gênese do moderno Espiritualismo ocidental. (...)" Fonte: http://pt.wikipedia.org/wiki/Irmãs_Fox. Acesso em: 4 mar 2010.

A volta, creiam, foi para mim mais alegre. Pude estar com vocês de mais perto, espírito a espírito, presidindo a farmácia e as lembranças de saúde. O resto é a nossa alegria de haver recebido tão grande dádiva. Que Jesus nos faça dignos de outras oportunidades de serviço e aprendizado, porque o conhecimento mais dilatado renova os setores de abençoada luta e enriquece a vida.

Por hoje é só, e creio que chega.

Usem pequena porção de limão, sempre que possível, nos alimentos, nestes dias quentes. E previnam-se quanto às bruscas modificações de temperatura. O corpo é um barco que devemos conduzir com espírito de vigilância sobre as águas da experiência comum.

Que Deus conceda a vocês muita saúde e paz, alegria e bom ânimo são os votos do papai que não os esquece,

A. Joviano

ANIVERSÁRIO DA FAZENDA

Meus caros filhos, Deus abençoe a vocês, concedendo-lhes muita paz e saúde.

Hoje, Rômulo, quero dizer-lhe do nosso contentamento ante o próximo **aniversário da Fazenda**, aniversário de seu trabalho, de suas criações. Você pode orgulhar-se, valorosamente, desse reino de paz, erguido dentro da natureza, na região central de Minas. Cada árvore, cada fio d'água, cada construção passou por seu espírito, por sua preocupação. Você recebeu, isto é, conquistou a alegria que raros administradores conseguem. Pode atravessar as horas criando para o bem comum. Colocou você o verbo "fazer" acima de qualquer outro interesse e o resultado aí está, ao nosso lado, felicitando-lhe a ação. Nos círculos da vida natural, milhões de vidas iniciantes receberam o toque de seus cuidados e tudo isso repercute em sua mente e em seu coração. E você faz muito bem identificando nesse formoso trecho de campo a sua abençoada oficina. Aquele que sobe ao Alto, mais facilmente, não é o que suplica transferência ao Paraíso, é aquele que se acha interessado em ajudar cá embaixo. O céu representado pela Vida Superior não é tão acessível assim aos que lhe pretendem violentar as portas, contudo, abre-se com alegria ao coração que se empenha no auxílio à Terra. Siga sua consciência e seu coração que, desde muito, traçaram valioso roteiro de contribuição na prosperidade da vida simples. E não desfaleça. Não espere por pessoa alguma a fim de amparar, criar e transformar para o bem. Sinta você mesmo os problemas, os serviços e solucione-os, e desenvolva-os quanto estiver ao seu alcance. A produção abençoada de paz, trabalho e bem-estar que a sua atuação espalhou em torno de seu espírito nestes anos últimos de nossa "eterna vida" falará por você ao Poder Maior. No mundo, são dificuldades naturais, reconhecíveis no caminho de todos os que pugnam pela vitória do bem, mas na realidade espiritual são bênçãos de estímulo a se revelarem, acima de tudo, adentro de seu próprio coração, intensificando-lhe a vida. Nestes dias, a "alma da Fazenda" se rejubila e abençoa-lhe as mãos. Que Deus, meu filho, fortifique as suas energias, enriquecendo-as de luz, de mais luz, hoje e sempre.

Acompanho, interessadamente, a sua leitura referente a uma sociedade que passou há tantos séculos.[1] A muita gente semelhante livro parecerá pura fantasia, entretanto, suas páginas constituem o repositório de verdades imortais. Muitas das experiências que ali se relacionam são vividas por nós, criaturas de classe espiritual vizinha da Terra. A fim de buscarmos "zonas vibratórias" mais elevadas, não podemos prescindir de testemunhos, muita vez perigosos. Tenho muitos amigos daqui que a eles se atiram confiadamente, disputando conhecimento e iluminação para a vida eterna, todavia, em meu setor de serviço, ainda não me animei a experiências de teor tão arrojado, porque confesso a minha inclinação de voltar ao serviço terrestre. Não me refeiri ainda a isso assim tão claramente, porquanto desejo prolongar o meu trabalho junto de vocês, por tempo mais dilatado, e se o Senhor permitir é meu ideal a realização para mais tarde. Creia, no entanto, que qualquer ato de subir demanda valor e toda a aquisição de poder, luz ou autoridade reclama sacrifícios. Em nosso plano, dispomos de liberdade para escolher e, assim, com o amparo de Mais Alto, escolhi a continuação de nosso intercâmbio, de nosso amor e de nosso trabalho, sabendo, porém, que chegará um momento em que devemos decidir-nos à superação de nossa personalidade atual.

Continue a leitura, meditando. O campo está cheio de

---

[1] Nota da organizadora: em referindo-se à série de livros *Life Beyond the Veil*, do Reverendo G. Vale Owen, editada por Thornton Butterworth Limited., London, England, 1920.

sementes preciosas nesse esforço "aparentemente literário". A escola do espírito imortal está funcionando. Digne-se Jesus amparar-nos, a fim de que lhe aproveitemos todo o valor.

Maria, temos cooperado em favor do Clóvis Filho, quanto nos é possível.[2] Sua assistência lhe faz muito bem. Às vezes, há dramas enormes e ocultos, referentemente aos quais não podemos nem mesmo erguer a ponta do véu. Compromissos são, por vezes, assumidos de tal forma que os melhores e mais devotados amigos somente conseguem auxiliar com a oração. Esse o caso em foco, em vista das forças que pesam sobre essa criança, desde o renascimento. A experiência humana, porém, é uma fonte bendita, e alijar as sombras da alma é a função desse manancial.

Enquanto pai no mundo, perdi, certa feita, uma criança querida. Em regressando, perguntei por ela. Esclareceu-me então, amigo daqui, que em certas ocasiões a Misericórdia Divina permite que determinadas existências se interrompam, a fim de que os interessados na luta redentora voltem à vida em outra instrumentalidade mais adequada às provas necessárias. Assim, ajudemos com os nossos pensamentos de amor e vigilância.

Desejo a vocês todos muita paz. Que a Bondade Celestial se estenda sobre esta casa de trabalho e oração, multiplicando bênçãos de luz. Que vocês recebam sublimes dons de Deus, na luta de cada dia, são os votos sinceros do papai amigo de sempre,

A. Joviano

---

[2] Nota da organizadora: em referindo-se a Clóvis Filho, sobrinho de Maria e de Rômulo. Filho de Aurélia e de Clóvis Mendes de Moraes.

A ORAÇÃO É ALIMENTO DIVINO

Meus caros filhos, Deus abençoe a vocês todos, conferindo-lhes muita paz, saúde e bem-estar.

Venho como sempre comungar à nossa mesa de preces. A oração é o nosso alimento divino, pão das almas e, nessa qualidade, nossas almas aqui as confundem, vivas, felizes, palpitantes.

Sinto-me sinceramente satisfeito em face das boas disposições do Roberto no retorno aos estudos e realizações.

Vá, meu filho, e seja feliz em seus esforços novos. Ambicionar trabalho digno é uma coroa luminosa para nosso espírito. Quantos não se envergonham de buscar inutilidades no santo caminho da vida? Quantos não matam o tempo, com receio das justas repreensões que o tempo lhes reserva? Vá e trabalhe intensamente na preparação do seu porvir de homem de bem. Estou contente com o passeio que hoje realizaram junto de Maria. Vocês sabem que não dispomos de melhor orientadora. Enquanto temos o doce aconchego do amor materno próximo de nós, nossa alma como que prepara as próprias asas para o voo que nos compete. Valorizem o tesouro quanto puderem. Nunca o valorizaremos tanto quanto nos cabe. Em vista disso, ante os conselhos, avisos e observações da mamãe, não se agaste e nem estranhe. A dedicação materna está cheia de dons divinatórios. As mães aconselham porque adivinham sempre. Bem sei que em nosso amoroso círculo só existem motivos de alegria, paz e entendimento, entretanto, que essa bênção continue a ser mantida sempre no Alto, no santuário de nossos corações reconhecidos ao Senhor.

Agradeço aos meus netos a alegria que me proporcionam. Estudiosos, trabalhadores, compreensivos e fraternais. Entendem conosco a necessidade de luz para o roteiro terrestre e procuram-na. Jovens quanto são na presente romagem, fazem muito mais que muita gente grande, da qual lícito nos seria aguardar maiores testemunhos na procura da verdade iluminativa! Por isso mesmo, nunca me cansarei de rogar ao Mestre divino os abençoe, proteja e guie, num mundo que vai sendo defrontado por vasta noite, qual a que observamos no deliberado afastamento da divina lei. Quanto, porém, estiver ao alcance de vocês, trabalhem, contribuindo no ministério do papai e da mamãe nas lutas enobrecedoras de cada dia, clareando a estrada que lhes é própria, cada vez mais. Nisso não vai senão minha ternura por todos, mormente pelo Roberto, que é compelido no momento à temporária separação. Deus o proteja em suas edificações. Os alicerces e paredes do templo permanecem brilhantemente de pé. Falta-lhes o teto, o coroamento da obra. O Senhor nos auxiliará até o fim.

Espero que todos vocês estejam muito tranquilos e felizes. Cuidem metodicamente da saúde, lembrando a riqueza que um corpo equilibrado representa, e conservemos o vaso físico dentro do melhor entendimento das disposições que nos regem a vida.

Desejo-lhes a todos uma noite calma e bela. Antes de despedir-me, cumprimento-os pelo culto evangélico de ontem. As observações referentes às células são preciosas.

Boa noite, e que o Pai nos abençoe e fortifique a todos. Recebam juntos um grande e afetuoso abraço do papai e do vovô muito amigo de sempre,

A. Joviano

25/02/1948

LUTAS MENTAIS

Meus caros filhos, Deus abençoe a vocês, multiplicando-lhes as bênçãos de saúde, alegria e paz.

Tenho acompanhado, meu caro Rômulo, as suas **lutas mentais** dos últimos dias, referentemente à solução do problema de expansão do estabelecimento que nos é particularmente tão caro. Compreendo, sim, os sacrifícios que a questão vem exigindo e espero que você não desanime à face das dificuldades e obstáculos que surgem uns após outros.

Quando o assunto nos diz respeito à personalidade, as lutas, quaisquer que sejam, representam sérios motivos de preocupação. Todavia, quando o bem coletivo se expressa no frontispício dos problemas, então, na verdade, não há lugar para hesitações e dúvidas. Necessário se faz encará-los, de alma serena, corajosamente, sem receio inútil e sem atitudes precipitadas. Realmente, se a Fazenda completou trinta anos, dilatando-se-lhe obrigações e serviços, programando-se-lhe atividades para muitos anos à frente, não é justo que se lhe não atenda às exigências de recursos. Que as autoridades superiores se mantenham distraídas pelo volume de compromissos que lhes absorvem a atenção é natural, mas não razoável que você deixasse o enigma sem tentativa de equação, mesmo porque todas as realizações visíveis nesse trato da terra que nos é tão querida passaram por seu coração e por seu pensamento de administrador e de amigo. As árvores daqui estão vivendo em seu espírito e cada curso d'água, antes de assumir diretivas definidas no solo, correu dentro de sua mente, de acordo com as finalidades a que se destinam. Não julgue que você estaria exonerado do dever de lutar pacificamente até o fim. O Evangelho não é código de repouso.

Para os discutidores pode ser excelente estação de concorrência literária, mas para o crente sincero, para o aprendiz de boa vontade e para o discípulo vigilante na lição é desafio ao trabalho redentor. Naturalmente, não desejamos vê-lo escravizado às obras humanas, por mais respeitáveis, mesmo porque, em todos os serviços, o criador de uma edificação é sempre maior que ela própria, entretanto, a pretexto de cultivar as qualidades superiores que a construção evangélica nos impõe, não esperamos identificar em seu modo de ser um trabalhador desinteressado da tarefa que foi chamado a realizar. Tangendo em tais teclas, também não temos o propósito de repisar conversações desagradáveis e sim dizer a você que tão grande é a defesa de um fio d'água destinado a enormes comunidades de seres vivos inferiores quanto é grande o serviço de garantia às operações de um espírito angélico. Prossiga lutando pela concretização do projeto de expansionismo razoável e, como lutador que conhece as surpresas da esgrima, não se sente, não durma e não retire as armas da mão, embora obrigado a manter, acima de tudo, um sorriso superior e construtivo. Simbolizemos o conflito por um trabalho de educação. No magistério, precisamos sempre brandir as armas do conhecimento contra as arremetidas da ignorância. Ensinaremos com amor e alegria, paz e bom ânimo, contudo, sem golpes salutares nas sombras que rodeiam o espírito é impraticável a iluminação interior. Guarde sua calma e sustente documento por documento, recurso por recurso, simpatia por simpatia, conservando em tudo isso o bem contra o mal. E esteja convencido de que estaremos a serviço de seu esforço nobre, cooperando em todas as providências no desdobramento das quais a nossa ação se faça justa e cabível.

Quanto pudermos, enriqueçamos e embelezemos este fragmento do planeta, que nos ofereceu tantas oportunidades bem aproveitadas e bem vividas de ascensão para a Vida Superior. Suba daqui para o Alto o perfume da paz e do trabalho, da concórdia e do ânimo firme, na conjugação do verbo "reviver". É o que desejamos dizer a você, atenuando-lhe a pressão dos pensamentos de incerteza nas diretrizes a seguir.

Não comentarei problemas de saúde, por desnecessário. A referência a enfermidades é sempre uma invocação indireta. Conceda-nos o Senhor muito equilíbrio e fortaleza para os serviços do bem.

Agora, meus filhos, retirar-me-ei em paz, com a alegria de sempre. Guardem o roteiro habitual de fé viva em Deus. Haja tempestade, sobrevenham dores, apareçam obstáculos, caminhemos para diante. A vida é uma jornada na direção do Alto para todos os que se desligam do campo de manifestações inferiores e a luta é o alimento de nossa organização espiritual. Sem ela, por agora, estiolar-se-iam nossas melhores forças. Trabalhemos e subamos. A oficina e a escada permanecem dentro de nós mesmos.

Que Jesus nos conserve sob a sua bênção. Tenho necessidade de separar-me de vocês no momento. Voltarei com a rapidez de sempre.

Pedindo à Providência Divina nos guarde e proteja a todos, abraça-os o papai muito afetuosamente,

A. Joviano

A VIDA NA EXPRESSÃO DE ETERNIDADE

Meus filhos, Deus abençoe a vocês, conferindo-lhes muita saúde e bom ânimo.

Continuando, de nosso lado, no tema que adotavam na conversação de alguns minutos, afirmo-lhes, por minha vez, que no campo de luta em que me encontro **a vida é considerada não só no curto espaço de semana que vai da aquisição à perda de um aparelho fisiológico para manifestações temporárias e incompletas de nossa alma na crosta do mundo e sim na expressão de eternidade vitoriosa.** Nesse conceito, mil anos realmente é período muito escasso, muito reduzido. Civilizações se repetem, como se recapitulam experiências políticas. Nem todos aqui guardamos a capacidade de memorização absoluta do passado remoto. Alguns milhões de mentes desencarnadas não chegam a perquirir nem mesmo os fenômenos da existência penúltima, em face dos abalos experimentados de uma à outra encarnação. Todavia, quando penetramos o setor das reminiscências mais intensivas, compreendemos quão vital deve ser a nossa capacidade de esperar o futuro, trabalhando sempre. Aliás, a morosidade dos processos evolutivos no campo do espírito é mais que natural, porquanto, o progresso apressado pertence àquele que revela suficiente desassombro para acelerar o passo na subida dos montes do conhecimento e da virtude. Para a comunidade em geral, a lentidão é imprescindível. Não se pode conceder benéfico choque a uma pessoa sem considerar a condição de milhares de outras pessoas que se lhe conservam a pequena distância. Uma oliveira, muita vez, consegue viver centenas de anos. A molécula de certas substâncias do reino vegetal conserva as mesmas características vibratórias por dezenas de anos sucessivos. Certos elementos da natureza gastam séculos para conseguir avançar um passo... Por que motivo a inteligência humana, menos apta ao esforço da caminhada, à custa da própria economia sentimental, seguiria da carne inferior para a Espiritualidade Superior de um instante para outro? É por essa razão que aconselhamos a vocês desenvolverem no trabalho, na dedicação aos semelhantes e no autossacrifício todas as faculdades nobres, todos os germes de expressão divina, dos quais somos já detentores. Por nossa vez, na qualidade de companheiros na viagem para a fraternidade cristã em torno de Jesus, no campo mais alto, não nos sentiremos desacoroçoados à frente de obstáculos quaisquer.

Cheguei individualmente a um ponto X na esfera em que me reajusto presentemente. Para ultrapassá-lo, deverei desistir do grupo espiritual em que me integro, de alguns milênios a esta parte, e não preferindo a quebra de semelhantes laços sirvo entre as esferas próximas a vocês até que possa ultrapassar esse ponto X por intermédio de experiências mais valiosas que as antecedentes na Terra. Essa perspectiva é mais agradável, pois dentro de tarefas dessa natureza, na condição de encarnado, toda a prosperidade suscetível de ser adquirida por mim constituirá benefício direto e positivo para o grupo que eu amo. Dentro de tal movimentação, os séculos são dias curtos. Há serviço imenso por realizar e se o trabalho é incessante reservamos as horas de repouso e entretenimento para aqueles com quem possamos nos entender efetivamente.

A palavra "espiritualizante" só deve ser emitida nos círculos que a procuram. Daí o continuísmo de minhas notícias quase semanais. Prossigo em atividade preparatória, fazendo o que é possível para ajudarmo-nos uns aos outros, até que eu possa materializar-me de novo na esfera conturbada da crosta planetária.

É por isso, meus filhos, que não desistimos do plantio. Qualquer pequeno serviço que pudermos prestar ao terreno do espírito eterno é realização para sempre. Quanto ao comentário das forças que operam em outros ângulos da vida e do mundo, forças que consagram a experiência violenta por único processo digno de melhoria do homem e do aperfeiçoamento da casa terrestre, são elas realidade substancial e indiscutível enquanto das operações planetárias em geral, e falaremos relativamente a elas mais tarde, quando nos for possível maior incursão no assunto.

Teço esses comentários tão-somente para pedir-lhes aproveitamento precioso do tempo precioso, amealhando todos os recursos de espiritualidade, a fim de que penetrem nas fileiras dos bons servidores aqui, quando vierem até nós. Que Jesus os proteja e ilumine sempre.

Continuo vigilante com referência à saúde de todos. Deem-nos sempre a base do cuidado próprio e com a permissão do divino Médico faremos o resto.

Desejando-lhes muita alegria e paz, despeço-me, transmitindo-lhes um abraço do amigo Raphael Chrisóstomo, que se encontra presente.[1]

Rogando a luz do Senhor para nós todos e para cada um daqueles que conosco se "enraizaram" no caminho da redenção, sou o papai muito saudoso e reconhecido de sempre,

A. Joviano

---

[1] Nota da organizadora: em referindo-se a Raphael Chrisóstomo de Oliveira, desencarnado em 3 de março de 1945, em acidente com seu avião particular, ocorrido na Fazenda da Pedra, em Campos | RJ.

REFERÊNCIA A UM ACIDENTE

Meus caros filhos, Deus abençoe a vocês todos, concedendo-lhes muita saúde e paz.

Antes de tudo, registramos satisfeitos a galhardia com que se saíram na pequena luta de sábado último. Refiro-me ao acidente de que Maria foi vítima e cumprimento-a pela serenidade e bom senso com que nos auxiliou a ação espiritual.[1] Tudo foi obra de um instante breve. Felizmente, porém, não estávamos tão longe e cheguei com reduzida diferença de segundos, não lhe permitindo se levantasse apressadamente, porquanto, na excitação natural do minuto, qualquer movimento impensado poderia prejudicar a estrutura orgânica. Devo asseverar-lhes de que não houve ali qualquer influenciação de espíritos perseguidores e, com alegria, assinalo a divina assistência que nos foi dispensada.

Graças a Deus, antes de nossa própria ação, outros amigos acorreram pressurosos para que o veículo não provocasse fratura na movimentação desordenada e para que Wanda não fosse arrastada, ao sabor das circunstâncias. Cultivemos as nossas preces de agradecimento e de amor ao supremo e compassivo Poder. A vida humana é uma rede gloriosa, tecida de valores pequeninos. Nas provas aparentemente insignificantes, conhecemos por isso mesmo quão imensa é a Bondade Celestial. Gravo aqui, portanto, o meu contentamento, com o meu abraço à Maria e à Wanda pela correção espiritual com que atravessaram a dificuldade.

---

[1] Nota da organizadora: mamãe e eu passeávamos pela fazenda, de charrete, quando uma das partes do arreio arrebentou e, ao fazê-lo, chicoteou o animal, que partiu em disparada. Papai e Roberto socorreram, evitando acidente de maiores proporções.

Tenho também pensado, meu caro Rômulo, tanto quanto ocorre a você, no serviço de passes, em organizar um livrinho simples, muito simples, destinado às crianças no espírito, de modo a despertar, por intermédio de pensamentos leves, as faculdades da mente iniciante para o serviço de espiritualização. Peçamos a Jesus recursos para que eu possa, na condição de Neio Lúcio, efetuar esse trabalho.

Um serviço de pequena expressão, à maneira de uma lâmpada de poucas velas. Seria dedicado à mente infanto-juvenil e dar-lhe-íamos feição popular. Assim, poderíamos pensar no reavivamento de muitas inteligências adormecidas e que se queixam de obstáculos no acesso a fontes mais complexas da cultura espiritualista. Comecemos a mentalizar. Se o Mestre divino me permitir essa edificação, não me demorarei muito a iniciá-la. Esperemos que os nossos planos sejam abençoados.

Estou muito satisfeito com a "Mensagem do pequeno morto".[2] A difusão do trabalho tem-me trazido muitas flores preciosas de carinho e dedicação, entretanto, penso agora num esforço mais facilitado em que a editora não precise dispender tanto e em que o leitor menos favorecido de recursos materiais não possa introduzir reclamações. Ajudem-me a pedir isso nas orações.

Com respeito à organização doutrinária de Pedro Leopoldo, estamos vigilantes. Você, meu filho, sabe que a criatura pode pôr, mas só o Criador pode dispor. Tal realidade, porém, não nos exonera de programar o serviço dos dias próximos. Não sabemos como se expressará a Vontade Divina amanhã, entretanto, necessitamos semear para produzir e mentalizar para concretizar. Temos, em grupo não pequeno de companheiros, examinado o processo espiritual da nova situação do centro espiritista-cristão a que nos ligam tantos laços de reconhecimento. E enquanto você vai criando a expansão da Fazenda, abençoado lar de tantos ideais do seu

---

[2] Nota da organizadora: em referindo-se ao seu livro publicado pela FEB em 1947, psicografado por Francisco Cândido Xavier.

coração de trabalhador e de amigo da terra, também vamos idealizando a situação nova do núcleo que nos reúne. Em verdade, a questão é mais complexa que parece. Noventa por cento dos visitantes da instituição representam serviço de invocação nossa através dos livros. Refiro-me aqui aos "trinta livros" compromissados e cumpridos. Cada um deles é um emissário vivo trabalhando infinitamente no terreno do idealismo que nos congrega. Levantam personalidades espirituais encarnadas e desencarnadas muito longe, e trazem-nas até aqui, multiplicando tarefas e obrigações. Esperar que uma instituição humana, mesmo evangélica e respeitável, compreenda isso agora seria simples utopia de nosso lado. A maioria dos cooperadores está agindo, nesse particular, sem conhecer os fundamentos do serviço. Em face disso, temos que tomar todas as providências para defender a sede do trabalho espiritual tanto quanto possível. E como determinadas realizações pedem alicerces profundos convém examinarmos todas as particularidades desde agora.

Concluímos, pois, que se é belo e confortador formar uma "família de livros edificantes" é preciso considerar que esses livros são vivos e estão agindo, e tudo o que vive e age requer administração, ordenação e aproveitamento para que a desordem e a morte não sobrevenham. Somos, desse modo, compelidos a auxiliá-los com "algumas ideias". Depois de muitos anos de observação por parte de nossa esfera, apenas quatro companheiros permaneceram no trabalho e somente a essas quatro colunas compete o reajustamento da organização, que deve assumir característicos de permanência enquanto esse grupo estiver na posição de trabalho espiritual. Não me refiro aqui à cooperação das irmãs na casa, mesmo porque o concurso feminino é constante, sagrado e insubstituível. Acreditamos, pois, que a nova organização deva obedecer a fundamentos definitivos até que as circunstâncias modifiquem a situação.

Aconselhamos, portanto, ao Chico assumir a direção interna da instituição futura, conservando-se na casa a mesma feição de familiaridade e intimidade fraternal que assinalam o grupo de Pedro Leopoldo, de modo que os interesses espirituais decorrentes da sementeira dos livros não sejam prejudicados. O centro manteria um recinto grande, habilitado a receber todos os procuradores da luz espiritualizante, com gabinete especializado para o serviço de passes, enquanto que o médium se encarregaria da parte habitável, aí se entregando ao serviço que lhe cabe junto à família humana, tonalizada em infinitas nuances de espiritualidade. Sustentaria os trabalhos de beneficência ao alcance de suas possibilidades e de sua dedicação pessoal, concretizando-se o pensamento de Emmanuel no tocante à instituição de que falamos, no ano passado, em nossas preces, e o organismo espiritual prosseguiria sem grandes abalos na mudança de situação dentro da ordem material. Acreditamos que para o trabalhador da mediunidade que terminou, de certo modo, os compromissos domésticos inadiáveis, é indispensável à criatura de novos deveres com a família humana e supomos que localizado no centro das preocupações com o grupo, dentro do mecanismo interno, seria mais fácil ao nosso amigo a conservação do ritmo de receptividade.

Examinados os planos, vocês se prevenirão contra os aventureiros, que surgirão certamente, lavrando escritura oficial das deliberações havidas, circunscrevendo o núcleo diretor às quatro pessoas a que me referi. Mais tarde, cogitaremos dos detalhes e aqui nos reportamos ao problema porque a única residência em que o Chico poderá doravante prosseguir na marcha é a que se verificar em moradia de solidão, pobre e dedicada a toda gente, em que o lema seja "por fora com todos e por dentro com Deus". Os mais necessitados dessa luz que buscamos chegam de pés empoeirados e barrentos e, por vezes, com fome e sono. Enquanto vocês estiverem dentro de Pedro Leopoldo, não abandonem o serviço de assistência tangível como fazem na casa em que nos reunimos. O centro deve ser, pois, agora mais que nunca, o lar do socorro espiritual, do remédio compassivo e do

amparo salutar. Cuidaremos de outras particularidades depois. Apenas pretendia lembrar que a missão do livro é qual
a tarefa da paternidade que se define por "filhos criados,
trabalhos dobrados".

Boa noite a todos. Desculpem-me a extensão, mas foi
necessário. Recebam um grande abraço do papai muito amigo de sempre,

A. Joviano

NAS LUTAS ESPIRITUAIS DE QUASE TRÊS LUSTROS

Meus caros filhos, Deus abençoe a vocês, aumentando-lhes a saúde, a alegria e a paz.

Novamente para os "nossos reencontros escritos", elevo inicialmente os meus votos paternais ao Alto, pedindo a proteção das forças superiores para o Fausto.

Como podem observar comigo, **nas lutas espirituais de quase três lustros** sucessivos amparar a família consanguínea é serviço titânico, em nos faltando bases para um entendimento mais elevado. Não me refiro tão-somente a ele, mas também aos demais que temos no Rio, esperando por maiores oportunidades. Depois de um passo para a luz, muitos passos de quase recuo a pretexto de se garantir a tranquilidade entre a mente e a paisagem exterior. Lidemos com a graça que nos foi concedida, cheios de esperança e fé renovadora.

As dificuldades humanas correm apressadas para o fim e os trabalhos do corpo costumam cessar de repente, e se não possuímos suficiente claridade na lanterna íntima podem acreditar que a noite será noite e a sombra será sombra. Unamo-nos em nossas orações e roguemos a colaboração do Alto para todos eles. Eu sei que vocês cooperam comigo em pensamento e em prece, quanto desejo e preciso, e agradecido como sempre peço-lhes continuem a despeito de todos os obstáculos.

Quanto ao livrinho projetado, meu caro Rômulo, talvez não me tenha expressado com a clareza precisa. Não se trata de um trabalho relativo à influenciação magnética e à ação dos passes, para o que teria de preparar-me intensivamente ainda. Constituir-se-á o serviço de páginas destinadas a despertar noções de espiritualidade superior na mente infanto-juvenil, com característicos populares mais acessíveis. A ideia nasceu-me em nosso esforço conjunto na sessão de socorro magnético, sob a sua responsabilidade atual, vendo a infantilidade de tanta gente que ali se congrega, sem trazer nem mesmo qualquer rudimento de oração. Tenho observado ali, ao seu lado, tantas almas necessitadas de arrimo no setor do conhecimento mais alto que, sinceramente, sinto doer-me o coração. Os que chegam dispondo de vastos cabedais de inteligência, bem personificados na convenção comum, são de lastimar quando testemunham semelhante posição de ignorância, porque, evidentemente, estão menosprezando o tempo e as possibilidades, mas as mães sofredoras, os operários humildes, os lavradores e os jovens sem assistência espiritual mais elevada me comovem sobremaneira. O trabalho, pois, destina-se a eles. São nossos pequenos alunos analfabetos do Evangelho a atrair-nos qual nos acontecia no magistério terreno quando nos chamava a atenção o infortúnio dos mais desfavorecidos. Serão 40 a 50 pequenos capítulos comentando o trabalho, a fé, a confiança e, sobretudo, a necessidade de aproveitar-se a boa luta humana a serviço da redenção própria. Esse serviço poderá ser apresentado com mais modéstia pela instituição a que temos o prazer de servir, de modo que, em aparecendo, se faça acessível a todos. É um projeto, por enquanto. Que Jesus no-lo abençoe. Se a permissão superior nos aprovar, iniciá-lo-emos em princípios de abril, pensando na possibilidade de tê-lo em circulação pelo Ano Bom. Esperemos. O Pai nunca nos empobrece e devemos confiar, acima de tudo, em Seu divino amor.

Creiam que o nosso trabalho espiritual é também a construção de uma casa abençoada e feliz. Com júbilo, acompanho-lhes os planos do novo domicílio. Não esmore-çam. Vocês são dignos de um castelo repleto de bênçãos, não só porque trabalham corretamente na Terra, mas porque dia a dia erguem novo fragmento na edificação da fé viva com que servem ao Céu e nele confiam. Jesus estará conosco.

Esperando que a paz e a alegria permaneçam em com-panhia de vocês, em todas as particularidades do caminho, pede ao supremo Senhor nos fortaleça a todos e nos ilumine cada hora o papai muito amigo que não os esquece,

A. Joviano

A VIDA NÃO É PARA SER GOZADA

Meus caros filhos, Deus abençoe a vocês, concedendo-lhes muita saúde, paz e alegria.

Trago-lhes as minhas felicitações pelos sucessos felizes da viagem levada a efeito. **A vida não é para ser gozada** e sim para ser empregada, razão pela qual me rejubilo anotando-lhes a disposição para valerem-se do tempo, fora do lar, no estudo das situações, dos problemas e das realidades gerais. A visita às oficinas em que tanto se adiantou a siderurgia foi muito proveitosa, não só pelo valor das experiências observadas, mas também pelo fundamento espiritual que vocês já conhecem no levantamento daquela enorme casa de trabalho.[1]

O homem que se transviou encontra sempre o elixir da restauração no próprio material que lhe ocasionou a queda. O caminho é sempre a continuação dos nossos impulsos iniciais. Antigamente, queimavam-se criaturas indefesas nas praças públicas tão só pelo motivo de professarem princípios religiosos diferentes dos da época. Acendiam-se fogueiras em derredor de escravos crucificados, inflamavam-se tochas de carne humana para que o brilho de festas principescas fosse acentuado. Multiplicavam-se posições de tormento pelo fogo, mas hoje o fogo purificador desbasta o minério bruto para semear educação e conforto. Fogueiras se reacendem para que o metal se purifique criando matéria plástica destinada ao conforto das massas sofredoras e desprotegidas, e chamas enormes se levantam para que haja serviço e paz, contentamento e consolação em lares inúmeros.

---

[1] Nota da organizadora: em referindo-se às visitas que foram feitas ao Colégio Caraça e à Siderúrgica Belgo-Mineira.

Grande é o poder divino que nos faz caminhar de século a século! Livremo-nos do mal, de modo a ganharmos tempo. Há mil modos de resgatar, porque há milhões de processos de cair, entretanto, só existe um meio de encontrar a emancipação da alma para a vida eterna — construirmos, hora a hora, dia a dia, mês a mês, o reino divino dentro do próprio coração. Tenhamos uma cabeça repleta de idealismo superior e mãos ativas para concretizá-lo na Terra. O que se destaca no que vimos não é a inteligência de um homem vigoroso, espírito robusto no potencialismo terrestre que centraliza na mente enormes caudais de força renovadora na esfera material — é a grandeza do Pai que, em silêncio, coloca em nossos braços os recursos de que necessitamos para avançar. Para a Sua sabedoria infinita, nossa cooperação é ponto pálido e inseguro, entretanto, Ele jamais a despreza, para que não venhamos a perder a divina possibilidade de crescer para o Seu amor. Quanto estiver nos recursos de vocês trabalhem aproveitando as horas que transcorrem no corpo físico — templo do espírito imperecível. Vocês, com a proteção do Alto, descobriram o tesouro da fé. Que o nosso Amigo divino os ajude a converter o fogo e a água, a chuva e o vento, a alegria e a dor, o repouso e a luta em motivos de serviço santificante.

Do que examinaram pelo Caraça, não precisamos comentar. Embora a proibição de ingresso às personalidades masculinas na "casa das senhoras", não deixei de assistir Maria e Wanda nas horas em que por lá permaneceram. Os desencarnados na instituição, em seus diversos departamentos, superam de muito o número dos encarnados. Gente não má, contudo, gente necessitada de impulso mais forte para o Alto. Ainda aí, porém, temos problemas e mais problemas que só o tempo ajudará a resolver. Os sacerdotes da casa são verdadeiros trabalhadores do bem pela sincera consagração ao ministério que abraçaram, mas precisam de medidas contra o "gelo". Instituição venerável aquela, através da qual tantos baluartes de nossa cultura intelectual passaram com inestimável proveito... Aquele pouso da "fé repousante" é credor de nossa simpatia e de nossas preces. Não foram vocês até lá em vão. O mesmo interesse encontrado nas observações sobre o fogo que examinamos beneficia-los-á mais tarde quando pudermos estudar os fundamentos dessa visita rápida ao santuário caracista. Meditem o quadro e convençam-se de que, por felicidade nossa, não mais regressaremos às ilusões religiosas que tantas consequências funestas nos imprimiram à marcha. Acredito que, nesse capítulo, nossas dívidas estão pagas. O que tomamos indebitamente ao povo em outro tempo foi devidamente restituído. Valha-nos a experiência e busquemos a vontade do Senhor no serviço à Sua divina causa na Terra. Grande é a nossa felicidade na conjugação do verbo "compreender".

Maria, você e Rômulo usem por uns 6 a 7 dias: *Lachesis*, *Gelseminum*, *Eupatorium* e *Bryonia*. É um conselho do receitista amigo que estou transmitindo para preveni-los contra as manifestações dos pequenos choques orgânicos experimentados na excursão. Em tais casos, os resfriados ferem mais fundo, motivo em vista do qual a medicação preventiva é sempre melhor.

Boa noite para vocês. Durmam em paz e recebam um grande e afetuoso abraço do papai,

A. Joviano

SE ELE ORASSE

Meus caros filhos, Deus abençoe a vocês, conferindo-lhes muita saúde e paz.

Em torno da fonte da prece, elevemos ao Senhor as nossas aspirações e sentimentos ao Alto, procurando unir-nos, em raciocínio e sentimento, aos mananciais "de Cima".

Falaram de início do nosso amigo que se vai afastando, pouco a pouco, das lutas a que foi chamado. **Se ele orasse,** talvez estivesse livre das teias que o enredam; se orasse, pro-vavelmente dilatar-se-lhe-ia a visão e venceria os golpes das sombras que sobre ele assestam perturbadores recursos. Em verdade, a morte não é bem o fenômeno dos que passam para cá. Temos aqui tamanha manifestação de vida, tanto movimento a circundar-nos, que a transição perde o caráter lúgubre do princípio para ser alegria e vitória por restabe-lecer-nos o campo das forças individuais e descortinar-nos novos horizontes de trabalho.

Também eu lutei com vários males do corpo físico. Raramente perambulei nas obrigações de cada dia sem re-médios preventivos ou curativos, entretanto, sempre acredi-tei que a mente deve pairar acima da enfermidade, criando movimento, edificação e luz através do serviço. Muitos ami-gos nossos ficaram para trás por esquecimento de oração e meditação. Este, porém, nos é mais particularmente caro e ante a inexequibilidade de qualquer providência tendente a restitui-lo à saúde espiritual, por enquanto, lutamos e, de algum modo, sofremos. Todavia, o enleiamento de suas pos-sibilidades na esfera negativa é muito grande. Não saberia receber-nos o apelo. Muitas formas-mentais perigosas a que se entregou viriam sobre nós, destacando dentre todas o ciúme e a incompreensão. Sirva-nos, contudo, o ensinamento para que não nos esqueçamos do imperativo da oração e da vigilância. Não há situações que inibam a criatura de cultivar as verdades eternas do espírito. Em qualquer posição, o homem pode ser útil e criar ações nobres em derredor de si mesmo. Entretanto, a vontade é a energia que dá angelitude ao anjo e monstruosidade ao adversário da luz.

O desígnio divino está pronto a inclinar-se em nosso favor, mas é imprescindível saber se queremos o benefício. Um dos exercícios mais dolorosos a que somos conduzidos aqui é aquele do desapego aos que amamos na pauta dos valores humanos, quando se declaram contrários à verdade edificante da vida eterna. Imaginem, pois, que muito me custou ver o amigo a que nos referimos qual se encontra, infenso às realizações mais nobres do seu caminho, com sérios agravantes no domínio da responsabilidade pessoal. Mas não me animaria, na posição de vocês, a operar qualquer tentativa de reajustamento. Melhor aguardar o tempo e a experiência.

Alcançamos certas zonas de problemas comuns em que as palavras humanas apenas complicam ao invés de trazerem a boa solução. Tenho a impressão de vê-lo junto de numerosas criaturas em experiência de nado, em perigosa região do mar, entre o porto distante e ameaças de afogamento. Há gritos, frases ditas a esmo, julgamentos irrefletidos, apelos injustificáveis e desordenados, mas em face dos avisos prévios seria ruinoso interromper a marcha para serviços de salvação particularista. Resta-nos a possibilidade de vibrar em favor deles para que aprendam a nadar na direção do porto seguro. Como veem, não tenho outras palavras para comentar a questão. Ajudemo-lo com as nossas preces e que Jesus nos ajude a todos.

A hora é de grandes perturbações e sem fortaleza é impraticável a orientação sadia. Tenhamos um coração firme na fé, com a disposição viva de servir ao bem. Esse é o nosso maior programa que poderemos traçar na atualidade, no trabalho do

Mestre, sob a inspiração dele, tantas as perturbações em que a esfera da crosta se envolve. Jesus nos guarde a todos.

Auxiliaremos ao Dalton no momento aflitivo que experimenta.[1] Há medidas drásticas na medicina terrestre perante as quais devemos reverenciar a Vontade Divina. Se pudéssemos despertar todos os nossos amigos para a realidade consoladora do bem, outra lhes seria a jornada. As surpresas do dia e da noite nunca seriam de molde a embriagar ou desesperar, contudo, cada qual possui a sua hora e não podemos ultrapassar as leis. Cada homem, cada mundo, cada vida, sobre todos reina o divino poder. Nem todos estimam o atalho pelo monte e muito poucos são os que descobrem o divino homem curvado a caminho da eterna ressurreição. Para todos os nossos companheiros de caminhada evolutiva e redentora, os nossos votos de paz.

Auxiliem-se contra os golpes de ar frio quanto lhes seja possível. A estação é de trânsito, carreando choques para as comunidades celulares que servem à mente na organização do corpo. A prevenção é colaboradora que jamais engana.

Boa noite, e que Jesus nos ampare agora e sempre. Deixando-lhes o meu pensamento de saudade e de amor, sou o papai reconhecido que nunca os esquece,

A. Joviano

---

[1] Nota da organizadora: em referindo-se a Thomas Heath Dalton, inglês, colega e amigo de Rômulo na Universidade de Reading, na Inglaterra. Veio para o Brasil com Rômulo e trabalharam sempre juntos, em Ponta Grossa | PR, e em Pedro Leopoldo | MG.

REFLEXÕES SOBRE A PREPOTÊNCIA

Meus caros filhos, Deus abençoe a vocês, conferindo-lhes muita saúde e paz, alegria e bom ânimo.

Em nossa confabulação doméstica, rendamos, como sempre, graças ao Senhor, pela oportunidade que nos reúne na oração, que é luz, conforto e vida.

Acompanhei, meu caro Rômulo, **suas reflexões desta noite com relação à prepotência** com que a Rússia se prepara à frente de novo conflito internacional.

Não fossem as condições em que observamos a propaganda soviética, instalada no Brasil, e não nos reportaríamos ao assunto. Vocês já possuem demasiados problemas e excessivas lutas aí na esfera carnal, e não seria lícito ao companheiro espiritual despertar preocupações novas em matéria política.

Grave, porém, a posição que o ideal russista criou para a comunidade espiritista brasileira, porquanto grande exército de amigos nossos, de participantes de nossa esperança, acreditando servir ao Cristianismo se entregou sem resistência a espíritos dominantes da propaganda comunista que, infelizmente, nada possui de comum com o Evangelho que abraçamos.

A luta desenha-se gigantesca, porque o plano das trevas é diabólico em suas remotas origens.

Muitos núcleos da política vermelha possuem livros de Emmanuel e outros, dos quais extraem trechos que se sintonizem de alguma sorte com os postulados socialistas e não se vexam, numerosos perseguidores, de indicar a mensagem dos benfeitores espirituais por plataforma do credo russo. E estamos vivendo horas difíceis por trás dos bastidores calmos dos governos do mundo inteiro.

A Rússia, poderosa em expressão material, provoca a movimentação de todos os serviços administrativos, porquanto o seu propósito de dominação é evidente.

Ficha da vida interna de países serenos quanto o nosso são levantadas às pressas.

Uma vanguarda de certo vulto no Brasil espírita está seriamente comprometida e, como você sabe, o momento exige muita observação e vigilância.

Naturalmente que possuímos num médium o responsável pelo lançamento dos serviços espirituais, projetados do Alto, em favor da multidão, e Pedro Leopoldo, nesta hora, atrai a ira gratuita de muita gente. Permanece, pois, nosso aviso amigo que solicitamos de vocês seja conservado no plano de nossos entendimentos confidenciais. Esperemos o desenrolar da luta.

Na esfera em que respiramos tudo se faz pelo adiamento indefinido do choque intercontinental, mas os homens, na figuração de massa, ainda não se subordinam ao reino de Jesus.

Não se pode precisar o que virá. Os projetos estruturados pela maldade reclamam muito sofrimento e muito sangue no campo interno das nações, porque em tempo algum a guerra de ideologias e sistemas foi tão grande. Contudo, devemos confiar no poder e na bondade do Altíssimo.

Referimo-nos ao caso para que se mantenham prevenidos. A hora pede semelhante cautela. Façamos o que nos compete e Jesus fará o resto pelo mundo e por nós.

Não me esqueci do trabalho prometido. Espero melhor ensejo e se em tudo nos favorecer a bondade divina, quanto desejamos, executarei o plano em breve.

Minha prece ao Senhor para que todos vocês sejam guardados com saúde e paz. A estação vem penetrando rápida. Precavenham-se com o socorro da homeopatia preventiva. Velho adágio nos diz que "a moléstia chega a incrível galope e se retira a passo tardio". É preciso cuidar do corpo e defendê-lo.

Boa noite a todos.

Rogando a Jesus para que a bênção do Alto permaneça com todos, abraça-os muito afetuosamente o papai muito amigo de sempre,

A. Joviano

TRABALHO EM FAVOR DOS CEGOS NO BRASIL

Meus caros filhos, Deus abençoe a vocês todos, concedendo-lhes muita saúde e paz, alegria e bom ânimo.

Minha prezada Maria, aqui está conosco a nossa irmã Engrácia que, como sempre, se rejubila pelo **trabalho que se vem fazendo em favor dos cegos no Brasil**, com a liderança de D. Júlia, no setor confiado a ela, no campo de assistência aos encarnados.[1] Recomenda-me dizer a você alguma coisa, entretanto, reconheço que a sua palavra é mais clara e mais convincente que a minha, mormente em se tratando desse grande e abençoado círculo de luta. Pede-lhe não se desanime e, nesse apelo tão sincero, não pude furtar-me ao dever de obedecer-lhe as ordens. `

Realmente, é tão volumosa a necessidade humana, minha filha, que em nos voltando para qualquer esfera de construção o esforço é gigantesco, o serviço, imenso. A obra mais avançada de assistência assemelha-se a simples gota em pesada corrente de imperativos. É indispensável que a criatura se muna de energias para a resistência e de forças para sustentar o trabalho. Não podemos, é bem verdade, coope-

---

[1] Nota da organizadora: Engrácia Ferreira, tia de Júlia, foi pioneira do alfabeto Braille para cegos. Desencarnou a 21 de abril de 1937 e menos de um mês depois, a 6 de maio, comunicou-se através de Chico Xavier, em uma mensagem dirigida a D. Júlia, solicitando a continuação de sua obra. Para maiores dados da família Amorim e Joviano, sugerimos a leitura de *Sementeira de luz* (VINHA DE LUZ, 5. ed., 2015), *Deus conosco* (VINHA DE LUZ, 4. ed., 2014), *Militares no Além* (VINHA DE LUZ, 2. ed., 2009), *Colheita do bem* (VINHA DE LUZ, 2010) e *Depois da travessia* (VINHA DE LUZ, 2013).

rar apenas com aqueles que nos compreendam integralmente os bons desejos, nem receber o concurso tão-somente dos espíritos mais evoluídos, dos corações mais elevados. Em suportarmos as vicissitudes da situação e harmonizarmo-nos com os elementos edificantes de que os nossos companheiros mais frágeis podem dispor estão justamente as nossas mais decisivas probabilidades de êxito. Engrácia, entre nós, é uma pioneira do serviço aos cegos do corpo e da alma. Entrou nessa vanguarda com formoso título de combatente e tudo nos faz crer que a vitória dela será expressiva e fundamental pelas formosas expressões de ideal superior que já tem conseguido concretizar no campo dos espíritos revestidos da roupagem carnal. A sementeira é ilimitada e a seara é sem fim. Não nos doa ver o esforço desaproveitado no que se reporta ao imediatismo. Lembremo-nos de que nem um til na edificação do bem poderá perder-se. Todo o germe se desenvolve, medra, floresce e frutifica a seu tempo. Nesse sentido, em despertando para as realidades espirituais mais profundas, com admiração e respeito pelos institutos da previdência divina, reconhecemos que todos os recursos necessários à nossa iluminação e progresso, enriquecimento e aperfeiçoamento já se encontram em derredor de nós, trazidos por mãos e corações mais sábios e previdentes que os nossos em nome do amor de Deus.

A luta não é pequena por socorrer-lhes as necessidades educacionais. Unindo-nos, porém, na colaboração fraterna, faremos muito. Se alguém nos desentende e procura vantagens financeiras imediatas, não interessa ao nosso programa de restauração espiritual. Não podemos impedir a necrose consciencial de grande número de companheiros que se distraíram à margem das estradas do serviço. Cabe-nos o prazer de semear algum bem e isso é um privilégio que tudo faremos por não desmerecer. Quem nos observa de plano mais alto é o Senhor, Senhor de nossas almas e da obra de renovação do mundo inteiro. Não deve o vaso confiar no oleiro? Assim, pois, repousemos nas determinações do divino Supervisor.

Sabemos que você tem feito muito, mas que produzirá ainda muito mais nessa realização que nos é sumamente cara.

A irmã Engrácia agradece-lhe, tanto quanto à D. Júlia, e promete, de nosso lado, contribuir com todos os elementos ao seu alcance a benefício da obra de assistência a que nos referimos.

Desejamos a vocês todos feliz ingresso na estação fria. Cuidem da saúde orgânica, zelando nela um tesouro de inigualável expressão para o espírito que encontrou a felicidade de trabalhar e servir. Agora que projetam a construção de um novo ninho doméstico, ajustando a terra à maneira das aves que buscam adaptação na árvore acolhedora, não se esqueçam do vaso físico em forma excelente, tanto quanto possível. Bem sabemos que vocês já conhecem a beleza e a eternidade do lar espiritual consagrado à vida superior, a que já se acolhem seguros e felizes, mas formulamos votos ardentes ao divino Construtor para que materializem os santos desejos de que se sentem animados, desde muito tempo. A vida deve ser uma edificação constante para o bem, onde estivermos.

A receita da Wanda, ao que me parece, está mais reforçada. O seu organismo vai bem, entretanto, essas defesas lhe farão grande bem.

Desejo-lhes a todos muita saúde e tranquilidade. Os remédios preventivos da gripe devem ser usados cautelosamente. Com um abraço muito afetuoso, sou o papai muito amigo e que não os esquece,

A. Joviano

UMA JANELINHA
ABERTA PARA A ETERNIDADE

Meus caros filhos, Deus abençoe a vocês, concedendo-lhes muita paz e saúde.

Ontem à noite, meu caro Rômulo, estive igualmente em sua companhia, seguindo-lhe a mente em trabalho de observação e lembrando o aniversário da exposição do Paraná.

Sempre encontramos razões de louvor ao Pai celestial pelas bênçãos recebidas. Muito importante as suas conclusões mentais em torno dos nossos amigos que ainda não têm no espírito **uma janelinha aberta para a eternidade**.

Dói-nos anotar-lhes a insegurança espiritual, em se tratando dos problemas fundamentais que lhes dizem respeito, entretanto, a situação não pode ser outra e a violência, mesmo afetiva, não pode entrar em nossas cogitações. Há que esperar o tempo no amadurecer dos raciocínios, tanto quanto se deve aguardar a sazão de um fruto.

Lamentável seria se nos dispuséssemos à compulsória da propaganda dos nossos pontos de vista, apenas considerando a questão do número no círculo dos companheiros. Precisamos aprender que uma lâmpada pode ser única e clareia o recinto de uma casa inteira e que, em surgindo dificuldades, um com Deus é sempre maioria.

Os assuntos da verdade não podem ser impostos, porque a verdade é maior que nós todos e nos espera, individualmente, para as lições de que carecemos no momento oportuno. Graças a Jesus, temos hoje na fé renovadora sagrado oxigênio da alma. Respiramos a certeza da imortalidade e essa corrente bendita de força nos transforma as energias, momento a momento, purificando-as sempre no caminho de maior ascensão.

Com respeito à visita de nossa irmã Engrácia, não devo omitir uma particularidade interessante de nossas observações. Quando o ambiente espiritual sustenta o mesmo teor de compreensão e, mormente, quando esse ambiente permanece sediado num lar que sabe receber as bênçãos e conservá-las, é possível a nós outros, os desencarnados, amigos e familiares, conhecer as vibrações deixadas por conversações e individualidades estranhas ao meio, embora respeitáveis.

Nem sempre o conhecimento de tais detalhes é motivo de muita satisfação em nosso campo de atividades e, por isso mesmo, muitos acontecimentos desse jaez são relegados ao necessário e construtivo esquecimento.

Em se referindo à matéria de educação e auxílio aos cegos, a nossa amiga é verdadeira missionária na renunciação e esforço, e não estimou as "notícias espirituais" registradas pelo nosso companheiro do Rio que os visitou no último domingo de março findo. Principalmente quando se referiu à imobilidade aparente dos livros traduzidos para a Federação Espírita Brasileira, não teve o nosso amigo argumentos compatíveis com a elevação do assunto e daí os pareceres de nossa venerável cooperadora, que tanto tem feito nesse setor.

Precisamos combater, de nosso lado, o vírus das más informações e das interpretações infelizes com o mesmo cuidado dentro do qual vocês defendem as árvores e os animais contra os vermes daninhos e contra os bernes. É por isso que ela nos trouxe frases tão firmes, porquanto bem sabe o valor da colaboração que todos lhe oferecem ao serviço de benemerência espiritual.

Quando as palestras e as visitas se verificam num santuário público, necessitamos utilizar a cooperação de técnicos especializados para tomar conhecimento de certos ângulos passados do serviço, entretanto, no lar em que os quadros da vida respeitável se guardam com devoção e carinho tudo está impresso ao nosso olhar, isto é, ao olhar dos que amam a sementeira com o propósito sincero de contribuir na sua ascensão cada vez mais alta.

Os conceitos do serviço, emitidos na visita de nossa irmã, todavia, se aplicam a todos os nossos setores de luta e você fez bem estudando-os de pensamento voltado para as realizações do grupo evangélico em que trabalhamos. Tudo estamos fazendo — incluindo nessa afirmativa o auxílio de vários benfeitores — para que vocês continuem no setor da edificação espiritual.

Providências e medidas, particularidades e recursos são trazidos por muita gente e, com o amparo de Jesus, esperamos que o núcleo de vocês prossiga bem integrado e bem posto na obra santificante do bem supremo. Uma tarefa espiritual tem a feição individualista de uma vida. De nossa parte, tudo desenvolveremos no setor da colaboração fraterna para que continuem na materialização dos pensamentos da Esfera Superior.

Se Jesus me permitir, iniciarei a transmissão do pequeno trabalho de Neio Lúcio em breves dias. Espero realizá-la com o concurso de todos.

Desejo a vocês muito boa noite.

Aos netos, meu pensamento afetuoso. Enquanto os nossos filhos e netos são menores, é curioso notar a facilidade com que lhes dirigimos a palavra. Há sempre uma história a contar e um apontamento a fazer. Quando crescem, porém, nivelam conosco. Têm problemas tão grandes quanto os que nos povoam a mente e os entendimentos dantes tão espontâneos se tornam mais complexos e mais difíceis. Creiam, porém, que os acompanho com o mesmo desvelado amor, dentro da mesma vibração de ternura com que conversávamos, nós, entre os dois mundos, há mais de dez anos.

Boa noite. Cuidem da saúde como é preciso. Que Jesus nos enriqueça com as suas bênçãos de paz e luz são os votos do papai muito amigo de sempre.

A. Joviano

NA VÉSPERA DA PARTIDA PARA UBERABA

Meus caros filhos, Deus abençoe vocês, conferindo-lhes muita saúde e paz aos corações.

Meu caro Rômulo, temos renovado suas forças orgânicas através de passes, quanto nos é possível, atendendo aos imperativos que o levam a se ausentar do campo doméstico.

Entendo as injunções do trabalho representativo a que você é obrigado e espero em Jesus possa vencer essa nova etapa de seu ministério. Considero **a sua viagem nesse prisma, em virtude das circunstâncias em que volta a rever a sua esfera de serviço no Triângulo Mineiro.** Irei em sua companhia e tanto quanto possível segui-lo-ei de perto por lá.

Não deixe a "farmácia individual" para trás. Sigamos com os recursos do corpo e do espírito. Creia, porém, que estou contente com a sua deliberação de visitar o objetivo a que se dirige. Há particularidades do trabalho que, às vezes, o tornam mais meritório. Sem pretender elogiá-lo, sei que você tem desejado e projetado, realizado e servido quanto é possível a benefício do progresso econômico daquele setor de sua abençoada luta.

Felizmente, você chegou a compreender até mesmo os fundamentos espirituais do transplante dos bovinos hindus para a região de Minas a que nos referimos. Climas idênticos, espíritos análogos no Brasil e na Índia. Agora, bastaria um pouco mais de amor acima da exploração, mais ideal construtor e menos comércio dispersivo para a preservação de um patrimônio imenso. Todavia, você não ignora que o comercialismo vai, como sempre, desregrado. A ambição menos digna fulmina a ambição mais nobre e o seu programa de defesa, no interesse coletivo, é analisado e compreendido por muito poucos no momento.

Eis a razão pela qual peço a você seguir para a zona mencionada com a cabeça bem acima do coração. Ouça as palestras, pareceres e considerações com os ouvidos do corpo e da alma, assinale todos os pormenores do trabalho, receba muito em matéria de opiniões e referências, mas emita o menos possível. Você faz muito bem dirigindo-se até lá, ainda mesmo com sacrifício da saúde orgânica, mas não se entregue às provocações mentais daqueles que lhe não entendem os objetivos. A vida oferece desses momentos em que a "avalanche" deve passar.

Não nos atemoriza a visão dos perigos e constitui-nos até mesmo um dever enfrentá-los, entretanto, não é razoável colocarmo-nos contra a maldade e a incompreensão gratuitas.

Lembrada essa providência, a que não poderia fugir, em favor de nossa paz, faço votos para que você conduza, de vencidas, todas as dificuldades. Não ligue os fios de seu sentimento aos dínamos geradores do interesse mesquinho e passaremos horas felizes e tranquilas. Quando estamos escudados na retaguarda, por forças seguras e edificantes, nada devemos temer, todavia, quando essas energias não se fixam ou se manifestam imprecisas, guardemos o valor que se preserva sem arriscar-se inutilmente.

Essa é a minha resposta às suas naturais considerações em torno dos problemas, em cuja solução devemos persistir. A questão ali é espiritual, e de rasteira manifestação espiritual, e convém sorrir ao invés de argumentar, em face das circunstâncias e incertezas da hora presente.

Convém levar com você, além dos elementos homeopáticos, um vidro de *Neo-Gorgesan* para gargarejos, onde for possível. Um a dois gargarejos por dia. Esse tratamento é mais preventivo, considerando a excursão longa. Trata-se de um preparado aconselhado pelo nosso clínico amigo por solicitação minha e que se destina à defesa da garganta e órgãos vocais. Quanto à homeopatia, havendo retorno aos sintomas de gripe ou resfriado detenhamo-nos mais fortemente no *Eupatorium* e no *Gelseminum*. Espero, entretanto, que você melhore aceleradamente e que a viagem nos seja tranquila e feliz. Hoje à noite procuraremos reforçar o tratamento fluídico.

Tenho estado com o José, cujo pensamento vem buscando o meu nestas horas de meditação e calma. Recomendemos a ele certa cautela com o instrumento físico. Não precisa perder a alegria e nem a destreza. Ele nasceu com a vocação do movimento e da luta forte, no entanto, convém-lhe a internação num período de mais prudência. Não galopar, não acelerar a bicicleta, não usar pratos excessivamente pesados nem excitantes em matéria de "drinks" e nesse cuidado penso que removeremos, dentro de alguns meses, o obstáculo.

Você sabe que não é fácil ajudá-lo nesse terreno. Tem o coração cheio de espontaneidade e defenderá mil doentes sem cogitar de defender-se, todavia, agora é também pai e não pode dispor do "capital da vida" com exclusividade nas deliberações. Tudo vai bem por enquanto. Nada de grave. Todavia, é sempre útil prevenir e programar. Dentro de nossos recursos, tudo faremos por auxiliá-lo.

Lembro ainda a você que uma colher de azeite doce, puro, sempre será importante durante a viagem — uma por dia.

Quanto ao mais, meus votos sinceros para que as nossas experiências se enriqueçam cada vez mais de luz e bom ânimo. Aproveitemos cada dia nessa esperança de quem se entrega ao Poder Maior e trabalha sempre no bem, onde se encontra.

Creiam que grande é a felicidade de meu espírito anotando-lhes a devoção à luta de "bem fazer" cada dia que passa. Deus nos abençoe a todos.

Pedindo ao Senhor para que a bênção divina esteja com vocês todos nas realizações diárias, abraça-os, muito afetuosamente, o papai reconhecido que não os esquece,

A. Joviano

26/05/1948

NOSSOS ESPÍRITOS ENTRELAÇADOS NA MESMA FÉ

Meus filhos, Deus abençoe a vocês todos.

Para nós tem sido grande alegria as noites de oração junto aos prezados amigos presentes.

Nossos espíritos entrelaçados na mesma fé entoam "silenciosos hinos" de graças à bondade do Alto. Que a luz do Espiritismo cristão resplandeça em nossas relações e em nossas vidas.

Agradeço sinceramente penhorado à irmã Júlia a atenção que vem dedicando às minhas pobres cartas.

Hoje manifesto-me tão-somente para renovar os remédios do Rômulo. O nosso receitista é de opinião deva experimentar o seguinte, durante 15 a 20 dias: *Arnica, Staphysagria, Lithium Carb.* e *Rododendronde 5ª.* Aplicaremos recursos espirituais à medicação aconselhada.

Desejando-lhes a todos muita saúde e paz, abraça-os o papai e velho amigo,

A. Joviano

INTERCÂMBIO AFETUOSO

Meus caros filhos, Deus abençoe a vocês, concedendo-lhes muita alegria e paz junto dos nossos prezados amigos de sempre.

Associo-me, como é natural, ao contentamento doméstico reinante e formulo votos ao Senhor para que todos recolham o maior proveito do **intercâmbio afetuoso** destes últimos dias. É sempre de júbilo sincero a companhia do nosso estimado General Aurélio e de nossa irmã Júlia, devotados benfeitores de nossos corações.

Hoje tomo a palavra para agradecer-lhes a devoção pelo Roberto, a extensão do carinho com que nos enriquecem a vida. Creiam que, onde estiverem, estarão sempre acompanhados de nossos pensamentos amigos, cheios de gratidão e ternura. Reafirmo os meus agradecimentos à dedicada irmã Júlia, pela atenção com que recebe minhas cartas singelas. O serviço de arquivo, de releitura, de revisão, que consagra às minhas páginas pobres, há de ser remunerado pelas bênçãos divinas, reconhecendo, embora, a desvalia dos textos que encerram sempre conversação caseira de um pai para com os filhos. Meus agradecimentos muito sinceros.[1]

Venho igualmente, Rômulo, nesta quarta, reavivar pela palavra escrita a sua força de ação. Os problemas são efetivamente enormes e requisitam serenidade grande. As terras

---

[1] Nota da organizadora: todos os anos, vovô Aurélio e vovó Júlia, residentes na capital do Rio de Janeiro, passavam as férias conosco, cabendo a ela, nesses períodos, a datilografia das mensagens psicografadas por Chico Xavier durante o culto no lar. Para maiores dados da família Amorim e Joviano, sugerimos a leitura de *Sementeira de luz* (VINHA DE LUZ, 5. ed., 2015), *Deus conosco* (VINHA DE LUZ, 4. ed., 2014), *Militares no Além* (VINHA DE LUZ, 2. ed., 2009), *Colheita do bem* (VINHA DE LUZ, 2010) e *Depois da travessia* (VINHA DE LUZ, 2013).

tão longamente esperadas sofrem, sem dúvida, ponderáveis ameaças em face do enigma lamentável que surgiu ao lado da ação executiva de maior responsabilidade. A lição é expressiva. Como reconhecemos, onde faltar o homem compreensivo e integrado na nobreza das funções que lhe cabem não valerão as honrarias e as deferências da documentação. Esperamos colaborar com você, dentro de nossos recursos, mesmo porque não estamos disputando soluções a interesses pessoais e sim a questões de bem coletivo.

A hora exige muita vigilância e, sobretudo, habilidade. Aqui entra muito naturalmente o antigo conselho "coração de pomba e prudência da serpente". Este é o mundo em que você terá de conquistar os seus títulos de trabalhador fiel e é imprescindível entrar em todas as batalhas para vencê-las a todas. É conveniente que assim seja. Alma experimentada significa valores adquiridos e sem combate construtivo não descobriremos servidores fiéis. Continuemos com calma.

Há homens que falham. Isso é uma fatalidade. Mas dentro dos princípios e aspirações que nos governam presentemente faremos tudo por não falhar. Cremos que as lutas não poderiam desdobrar-se de outro modo. Tenhamos firmeza de atitude, persistência na ação e calma no esforço executivo dos planos já estudados.

Noutro setor, agradeço o carinho que vocês têm dispensado às minhas pequenas produções destinadas à mente infanto-juvenil, e peço a você ajudar-me a reler capítulo a capítulo, porque, havendo oportunidade, não desejo adiar a remessa do trabalho pronto para o Rio, atento à circunstância de que estimaria terminá-lo a 18. Estarei com um dia ou dois de atraso, segundo os meus cálculos.

Muito grato ao carinho que me dispensam habitualmente às tentativas de retomar o magistério, agora, da Espiritualidade. É que há muito trabalho por fazer no despertar da consciência juvenil, nas pessoas de todas as "idades físicas", e não devemos fugir à colaboração fraternal.

Tenho acompanhado o tratamento de Wanda com a atenção de sempre. São naturais as nossas preocupações, porque quanto mais preciosa é a flor mais ativo deve ser o trabalho de proteção. Felizmente, porém, a sua posição orgânica é boa, acreditando que deva manter o padrão de equilíbrio atual. Não desejamos que se desagrade indo ao "mais", entretanto, trabalharemos para que não siga na direção do "menos", que poderia ser inconveniente. Graças a Deus, vemo-la satisfeita e bem disposta, e esperamos que você e Maria não se preocupem excessivamente. Manter um padrão vitamínico será útil e cooperaremos nisso. Convém-lhe, pois, uma tabela para o "jogo das verduras". Isso ser-nos-á agradável. Desculpem-me vocês tomar tanto tempo em tal caso, mas as expectativas de nossa estimada Maria, expectativas cuidadosas de mãe, me compelem a tratar do assunto assim, extensivamente. Não trataremos, pois, nem de "gordura", nem de "magreza", e sim de "saúde". E sei que, desse modo, tudo seguirá bem.

Cremos que Maria deva continuar com o *Anabiose* por um pouco mais de tempo e a exigência da laranja para o suprimento de vitamina C deve ser atendida.

Quanto a você, meu filho, felicito-o pelas realizações em curso na mediunidade curadora e, na primeira oportunidade, renovaremos algumas indicações referentes ao equilíbrio orgânico mais acentuado. Hoje tenho o meu espírito igualmente voltado para o companheiro que regressou. Uma prece para ele. Ainda não o vi e esperarei ensejo para isso.

Desejo muita saúde, paz e alegria aos nossos bons amigos que vieram do Rio. Jesus nos fortaleça e ilumine a todos.

Reunindo vocês e os netos num grande e afetuoso abraço, pede ao Senhor nos abençoe o templo familiar o amigo reconhecido e papai muito saudoso que não os esquece,

A. Joviano

A PREVENÇÃO É BASE DA CURA

Meu caro Rômulo, Deus abençoe a vocês todos.

A saúde vai melhor, mas não se esqueça da medicação indicada que pode estender-se por mais dias. Os recursos magnéticos vão sendo movimentados em seu benefício. Durante a viagem que planeja, medique-se convenientemente. **A prevenção é base da cura**. É melhor não olvidarmos isso em tempo algum.

Estimaria que o nosso livrinho último recebesse por título o nome com que o nosso amigo abre o prefácio. "Alvorada cristã", a meu ver, define o caráter e o objetivo do esforço.[1] Aqui fica a minha sugestão.

Desejando a vocês todos muita saúde, paz, alegria e luz divina, abraça-os o papai muito amigo de sempre,

A. Joviano

---

[1] Nota da organizadora: o livro *Alvorada cristã* foi editado pela FEB em 1948. O prefácio de Emmanuel está datado de 21 de junho do mesmo ano.

ENFRENTAR CERTAS LUTAS COM SORRISO

Meus caros filhos, Deus abençoe a vocês todos.

Associando-nos à alegria com que as melhoras do nosso amigo General Aurélio são recebidas em nosso círculo espiritual, também lhe desejamos muita tranquilidade e bem-estar junto à nossa dedicada irmã Júlia, a quem renovo os meus sinceros agradecimentos.

Visito-o também, meu caro Rômulo, formulando votos por suas melhoras definitivas. O nosso receitista é de opinião que sejam lembrados os seguintes medicamentos: *Boldo*, *China*, *Plumbum Met.*, *Lachesis de 5ª*. Seu resfriado tem radicações nos choques mentais que, de algum modo, desequilibram os delicados motores — fígado e baço.

Os seus problemas de administração, desde janeiro, estão compactos. Você ainda não conseguiu pensar se o exercício começou, tal a multiplicidade de afazeres e responsabilidades que se acumularam nele. Guarde, porém, sua calma, embora conservando o seu interesse máximo. A obra é também como o corpo e a individualidade que a mantém constitui a alma do trabalho. O serviço é importante e valioso, mas o sustentáculo dele é supremo e fundamental. Compreendo-lhe as lutas e espero que a sua fé represente balsâmico remédio às preocupações que lhe escaldam a mente. Não nos desanimemos, nem nos precipitemos – o Senhor é o nosso pastor.

Caso tornem à superfície as sugestões dos nossos

quanto ao delicado problema que não deixou de ser esboçado para cumprir-se em breve tempo, segundo creio, peço a você restringir todos os comentários, mesmo amorosos, à situação e deixar que a questão se resolva, traçando, por sua vez, os seus projetos em companhia de Maria. Trate o caso com humor, sereno e alegre. É necessário **enfrentar certas lutas com um sorriso bom**, que embarace os espectadores. Vocês, assim, com a singela lembrança de minha devoção paternal, têm tempo para cuidar de um bom roteiro. Não acreditem que me reporto ao assunto por mero prazer de tangê-lo. É que desejo vocês tão contentes e tranquilos como se nada de incômodo estivesse para suceder. Alegria e paz confundem até mesmo as entidades desencarnadas que, por vezes, nos assediam os júbilos domésticos. Essa é a solução ao problema.

Agradecendo a Jesus a bendita oportunidade de entendimento amoroso que nos confere, e reafirmando aos nossos amigos os meus votos de breve regresso ao nosso campo de ação, sou o papai muito amigo de sempre,

A. Joviano

DOLOROSA É A CAMINHADA NA DIREÇÃO DA TARDE, DEPOIS DO ZENITH

Meus filhos, Deus abençoe a vocês todos, conferindo-lhes a paz e o bom ânimo para o caminho.

Estamos atentos ao problema que se desdobra tão forte e claro aos nossos olhos. Agradável seria encarar de frente a possibilidade de uma congregação geral dos espíritos em nossa jornada redentora e aqui falamos abrangendo muitas expressões do pretérito, entretanto, não vemos, por agora, outra solução senão essa mesma para a qual vocês se vão inclinando. Agradeço, comovido, à Maria, quanto fez no coração por aproximar-se, ajudando-me, da equação almejada. Sim, mais tarde o nosso reencontro marcará nova etapa de serviço salvador. Noto com alegria e emoção quanto operou minha nora-filha na solução do caso e reconheço que por ela não haveria dificuldade. Observo, porém, do outro lado, um campo por desbravar. Não tenho o direito de permutar espinhos por flores. Não será, pois, mais razoável que os espinhos floresçam para que nos unamos em esfera respeitável na expectativa da colheita? Sinceramente, considero seja melhor assim.

Peço a vocês para minhas filhas o pensamento de simpatia de sempre. Tentam, não com atraso, mas com certa tardança, a sementeira divina. A dor visita-lhes os corações no silêncio e vão observando, com amargura, que no reino do espírito é indispensável semear, a fim de colher. Exceção de Martha e Célia, que organizaram reservas apreciáveis para esta fase de renovação íntima. Vejo Zina em campo neutro e as outras em grandes lutas internas. Creiam que a elas me reporto com profundo interesse. Estão num momento difícil, quase angustioso, embora não se revelem.

Dolorosa, meu caro Rômulo, é a caminhada na direção da tarde, depois do Zenith. Sem acendermos estrelas que nos guiem, mesmo no início do crepúsculo, é muito inquietante a marcha e vocês sabem como tem sido ingente o nosso esforço para que os nossos apelos não prossigam na sombra. Todavia, a resistência aos nossos apelos não foi pequena. Para vocês, é muito complexa a tarefa de auxílio. Tentarei, por isso, algo fazer sozinho, qual me acho em companhia deles há mais de um decênio. Doer-me-ia bastante vê-los expostos a qualquer exigência que denotasse mais funda incompreensão e, em razão disso, acredito que a solução projetada é a mais cabível.

Os anos que correram sobre aqueles corações têm sido rudes e quase sombrios, não obstante os aspectos da convenção que cobrem o mundo e as realidades da vida. Não estimo comentários tão íntimos e tão francos com referência a serviços que me dizem respeito, contudo, esse trabalho não é apenas meu. É também de vocês e um momento chegou em que lhes não posso falar de outro modo, solicitando-lhes, embora, a reserva, ainda mesmo sacrificial, quanto a essas minhas observações e palavras paternais.

Em verdade, porém, a atmosfera de nossa organização doméstica tende ao vazio. Não se pode esperar que a situação persevere a mesma em casa por muitos anos mais. A modificação faz-se perceptível e um "frio espiritual" muito grande penetra, vago e persistente, em nosso edifício familiar. Sou obrigado a assistir-lhes as preces-desejos, as aflições imanifestas.

Ganhar vantajosamente na esfera do trabalho humano não resolve a felicidade e, por vezes, de cada aposento das filhas saem orações de mistura com interrogativas e lágrimas, que todas ocultam mutuamente. Com franqueza, compadeço-me nas fibras mais íntimas e tudo farei por auxiliá-las e reerguê-las no campo idealístico, mas não tenho ilusões por enquanto e nem posso imaginá-las, porque isso seria olvidar a lei e a lei nos espreita em todos os ângulos do caminho.

A atitude das filhas, no momento, ainda é de pesquisa intelectual. Sinto-me em companhia delas, num jogo em que desejo, de todo o coração, venham a ganhar. Contudo, ainda se cercam de vasta quantidade daquele "lastro da Terra", que nos impede cruelmente de entrar livres e felizes na "casa da fé viva". Farei tudo como se vocês estivessem comigo, no entanto, a atitude de vocês agora será esta: abstenção delicada com expectativa de maiores indícios de renovação espiritual. Posso ir aonde vocês ainda não podem alcançar e o serviço nosso, nos dois planos, é diverso. Assim sendo, convém esperar mais tempo. O quadro é o que relatei sem rebuços, todavia, até mesmo a dor tem a sua hora de consolação e extinção. Além do mais, considerado o acontecimento no aspecto humano, a festividade é uma criação do Fausto e essa criação é o núcleo aparente dos interesses gerais. Não há propriamente um apelo, um sinal de compreensão mais elevada, e seria indesejável modificar a paisagem, tornando-a mais sombria. Vocês farão o que lhes aprouver, entretanto, sinto-me feliz anunciando-lhes o que penso e o que sinto acerca da ocorrência em perspectiva.

Resolvendo em definitivo a viagem oportuna, sigam contentes e felizes. Nada de solenizar o assunto com reflexões graves. Bom ânimo e paz: esse é o programa.

Aliás, nesse setor de ausências, peço mesmo ao Rômulo, não digo para agora, mas o descanso de alguns dias, no clima de mar, antes do término deste ano. Sua saúde precisa da atmosfera marinha, pelo menos, por alguns dias. Se lhe for possível seguir em setembro, segundo planeja, será providência das melhores. Seu organismo lucrará quanto é necessário.

Quanto ao mais, vamos ao trabalho. Depois de tantos anos de serviço na fé, anotamos a consulta ansiosa e discreta dos companheiros seculares. Antes agora que mais tarde! É uma oportunidade nova que se abre. E na hipótese de não descerrarem a porta do coração e da mente outros anos (não sabemos quantos) correrão sobre o mesmo quadro. De uma certeza estejamos seguros: a salvação, no sentido de libertação do plano inferior, há de vir com o nosso concurso neste círculo em que nos achamos colocados. Felicito a vocês pelas concessões imanifestas que fizeram. Agora, cultivemo-las com a prece e aguardemos a bênção de Deus. O Senhor não nos faltará se não faltarmos aos nossos deveres para com Ele.

Boa noite, com meus votos de muita paz e alegria. Guardem um forte e afetuoso abraço do papai muito amigo de sempre,

A. Joviano

A CERA ISOLANTE

Meus caros filhos, Deus abençoe a vocês, concedendo-lhes muita saúde e paz.

Rejubilo-me anotando-lhes as boas disposições de volta ao lar. A viagem para quem trabalha a serviço do bem constitui sempre um roteiro educativo de primeira qualidade por abrir-nos horizontes novos à mente. Conservem com vocês esse espírito de alegria haurido no ganho espiritual.

Quanto aos dias passados com os acontecimentos difíceis de que se revestiram, recordemos a colmeia — quando a casa das abelhas é surpreendida pela entrada de substâncias que não se ajustam às suas finalidades, o elemento inesperado é envolvido em **cera isolante**. Há fenômenos sociais, domésticos e pessoais que exigem esse banho em cera de esquecimento construtivo.

Em razão disso, meu caro Rômulo, abro aqui um parêntesis para cogitar ligeiramente de suas preocupações. As ocorrências, no fundo, foram suficientemente desagradáveis para persistirem no campo de nossas recordações. Entretanto, você precisa de paz interior para o seu trabalho. É essa, penso eu com a velha experiência de muitos anos, que seu pensamento encontrará com autoridade muito maior que a de nossa afeição imperecível. Mateus (19: 5-6), a meu ver, é muito preciso.[1]

Seu lar é um tronco na esfera da vida, tronco que mereceu cuidados especiais na florescência e na maturação dos

---

[1] Nota da organizadora: da Bíblia Sagrada, na tradução de Padre Matos Soares — "(...) 5 'Por isso deixará o homem pai e mãe, e juntar-se-á com sua mulher e os dois serão uma só carne. 6 Por isso não mais são dois, mas uma só carne. Portanto, não separe o homem o que Deus juntou' (...)".

frutos. Custou-lhes bastante a formação do ambiente doméstico de que dispõem. Cada pequenina experiência do dia que passa está gravada na organização espiritual de sua comunhão em casa, há quase 25 anos consecutivos. Maria não é somente a sua companheira de luta e alegria, de trabalho e esperança. Partilha igualmente o seu ministério conjugal e é mãe de seus filhos. O lar é uma fortaleza divina para os que amam o Senhor. Daí, meu filho, a sua disposição natural de defendê-lo não somente, mas também obrigação de preservá-lo.

Ditosa nos seria a quadra atual do caminho redentor se houvesse suficiente compreensão no espírito geral, mas não é justo lançar em rosto alheio desculpas que não foram solicitadas. Guardemos o coração num clima de paz e entendimento para ajudar sempre nas ocasiões necessárias e, principalmente, para acolher os sentimentos contrários quando se revelem propensos à comunhão no bem, mas não é justo oferecer "estados espirituais de elevação íntima", que seriam naturalmente interpretados em pauta de inferioridade.

Também sinto que a mamãe aderisse ao programa, entretanto, ainda aí, eu acredito que numa situação como essa não cometeria, por mim, a leviandade de separar os filhos do coração. No fundo, meu caro Rômulo, é a discórdia dominante produzindo frutos amargos de incompreensão. Você conhecerá cada vez mais, na atual encarnação, essa soledade interior dos que procuram a luz divina, deixando criaturas amadas para trás por preferirem elas a sombra humana. É fenômeno inevitável. Não pense que meu espírito se alheie completamente de semelhante desacordo. Lutei imensamente para compreender tudo e seguir. As raízes do passado se confundem nos séculos e os nossos propósitos de conversão com o Cristo datam de pouco tempo. Precisamos trabalhar e lutar intensivamente para seguir adiante com êxito.

Não é fácil a missão de distribuir amor e pão espiritual em doses controladas quando se trata de companheiros antigos no serviço terrestre. Todavia, o meu trabalho propriamente considerado não pode ser outro. A sua tarefa, no momento, não favorecia outra decisão além da que foi assumida, não somente considerando a esposa que seu coração deve honrar diante de Deus, mas também no círculo educativo em que suas responsabilidades se desdobram. Manter o seu padrão de equilíbrio em serviço é dever fundamental. Como vê, tudo passou pelo melhor caminho. Graças à Providência, vocês venceram no teste, com esforço reduzido. Quando temos fé, a misericórdia do Alto surge dilatada, porque a fé nos eleva à potencialidade receptiva. Lembremo-nos do acontecimento com vibrações de paz e fraternidade, e esperemos o futuro.

Relativamente ao Fausto, contudo, não permita que a figura mental dele perturbe a sua calma íntima. Converta-o numa prova benéfica da escola terrena. Seja ele um caderno de lições, porque do grande grupo ele é o primeiro a ser trabalhado por você desde aí, da experiência humana. Aplique os princípios que temos aprendido juntos, entregando-o à corrente universal. Se você erigir-lhe um altar de "sentimento excessivo" no espírito, ele ficará mais preso ao seu caminho através de fios imponderáveis da vida mental. Só o coração pacificado consegue entregar à vida o que à vida pertence para a circulação total dos valores que lhe dizem respeito. Sorria, ainda mesmo que isso se faça difícil, e deixe-o realizar o projeto que traz na mente. Ele próprio responderá por tudo o que fizer dos patrimônios que lhe foram doados e emprestados.

Naturalmente que com essas palavras não rogo a você favorecer o abuso de fraternidade, mas apenas previno sua dedicação contra o "culto da lembrança dorida", que o poria em contato mais permanente com você mesmo. Entregue-o ao Senhor e trate-o por irmão, sem negar-lhe esse título, porque o tempo dá conta de todos os problemas. Se você me disse que isso é difícil, ainda assim reitero a solicitação, porque há certos trabalhos da alma que temos de "começá-los sem senti-los" para que depois se convertam em serviços naturais de nossa personalidade. Isso não será fugir. É autoaprimoramento a que a vida nos vai constrangendo devagarinho. Pelas circunstâncias de espaço, respira ele o seu clima, percorre os seus caminhos e colhe do mesmo celeiro. Não estabeleça a linha divisória. Onde não pudermos amar, meu filho, façamos esquecimento e o silêncio um dia acabará falando em voz mais alta que a dos melhores tribunos.

Cuidemos de nossos deveres, atendamos às nossas responsabilidades e preserve a sua saúde física. A obra da verdade e do bem acena-nos à frente. E graças a Deus não nos faltam esperança, boa vontade e bom ânimo. Terei sido suficientemente preciso na emissão de meus apagados lembretes? Talvez não. Mas espero conversar mentalmente com você no curso dos dias e ajudá-lo-ei a "correr o pano" sobre as desagradáveis lembranças. Os dias correrão.

Faço votos para que prossigam alegres, tranquilos e felizes. Bênçãos de paz e luz lhes conceda o Senhor, tanto quanto a nós, para que conduzamos nossos compromissos espirituais a bom termo. Muitos daqueles que amamos dormem ainda mesmo no pesadelo de sofrimentos imanifestos, mas acordarão cedo ou tarde. Caia sobre eles o orvalho de nossas preces silenciosas, único processo, por enquanto, de que dispomos, a fim de auxiliá-los com proveito. A palavra e o gesto de amor também possuem momento justo.

Desejando-lhes saúde sólida com muita alegria no espírito, agradece ao Mestre divino as bênçãos que temos recebido e abraça-os, afetuosamente, o papai muito amigo de sempre,

A. Joviano

BATALHA PACÍFICA

Meus caros filhos, Deus abençoe a vocês, concedendo-lhes muita paz e bom ânimo.

Louvemos a bênção do tempo e a lição dos dias. Com a serenidade diante dos conflitos, quaisquer que sejam, há sempre apoio e segurança no espírito. Segundo observamos, a tempestade quase sempre é um fantasma que chega e passa. Estraga a lavoura dos cultivadores desprevenidos, é bem verdade. Entretanto, aquele que conhece os ensinos das estações sempre se prepara e guarda-se no refúgio do serviço feito. Rejubilo-me sentindo-lhes a tranquilidade, finda a tormenta. Haja extinção dos detritos e realmente as notícias do incêndio desaparecem. No fundo, pois, só as mãos que incendeiam é que terminam perdendo. Continuemos a construir a fortaleza íntima para a localização da fé viva. A realização da espiritualidade superior em nós constitui o programa diário e santificante. Outros colham flores e persigam borboletas no campo da vida. Para nós, porém, chegou o tempo do celeiro, do fruto, do aproveitamento.

Espero, meu caro Rômulo, que você prossiga encorajado em sua tarefa no magnetismo curador. O serviço é bem mais extenso que parece. Move grande número de operários do nosso plano e formulo votos para que você encontre nele o prazer de sempre. Creia que em semelhante ministério a colheita de simpatias é das mais ricas. As criaturas beneficiadas são em número, graças ao Cristo, muito elevado. Toda vez que seus braços se encaminham para o trabalho de assistência companheiros e benfeitores vão acender luz em suas mãos, porque o coração que serve espontaneamente é uma lâmpada voluntária que a Bondade Divina inflama por amor. Ainda mesmo quando você se sentir menos apto à administração dos benefícios, caminhe serenamente e atenda ao serviço edificante. O dever cumprido é, invariavelmente, um campo de surpresas celestes. No trabalho encontramos as dádivas mais sublimes e, à força de persistirmos, acabamos por adquirir as luzes que o Alto nos empresta. O ministério de Jesus pode ser comparado ao serviço de uma potência, de cujos recursos recebemos dons inefáveis por arrendamento nas operações da graça. Se bem soubermos aplicá-los, ao término da ação passam a pertencer-nos em definitivo por doação do Governo Superior. Assim, pois, meu filho, toda a boa realização e toda a boa dádiva, qual se verifica na afirmação apostólica, vêm de Deus e acabam incorporadas ao nosso patrimônio imperecível, quando buscamos usá-las, em proveito de todos, em Seu Nome.

Agora que parece bem encaminhada a reorganização do grupo de Pedro Leopoldo, penso que se vocês concluírem a aquisição, quase completa, é de todo interesse o reajustamento da instituição em moldes modestos, mas assim como se desenvolverá um novo médium receitista para aliviar a situação cremos oportuno o desenvolvimento de mais um médium passista, atentos ao imperativo de que, por enquanto, carregados de necessidades, quais costumam chegar os visitantes eventuais do grupo em Pedro Leopoldo, a média de passes não deve exceder de 10 a 15 por noite para cada médium. Isso em nos referindo ao seu caso de trabalhador ativo, que precisa também despender grande cópia de energias magnético-mentais no esforço diário. Organizaremos com vocês os trabalhos da casa e nos rejubilaremos com as realizações. Todavia, peço a você não perder de vista o santuário de que o médium Parish nos deu exemplo. Essa planta espiritual permanece endereçada ao futuro, mas toda a colheita pede sementeira e podemos ir semeando as visões antecipadas desse templo doméstico em nossos corações.

Tenho cooperado nos passes ao dedo e espero que conseguiremos muito, gradativamente. Temos, felizmente, obtido bastante com a limitação do "processo único" e, francamente, estou satisfeito. Quando surgir a oportunidade da visita ao mar, nosso raio de ação curativa e preservativa aumentará mais.

De qualquer modo, estou contente com a serenidade que você vai consolidando no domínio espiritual. Semelhante posição psíquica é indispensável, de modo que os nossos propósitos superiores se irradiem com o proveito máximo na esfera dos interesses coletivos. A vida humana é realmente uma **batalha pacífica**. Nos combates que lhe dizem respeito, há necessidade de tanta vigilância e tanto tato quanto nas vanguardas bélicas, em que o soldado não pode eximir-se à obrigação fundamental de defender-se.

Faço votos para que vocês todos desfrutem boa saúde e bem-estar. Estaremos com vocês no bom esforço cotidiano. E pedindo a Jesus nos fortaleça para a edificação em que nos empenhamos — edificação definitiva do reino divino em nós mesmos com vistas à Eternidade —, abraça-os, muito afetuosamente, o papai muito amigo de sempre,

NOTÍCIA DOS LIVROS

Meus caros filhos, Deus abençoe a vocês, conferindo-lhes muita paz aos corações.

Reportamo-nos hoje à **notícia dos livros** distribuídos nos setores da língua portuguesa para rogar a Jesus, muito particularmente, os fortaleça e abençoe.

De quando em quando, faz bem ao viajor afastar-se da canícula, recolhendo-se, em meditação repousante, sob a frondosa árvore da eternidade. Nessas reflexões, observamos que os séculos são dias apressados. Parece-nos então que a existência humana em si não passa de curto período que se reserva à aprendizagem. E o tempo, com a graça do Senhor, na atualidade, encontrou em vocês a sagrada disposição de idealizar e cooperar, trabalhar e servir. Creiam que cada livro penetrando um lar tem elevada e nobre missão a cumprir. No Cristianismo, a catequese individual e a nossa iluminação isolada representam imperativos fundamentais e não é fácil ajustar as peças de um maquinismo produtivo na ordem espiritual. Nesse capítulo, é indispensável que cada peça permaneça consciente e segura em seu próprio lugar. Inúmeras tarefas projetadas no plano superior falham pela deficiência de execução. Um braço não funciona sem cabeça. Uma cabeça não concretiza, na Terra, por enquanto, os seus pensamentos sem o braço. E pela inconformação dos servidores do idealismo superior, na extensão dos benefícios que lhe dizem respeito, a obra do bem sofre retardamentos prejudiciais.

É muito difícil produzir o que é útil a todos num campo em que o trabalho e a disciplina sejam menosprezados. Agora, que trabalhamos no "acréscimo de misericórdia", que desfrutamos de "créditos extraordinários" da providência divina, podemos consagrar alguns minutos ao louvor ao Mestre pelas muitas bênçãos recebidas. Converteu-se a dívida em alegria. Dores do passado transformaram-se em júbilos santos. Prerrogativas delituosas metamorfosearam-se em serviço aos semelhantes e, com o amparo "de Cima", os horizontes pretéritos abrem agora aos nossos olhos caminhos resplandecentes de esperança. O Evangelho é hoje a nossa bússola, mas por adquiri-la, compreendê-la e amá-la foram necessários mais de dez anos de preces e entendimentos em torno do Cristo. Nossos corações, presentemente, não mais padecem fome. E o trabalho que nos onerava o espírito, perante a multidão, transubstanciou-se em prazer de servir livremente. O espírito de serviço é a lei áurea do Universo. Trabalhando por devotamento à felicidade alheia, termina toda a servidão que nos algeme às zonas inferiores da vida. Por onde formos, onde estivermos, nunca esqueceremos o sítio amado em que nos votamos ao amor do Senhor e da humanidade. Aprendemos à sombra destas árvores, e sob a luz destas estrelas brilhantes para a vida eterna, muito mais e muito mais valiosamente que em vários decênios, para não dizer séculos, através de universidades e agrupamentos famosos. Uma cidade é sempre roupagem do pensamento e por muitas delas, faustosas e soberbas, peregrinamos. Todavia, mais tarde, quando vocês partilharem comigo as visões da vida sublimada, abençoarão todos os minutos que vivemos neste reino de paz, cheio de flores reconfortantes e de águas tranquilas, não somente pelo encanto misterioso da paisagem, mas porque sob o céu calmo encontramos a verdade soberana de Jesus, que nos fará livres de todos os resíduos das esferas inferiores. Agradecemos a vocês, e aqui falamos por muitos amigos, pelas horas consagradas ao intercâmbio conosco, pelo amor com que nos recolheram as páginas e pelo desprendimento com que as incorporaram ao pensamento faminto do povo que por elas esperava.

Nessas palavras não vai elogio. Vai reconhecimento e

compreensão de quem, como nós, muitas vezes, de vocês se valeram para transmitir um correio diferente que, em princípio, era para a maioria estranho e hesitante. Vocês nunca acreditaram no fracasso e apoiaram-se na própria fé, com ânimo firme. Sempre caminharam à frente, convencidos de que o problema não era apenas nosso e sim da totalidade das criaturas. Nos dias mais difíceis, sabiam esperar e nunca nos faltou entendimento e a colaboração das escolas mais altas. Vocês hão de ser amados, porque têm amado o dia, dedicando-o a Deus e ao Seu divino serviço. Nunca se valeram de rosas para semear espinhos e, invariavelmente, guardaram os espinhos para que outros colhessem as rosas e as aproveitassem. Para os que sabem dar e sofrer, a prosperidade do Senhor se manifesta em moldes que o espírito comum desconhece.

Agora que a oficina é mais um templo, é natural que nos rejubilemos em conjunto. Abençoe-nos o Mestre amado para que os seus divinos interesses progridam em nossas mãos, aqui ou além, agora e no porvir.

Rômulo, o caso do ácido úrico vai melhorando e você interpretou acertadamente o que ocorre. O dedo é uma válvula de escapamento a processos mais vultosos do organismo. Continuemos atentos e demos tempo ao tempo. Creio haver descoberto excelente remédio adicional para a Wanda. É o *Elixir de Vitaminas*. Ela pode usar sem receio. Não representa acúmulo de alimentação e sim bom sustento ao balanço orgânico. Uns dois a três vidros lhe farão grande bem.

Pedindo ao Senhor pela saúde e paz de vocês todos, abraça-os, muito afetuosamente, o papai que não os esquece,

A. Joviano

O ACERVO DE NOSSAS COMUNICAÇÕES

Meus caros filhos, Deus abençoe a vocês, concedendo-nos a todos muita paz e alegria no dever bem cumprido.

Permanece conosco nesta noite o nosso amigo Raphael Chrisóstomo, que lhes trouxe carinhoso abraço, com votos de muita felicidade. Declinando ele da satisfação de escrever-lhes hoje, aproveito a noite para prosseguir na argumentação que, aliás, vem do culto de ontem. Orar sempre e nunca desfalecer pode ser também traduzido por trabalhar incessantemente, sem desânimo. Nessa fórmula, temos a equação redentora para muitos séculos de luta. Em verdade, todo **o acervo de nossas comunicações** com vocês, reportando-nos ao ambiente geral da doutrina consoladora do Espiritismo com Jesus, guarda este escopo: despertamento e crescimento do espírito para a elevação. Quando nossas palavras traduzem obrigações duras e difíceis, nós bem lhes reconhecemos o caráter de disciplina sacrificial.

Sabemos que muitos dos princípios de observações enumerados em nossas páginas aparecem ante a mente de vocês por roteiros de execução quase cruel, não obstante a doçura com que mobilizamos, por amor, a realidade espiritual que se faz imprescindível encarar de frente. Sabemos todos os obstáculos que se fazem espontâneos no caminho que trilham, mas é nesse mapa de adaptação pessoal aos padrões do Cristo que renovaremos o próprio valor, burilando qualidades novas na intimidade do nosso caráter. Compareçemos em tais esforços à maneira do metal conduzido à forja. Sofremos e aborrecemo-nos, lutamos e reagimos, entretanto, de nossa capacidade de obedecer, transformando-nos para o bem supremo, depende a nossa felicidade no futuro. Não suponham que eu não me encontre sob os mesmos golpes nessa bigorna bendita da renovação.

Pensam que me afastei psiquicamente do meu mundo de professor terrestre, sem óbices? Acreditam que eu pudesse compreender facilmente o sorriso de incredulidade dos nossos entes amados ante as palavras que lhes dirigia? Admitem que aceitei, de pronto, o imperativo do adiamento de iluminação para os que tanto amamos?

Debati-me igualmente no mar de aflições íntimas, imanifestas. Esforcei-me com todas as energias para entender com Jesus e esperar com o tempo. O serviço de extensão do poder mental, aqui nos planos em que respiro, é, talvez, mais ativo que aquele a que somos compelidos no corpo carnal, porque nessa máquina abençoada há mil meios de repouso ao pensamento. Somos, na esfera em que vivo, uma classe de trabalhadores que já passaram pelo "primeiro dia". Vivemos o "segundo", sabendo que se não pudermos regressar a uma nova edição do "primeiro", por intercessão de amigos e bondade do Senhor, seguiremos na direção do "terceiro dia", que se caracteriza entre nós por acerto de contas ou período de exames finalistas. Não sei se me exprimi corretamente, com tanta simplicidade no símbolo como desejaria. Creiam, contudo, que aquele versículo evangélico em que o Mestre nos recomenda "Andai enquanto tendes luz" é dos mais expressivos.[1] Converter a existência em trabalho incessante no bem é a maior felicidade que uma criatura humana pode aspirar. Louvo a Bondade Celestial, que nos tem sustentado o propósito de melhoria permanente. Trabalhe-

---

[1] Nota da organizadora: João, 12: 25.

mos avançando para o Mais Alto. Quando desembarcamos nestes portos da Espiritualidade, de que lhes falo, é que reconhecemos a brevidade da experiência humana. Tudo ligeiro e restrito. Mas se nossos dias decorreram cheios de serviço iluminativo, as bases de paz e ventura que recolhemos para a eternidade são francamente sublimes. Assim, pois, meus filhos, perseveremos juntos no espírito do Evangelho santificante. Abrindo caminhos de paz e renovação para os outros, através da bondade, estaremos dilatando nosso próprio íntimo, convertendo-o em vaso divino. Quanto maior e mais perfeito o recipiente mais possibilidades na correta execução dos desígnios do Pai, onde estivermos.

É uma alegria para mim a verificação de que vocês já podem abordar semelhantes problemas com interesse e alegria. A abordagem é fácil, mas o prazer e a sede espiritual, nesse setor, são privilégios que poucos conquistaram pelo esforço porfiado na redenção.

Tenho cooperado com o nosso Roberto quanto me é possível. Estou sinceramente satisfeito em lhe notando o início de carreira no Ministério Público. É um contentamento grande e desse júbilo creiam que partilho intensamente, cumprimentando Maria por todas as realizações. Reconforta-nos a contemplação do milagre que a dedicação maternal tem produzido. Que Deus nos abençoe.

Agora, despeço-me deixando-lhes os meus votos de muita alegria no labor diário. A existência humana é uma bênção pelas possibilidades de servir que nos oferta, de momento a momento. Aproveitemo-la.

Desejando-lhes a segurança espiritual de sempre, no caminho da paz santificante, abraça-os muito afetuosamente o papai muito amigo de sempre,

A. Joviano

SAMUEL

Meus caros filhos, Deus abençoe a vocês todos, concedendo-lhes muita paz.

Grande é a luta por firmarmos o coração nos fundamentos da confiança real, motivo esse que nos leva sempre a renovar-lhes os nossos votos de tranquilidade interior que, no fundo, traduz segurança espiritual.

Sua indagação afetuosa, meu caro Rômulo, tem a sua razão justa. Muitos daqueles que nos ampararam ou que, aliás, ainda nos amparam fortemente, têm a fisionomia espiritual identificável nas páginas da história de Alcíone, destacando-se personalidades profundamente devotadas a nós todos, qual a de **Samuel**, do que vocês guardam testemunhos em várias cartas repletas de carinho e ensinamento.[1] Esses amigos abençoados, que se demoram em nossa vizinhança, constituem a falange do bem que nos incentiva ao trabalho útil e digno. Renovam-se no grupo quase sempre, em vista dos imperativos de elevação, tanto quanto se modificam os membros de uma família ou de uma coletividade, em suas expressões visíveis, no curso do tempo. Nesse sentido, todos os nossos possuem laços afetivos que os estimulam para a luz, todavia, é imperioso notar que, para fins especializados de espiritualização santificante, as diretrizes se fazem mais condensadas num amigo e cooperador mais assíduo somente quando o agrupamento terrestre se matricula na escola da boa vontade e da aplicação sincera. Se vocês quisessem acentuar na atualidade

---

[1] Nota da organizadora: em referindo-se a personagens do livro *Renúncia*, psicografado por Francisco Cândido Xavier, pelo espírito de Emmanuel, e editado pela FEB em 1944.

as tendências edificantes, com toda a bagagem de minha ternura, não me seria possível personificar um condutor gratuito a oferecer sistematicamente serviços sempre recusados. Como observamos, meu filho, quando um coração, um lar ou uma família delibera buscar mais amor e mais luz na Espiritualidade Superior, nessa mesma Espiritualidade se formam elementos naturais de resposta adequada, não só com as possibilidades de serviço, mas também com expressões individuais de amor que coopera com alegria. Vê a diferença?

Nosso grupo familiar prossegue sob a orientação dos mesmos amigos, em contatos raros com o plano mais elevado, tanto quanto são raras as incursões dos nossos em semelhantes esferas de solicitação superior. Quanto a nós, porém, longe de qualquer nota egoística, permanecemos num trabalho metódico, em que permutamos alegria, experiências e esperanças. Para receber, vocês dão e recebem, e o contato de iluminação espiritual prossegue bem cumprido pelas duas partes interessadas, num círculo e no outro. Imperceptivelmente, vocês já edificaram recursos especializados de que nunca mais se desfarão, como sejam o culto do Evangelho no lar, o estudo do Cristo nas conversações naturais, os serviços de auxílio espontâneo aos semelhantes e, sobretudo, um tipo de fé positiva para uso próprio, que num regime de proteção espiritual mais difusa não seria possível improvisarem. Aspirações e interesses difusos não conseguem amparo senão da mesma natureza, isto é, esporádico e eventual, de acordo com as disposições dos interessados.

Não sei se me fiz claro nessas explicações. Apenas desejo patentear-lhes a certeza de que não sou eu um guia providencial e sim que vocês mesmos, para felicidade minha, se lembraram providencialmente da vida eterna e passaram a trabalhar num propósito mais elevado de treze a quatorze anos para cá. Nessa ascensão, pela qual optaram em boa hora, tem sido possível um serviço valioso e agradável, pelo qual nos rejubilamos de modo geral. Realmente, o trabalho era previsto anteriormente à reencarnação, mas a maioria das pessoas educadas renasce com o trabalho cartografado, previsto, amparado em suas bases, e nega-se a cumpri-lo. Que Deus nos favoreça e ilumine a todos.

Com referência às lutas do Henrique, realmente inquietantes lhe têm sido os anos do recomeço.[2] Ligou-se a diversas criaturas em século remoto e, agora, resgata com muitas dificuldades os compromissos assumidos. Naturalmente, o meio poderia preveni-lo quanto a muitos choques, fortalecendo-o para estas horas de tormento, contudo, sob o ponto de vista espiritual, os recursos materiais dilatados favorecem fugas prejudiciais do espírito reencarnado do trabalho sacrificial de formação das bases para a experiência. Quase impossível vencer a prova e a possibilidade. Para triunfar na primeira, quase sempre é preciso ter lutado com o obstáculo, a impossibilidade e a indisciplina.

Acompanho-lhe o drama desde muito tempo. Suas aflições procedem do século XVI, quando o seu destino foi agravado por desmandos no poder, não obstante guardar consigo um coração nobre e valoroso, de muito tempo até agora. Lastimo-lhe a imersão nas águas turvas do esgotamento nervoso e da desarmonia mental. Contudo, eu creio que todo remédio sabe, invariavelmente, a fel. Por enquanto, a nossa única colaboração só pode ser a da prece. Não o vejo pessoalmente desde muito, entretanto, tenho-o nas orações do sentimento vivo de afeição e reconhecimento. Atravessamos tempos atormentados de resgate individual e coletivo. E, por infelicidade, admiráveis amigos nossos, ao invés de buscarem o refúgio da prece e da meditação como fazemos, excursionaram pelas linhas do desespero, onde colherão apenas novas perturbações e novos desencantos. Roguemos ao Senhor o socorro geral. Sou de parecer que o momento não exige outra coisa.

Estou muito satisfeito com os seus trabalhos de amparo aos doentes. Quem ajuda ajuda-se e quem dá recebe. O su-

---

[2] Nota da organizadora: alusão à personalidade reencarnada do Rei Henrique VIII da Inglaterra.

primento não atinge aquele que não gasta e gastar com o bem é candidatar-se a suprimento divino. Mais tarde, comentaremos nossos assuntos mais detalhadamente.

Desejo-lhes muito boa noite e pedimos a vocês orarem pelo fortalecimento do amigo a quem nos reportamos nesta noite. Que Jesus nos envolva a todos em sua bênção divina, são os votos do papai muito amigo de sempre,

A. Joviano

O CORPO É VASO PRECIOSO

Meus caros filhos, Deus abençoe a vocês todos, concedendo-lhes muita saúde e paz.

Com o meu abraço habitual, venho recordar-lhes o imperativo dos antigripais, mormente em se tratando das circunstâncias de viagem. A estação em trânsito pede homeopatia preservadora. Contra o surto gripal que se vai acentuando em violência, aconselhamos a vocês o uso, ainda que não muito rigoroso, de *Gelseminum*, *Eupatorium*, *Bryonia* e *Ipecacuanha*. Pelo menos dois desses elementos devem ser usados durante 15 dias, e ao Rômulo convém ainda, em se internando pelo Norte, o uso do limão (gotas e não intensivo) nas refeições comuns e na água natural das regiões em visita. Tudo prossegue muito bem e nossa recomendação não traduz receio. Apenas cuidado justo de sempre. **O corpo é um vaso precioso** que 95% das criaturas somente conhecem depois de perder. Valorizemo-lo, assim, prestando-lhe todas as homenagens do nosso carinho.

Sejam felizes! Boa noite a vocês todos, com os meus votos de excelente viagem. E já que Wanda não parte de novo para a América do Norte, poderá fazer, em companhia dos viajantes queridos, uma bela e proveitosa excursão em pensamento. Tem o seu encanto, igualmente, uma jornada mental.

Rogando ao Senhor para que vocês todos continuem detendo os melhores títulos de saúde e tranquilidade, reúne-os num só abraço o papai muito amigo de sempre,

A. Joviano

A SOLIDÃO É ÚTIL À PRECE

Meu caro Rômulo, Deus o abençoe, concedendo ao seu coração muita paz e bom ânimo.

Acompanho suas horas de solidão temporária. Como você observa, o silêncio no lar está repleto de vozes. A princípio, são indistintas, mas com o decurso das horas se fazem imperiosas, quase tirânicas. **A solidão é útil à prece** e ao suprimento das energias espirituais, entretanto, não vivemos para consagrá-la. Não ajuda ao homem. Não soluciona as questões da alma. Respiramos a vida divina para transmitir-lhe os recursos sublimes, suscetíveis de ser armazenados por nós aos nossos semelhantes. É imprescindível dar ou transpor horizontes. E para dar precisamos sempre de muitos companheiros que nos absorvam as possibilidades. Peço a Jesus para que as nossas queridas ausentes regressem fortes e tranquilas.

Muito fruto valioso advirá de sua viagem ao norte mineiro. Em todo o trabalho digno, a palavra funciona por bendita semente de renovação. Deus abençoe os seus esforços.

Ouço-lhe as observações com referência aos passes e sinto sincera satisfação diante de seu interesse no assunto. Eu também estou ali aprendendo, tanto quanto acontece a você, e espero que com o tempo venhamos a enriquecer a mente de expressões cada vez mais valiosas nesse setor de serviço assistencial. Não posso ver toda a estruturação espiritual da câmara protetora do serviço, porque se me é possível identificar os necessitados de ambos os planos que nos visitam não disponho de suficiente visão para perceber o manancial de recursos "de Cima". Apenas posso declarar a você que um tanto ao alto se forma um núcleo irradiante de grande poder vibratório, constituído por material luminoso, aí depositado pelos companheiros de mais experiência e poder, que nos presidem as atividades. Essa fonte de luz, móvel e brilhante, casa-se às forças que emitimos por nossa vez, nós e outros espíritos de nossa condição que se acham ali interessados em auxiliar o próximo, e a tarefa recomeça, sempre nova em cada sessão. Os quadros que se põem a caminho, a fim de encontrarem o nosso, quanto aos encarnados que nos procuram, são os mais extravagantes e dolorosos que você possa calcular. Crimes hediondos, perseguições violentas e paisagens mentais sinceramente deploráveis se esboçam ao nosso olhar. Esta, a meu ver, a mais importante função de um socorro magnético, qual o que começamos a medicina espiritual preventiva, eliminando probabilidades sinistras de consumação do ódio, da perversidade e da violência. Ali, para meu modo de pensar, não interessa o que sofre dores no corpo de carne, não obstante os doentes desse teor nos merecerem o respeito mais amplo, e sim os enfermos da mente, que se contam por milhares em todas as direções. Você não pode imaginar as formas inquietantes e lastimáveis que o pensamento transviado produz. Pensamento é energia plástica muito mais importante que possamos supor quando no corpo de carne. Há pessoas que chegam aos passes detendo nos órgãos certas formas de armas contundentes! Rara é a noite em que não tenhamos de extrair um "corpo mental cortante" do perispírito de numerosos pacientes. De outras vezes, determinadas "formas indescritíveis" são retiradas por nós no trabalho assistencial, nascidas e fixadas dos desejos mórbidos de encarnados e desencarnados, quando não provenham de golpes de força física. Um homem que esbofeteia um outro fere pouco a máscara de carne em comparação com os resíduos de ódio que lança e incorpora no organismo perispiritual do contendor. Sozinhos ali não poderiam atender a um doente sequer. Temos várias entidades de africanos simpáticos e de índios estudiosos que colaboram conosco no serviço junto à matéria mais densa. Há espíritos que sabem ensinar com maestria os caminhos evangélicos, mas, por vezes, não atendem aos imperativos de nossa missão, pois seria um absurdo convidar uma professora delicada e culta, depois de uma preleção valiosa no magistério, para extrair um tumor nas mãos de um demente. Cada máquina deve possuir o seu operário. E um operário que movimente muitas máquinas ao mesmo tempo não é comum, permanecendo em qualquer oficina por determinações extraprogramadas, tornando-se indispensável, para o nosso ponto de vista, no trabalho jogar em proveito de todos, com os elementos rotineiros em mão. Compreende, pois, a importância de especializarmos o maior número possível de servidores para a tarefa sempre mais exigente? Doenças de perispírito, entidades acidentadas, casos dolorosos, complicações sem conta por efeito de imantações são em grande cópia na sua tarefa. Há um conceito muito vulgarizado que se adapta às nossas necessidades de definição: é o da "limpeza psíquica". Você não pode, por enquanto, fazer ideia do valor de uma conversação espiritualizante com o necessitado. Muitas vezes, funciona como calmante benéfico, de outras, por intervenção oportuna. Nesses momentos, porém, não obstante o culto que rendemos à verdade, a paciência infinita, a delicadeza indiscriminada, a cordialidade sem fim não devem ser esquecidas. A modificação do tom vibratório para o bem, por parte de cada mente que nos procura, é muito importante e isso não conseguiremos repetindo a verdade que na maioria das situações é amplamente conhecida do próprio enfermo. O estímulo é a única moeda capaz de soerguer o espírito caído — no crime ou nas paixões. Estimaria dar a você notícias dos fenômenos luminosos que se produzem na tarefa, mas, francamente, resumem uma particularidade técnica sem maior importância e para cuja definição temos, por enquanto, absoluta escassez de vocabulário. Importa de nossa parte conduzir um espírito sereno e compreensivo, fervoroso e fraterno, com a decisão de servir em nome de Jesus. O resto virá.

Quanto à vidência, tenho esperança de que as suas faculdades se desenvolvam, nesse sentido, em tempo próprio. Não ficaria satisfeito, de meu lado, em escutar alguém que lhe descreva o ambiente. Sentir-me-ei feliz no dia em que sua própria capacidade visual estiver funcionando e isso pode verificar-se mais breve do que pensa. Bastará retirar a mente, um tanto cada dia, dos problemas absorventes de trabalho terrestre a que ainda é você obrigado a dispensar maior atenção e focalizá-la na direção do nosso plano. Pode crer que as suas observações serão valiosas e renovadoras, acentuando-lhe maior riqueza de possibilidades no socorro aos que necessitam. A princípio, o contato será nebuloso, impreciso. Entretanto, creio que em pouco tempo você experimentará dificuldade em transmitir a outrem o que lhe for permitido verificar, não somente por deficiência de palavras, mas também pelo cuidado que a responsabilidade da visão psíquica nos infunde ao espírito. O campo está aberto.

Continuemos trabalhando com as esperanças centralizadas no Cristo e aguardemos o futuro, produzindo todo o bem que se faça possível ao nosso esforço. Sua saúde física vai bem melhor, mas insisto na sua permanência, por alguns dias, na praia. O ar marinho beneficiar-lhe-á o "clima circulatório". Temos necessidade desse recurso da natureza. A medicação homeopática e a assistência magnética estão funcionando otimamente, todavia, há problemas do protoplasma que, de quando em quando, aconselham a volta do corpo físico aos ares de sua "matriz", o mar acolhedor e renovador. Espero que tudo nos corra bem.

Com os meus votos de saúde e paz a todos vocês, abraça-o muito afetuosamente o papai muito amigo,

A. Joviano

EXPERIMENTAÇÃO PARA A VIDÊNCIA

Meus caros filhos, Deus abençoe a vocês, conferindo-lhes aos corações muita paz e saúde, luz e alegria.

Em vésperas da viagem nova a que se veem compelidos pelo imperativo da missão atual, rogo ao Senhor lhes conceda, como sempre, alegria e bom ânimo no desempenho do dever edificante. Desnecessário dizer que estaremos juntos tanto quanto me for possível. Com o auxílio divino, espero tudo nos corra segundo a nossa expectativa de satisfazer os superiores desígnios.

Vejo à sua frente, meu caro Rômulo, o material de **experimentação para a vidência** e formulo votos para que você seja muito feliz no empreendimento. Creio que se Maria acompanhar-nos nos estudos teremos mais probabilidades de êxito, pois será um acréscimo precioso de energias em nosso favor. É a nossa própria força que, projetada no cristal categorizado por zona de referência, é o poder plástico suscetível de receber as imagens ou avisos emitidos por nosso campo de matéria rarefeita.

Curioso observar que em todo o trabalho o impulso do servidor é a base da vitória desejável. Recebendo a cooperação do aprendiz, quem ensina sempre pode realizar muito. Convença-se, porém, meu filho, de que a sua capacidade mediúnica já está sendo largamente experimentada. Toda vez que se recolhe com os doentes, a fim de socorrê-los por amor, sem qualquer outro propósito que não seja bem fazer, amigos espirituais lhe utilizam a dedicação para semearem a bondade construtiva. O verbo mobilizado em seu serviço de passes não é seu em mais de noventa por cento. Benfeitores invisíveis se valem de sua voz tanto quanto de suas mãos para plantarem o bem puro e simples. Esteja certo de que semelhante forma de mediunidade é das mais valiosas, porque consagra num grande círculo de benfeitores e beneficiados o princípio cristão de que "não deve saber a mão esquerda o que dá a direita". As vantagens ocultas são enormes.

E por falar nesse assunto, muito grande é a nossa satisfação observando a nota decisiva dos últimos dias quanto ao Centro Espírita Luiz Gonzaga. O plano de adaptação e aproveitamento parece-nos realmente apreciável e digno do cometimento novo. Nós mesmos estamos admirados com a facilidade com que se vão movendo os bastidores da assistência em favor da obra. No aposento reservado aos passes, já que podemos pedir alguma coisa, é de nosso desejo haja água corrente e todos os apetrechos necessários ao serviço simples, quais pia e toalhas perfeitamente brancos, inclusive as paredes, exceção dos portais de madeira, em que poderão empregar uma cor repousante, isto é, não demasiadamente viva. Quanto ao mais, acreditamos tudo deva ser tão simples quanto possível. Ainda mesmo considerando a inquietação de inúmeras pessoas que chegam até aqui, supomos que a sala a ser edificada não deva apresentar qualquer novidade em matéria de posição para os assistentes. Somos defrontados na atualidade por questões anormais na vida de uma associação e tido o que é anormal chega e passa. No momento, somos constrangidos a contar com uma onda de curiosidade mais destruidora que edificante, e não devemos alimentá-la. Conservar o aspecto de simplicidade ali é uma obrigação para nós todos. Cremos que o assunto se desdobra com muita espontaneidade e muita bênção do Alto. Rendamos graças a Jesus e esperemos a boa luta. Grande é a felicidade de quem recebe uma dádiva, mas se não há serviço em que possa brilhar qualquer dom excelente traz mais complicações que benefícios. Construamos com amor como quem sabe que sem interesse do coração obra alguma é capaz de viver, e sem apego individual como quem não desconhece os imperativos do Alto, que tudo dá e tudo renova, segundo as nossas necessidades.

De qualquer modo, estamos sinceramente satisfeitos. A instituição exigia essa amplificação. Você tem experiência em sustento de rebanhos. Imagine as dificuldades dos amigos desencarnados para alimentar tantas mentes com tanta angústia de espaço! Há muita gente afirmando que o espaço deixa de existir para quem atravessou as portas do túmulo. Isso, contudo, somente se aproxima da verdade para os raríssimos espíritos que completaram o ciclo de experiências na crosta planetária. Para nós, entretanto, o espaço é ainda o espaço. Não precisamos do latifúndio para trabalhar, mas necessitamos de lugar. Louvemos o Mestre divino que tanto nos concedeu colocando-se ao encontro de nossas necessidades.

Espero, Maria, que você recolha muitos benefícios da viagem. Conversei com o receitista amigo sobre o aproveitamento de tempo nos próximos dias e ele me disse que você poderá usar, com êxito, depois da homeopatia, o *Nevrosthenine Freyssinge*. É um cordial valioso para a memória, pela bagagem de fosfato com que socorre o órgão de manifestação do pensamento. Você vai encontrar grande melhora. Dentro da nova ausência do lar, sempre que lhes for possível, usem mais verduras na alimentação. É medida proveitosa. Faço votos, meus filhos, pela alegria e conforto de todos vocês na nova tarefa.

Estamos trabalhando pelo nosso amigo Caio Márcio.[1] Não somente minha amizade, mas também a de muitos outros amigos nossos e amigos dele. Pensando nas lutas e problemas que colhem um companheiro, é útil meditar na brevidade de uma existência no corpo físico. Tomemos por alicerce da paz interior a vida eterna, com o seu rio maravilhoso de séculos e

---

[1] Nota da organizadora: em referindo-se a Caio Márcio Renault, filho de Abgar Renault, primo de Rômulo. Passava, quase sempre, as férias escolares na Fazenda.

vidas incontáveis. Essa meditação faz bem à alma e estimula o coração a prosseguir no serviço do bem com Jesus.

Rômulo, ainda para você aconselho o uso metódico do *Kalmia Lat.* e *Staphysagria*. Serão bons companheiros de sua viagem. Sigam tranquilos e felizes sob as bênçãos de Deus. E que Ele nos fortaleça a todos são os votos que faço com todo o meu coração.

Antes de terminar, consigno nestas páginas, em nome de vários amigos, um abraço coletivo de felicitações à nossa devotada irmã Júlia, pela passagem do natalício.[2]

Com o meu pensamento afetuoso e reconhecido, sou o papai muito amigo de sempre,

A. Joviano

---

[2] Nota da organizadora: vovó Júlia fez 69 anos naquele dia. Nasceu em 15 de setembro de 1879. A título de informação, faleceu em 29 de novembro de 1974, no Rio de Janeiro.

IRMÃ AMÉLIA

Meus caros filhos, Deus abençoe a vocês todos.

Apenas algumas palavras. A nossa abnegada irmã Amélia escreveu com o valor espiritual que lhe conhecemos, não obstante achar-se muito sensibilizada. Não tem estado ininterruptamente em companhia do General para não comovê-lo mais do que seria justo e necessário. Acompanha-o, de dois em dois dias, a conselho de amigos mais experientes que lhe assistem o caso. Estamos todos colaborando como nos é possível, não escondendo, porém, a vocês, as dificuldades naturais. Temos todo interesse em que o nosso estimado enfermo demore no corpo físico tanto quanto lhe seja possível, mas, como sabem, o sistema circulatório dele não nos inspira uma confiança ilimitada. Assim, estejamos contentes com a expectativa de dilatação do seu tempo na Terra, convencidos, por outro lado, de que é possível sofrermos contrariedades em nossos desejos.

Permaneçamos, porém, vigilantes e confiantes. Graças ao Alto, tudo tem sido providenciado à altura das necessidades que a situação nos trouxe. Felicito a vocês todos pelo êxito na viagem e ao Rômulo pela visita à Marquês de Abrantes.[1] Conversaremos mais tarde.

Boa noite para todos. Recebam saudoso abraço do papai,

A. Joviano

---

[1] Nota da organizadora: em referindo-se à rua em que a família residia no Rio de Janeiro.

CONCESSÃO DE MAIS TEMPO

Meus caros filhos, Deus abençoe a vocês, conferindo-lhes muita paz e bem-estar aos corações.

Hoje é possível conversarmos um pouco mais detidamente sobre o problema que nos preocupa. Não será culto à dor, nem precisamos disso. Estamos em pleno clima de vida eterna. Dificuldades do reino carnal passam compulsoriamente para o nosso entendimento da atualidade ao campo secundário da vida.

Referimo-nos à saúde do nosso amigo General Aurélio para reafirmar-lhes os nossos votos de êxito no "empreendimento espiritual" do reerguimento de suas forças. Não estamos alheios ao tratamento e creiam vocês que muito me comovem os pensamentos de confiança que me dirigem. Esperamos prosseguir no serviço de manutenção de suas energias por mais tempo, entretanto, vocês façam quanto estiver ao alcance por assistir o nosso querido enfermo. Nada, porém, de notas menos alegres. Contentamento e bom ânimo hão de ser nossa senha junto de seu espírito valoroso.

Recordar-se-ão de que no início de 48 designamos a **concessão de mais tempo** ao nosso estimado enfermo por importante dádiva recebida. O estado orgânico do General era bastante precário, em vésperas da viagem que levaram a efeito à América do Norte. Todavia, as circunstâncias difíceis daqueles dias de outubro de 47 eram tantas que todos nós, os amigos dele, impetramos o favor a quem de direito e, graças a Deus, o assunto foi adiado, com a felicidade de sua vinda pessoal neste ano ao lar da filha predileta, que tanto bem lhe conduz à esfera íntima. E ainda agora, quando não nos era mais possível evitar o desequilíbrio circulatório, nova bênção solicitamos — a bênção de se lhe conservar intacto, tanto quanto possível, o mecanismo da razão. O fenômeno interessou diversos centros cerebrais, mas até agora, com o auxílio do Alto, o seu santuário de compreensão e raciocínio edificantes não foi alterado. Não obstante em dificuldades naturais nas primeiras horas, o que era justo, diante do fenômeno insólito, a sua lucidez tem sido preservada. Assiste, conosco, a renovação espiritual, benéfica e proveitosa. Suas meditações são claras e firmes. É razoável que o cansaço lhe assinale a demora em determinada zona de pensamento, contudo, vem lucrando expressivamente nestes dias de "silêncio interior", em que procura a voz espiritual dos entes amados que o precederam na grande viagem e a encontra, não obstante indeciso, pelas imprecisões do conflito entre o espírito fortalecido e o corpo abatido.

Tenho estado frequentemente ao seu lado e anoto-lhe com sincera satisfação o processo iluminativo. Nossos amigos se esforçam por restituir-lhe os "dons físicos", porque entendemos aqui, na pauta de nossas experiências presentes, que o fruto quanto mais amadurecido mais útil e mais belo à mesa da espiritualidade divina. Todavia, prestando-se-lhe, embora, toda a assistência possível, estejamos habilitados a auxiliá-lo em qualquer emergência nova.

A questão das visitas foi muito bem resolvida. Nada lhe falta. As dedicações sublimes que ele semeou permanecem selecionadas junto ao seu coração. Eu sou agora dos que acreditam na eficácia de um bom decreto doméstico contra visitação sem utilidade prática para todos os irmãos e amigos que se demoram incomodados no corpo doente. A peça em reparação dentro de uma oficina respeitável dispensa olhos curiosos, porque não reclama senão socorro de quem pode mobilizá-lo, a benefício do reajustamento próprio.

Com grande satisfação vejo o grande número de amizades de que o General dispõe em nosso plano. Como é belo, meus filhos, servirmos neste mundo a alguma causa digna! Servir por amor ao trabalho e ao bem! Vejo nos dias que correm que a equação do problema salvacionista depende 95% das forças, atitudes e trabalhos que exteriorizamos de dentro para fora, reservando-se apenas 5% às possibilidades da crença titular que esposamos de fora para dentro. A conduta e o caráter permanecem acima da confissão religiosa. Os irmãos da Cruz dos Militares trocam dias para auxiliar o nosso doente.[1] Não é possível saber, de momento, quem chega, se um oficial ou um soldado. A fraternidade dos que volvem a amparar o amigo fiel é, sinceramente, admirável! As organizações humanas, realmente, como as almas encarnadas, guardam uma estrutura visível e outra invisível.

Como observam, tudo vai bem e, se for possível, se Deus permitir, o nosso intento é de que o nosso companheiro de luta, admirável na sua lealdade, permaneça mais tempo aí, restaurando-se-lhe as energias através de todos os meios ao alcance de nossas possibilidades. As vibrações daqui funcionam muito bem em favor dele.

Quanto às suas impressões, meu caro Rômulo, impressões da viagem última em que reparou tanta movimentação de pessoas e tanto distúrbio na orientação espiritual delas, acredite que a alteração é mais nossa que do mundo. A fermentação da massa é semelhante à do formigueiro, em muitos característicos. O que é tem sido há muitos séculos. Quando nos diferenciamos, contudo, o quadro se modifica. Quem permanece no vale costuma observar os vizinhos ombro a ombro, sem grande raio de visão, mas quem alcance eminência, ainda que reduzida, vê mais longe, não só os vizi-

---

[1] Nota da organizadora: General Aurélio foi, como se deduz das mensagens colecionadas no livro *Militares no Além* (VINHA DE LUZ, 2. ed., 2009), provedor da Irmandade da Santa Cruz dos Militares por vários anos. Para maiores dados da família Amorim e Joviano, sugerimos a leitura de *Sementeira de luz* (VINHA DE LUZ, 5. ed., 2015), *Deus conosco* (VINHA DE LUZ, 4. ed., 2014), *Militares no Além* (VINHA DE LUZ, 2. ed., 2009), *Colheita do bem* (VINHA DE LUZ, 2010) e *Depois da travessia* (VINHA DE LUZ, 2013), todos psicografados por Francisco Cândido Xavier. A título de informação, vovô Aurélio desencarnou em 11 de novembro de 1952, no Rio de Janeiro, aos 83 anos.

nhos, mas a planície vasta, de cima para baixo, espantando-se com a situação da paisagem. Esse é o caminho da ascensão. Os tímidos voltam à estação de origem, os comodistas descansam no ponto alcançado, mas os fortes prosseguem subindo, mormente quando se ajustam ao pensamento daquele que se elevou até a cruz. Não é de admirar, portanto, a diferença de vibrações que você encontra presentemente nos climas vários que visita, atendendo às injunções do seu cargo representativo. Essa diferença crescerá com o seu crescimento espiritual. Isso é uma fatalidade que nos ocorre a todos.

Continuem atentos para com os problemas de saúde. Preservemos o tesouro da vida terrestre para enriquecê-lo com mais vasta expressão de trabalho.

Boa noite para todos, com os meus votos sinceros de alegria, paz e luz.

Desejando-lhes bênçãos mil, com a claridade do Cristo a brilhar entre nós, abraça-os muito afetuosamente o papai muito amigo de sempre,

A. Joviano

ANDRÉ LUIZ

Meu caro Rômulo, Deus abençoe você, conferindo-lhe ao coração muita paz e saúde, otimismo e bom ânimo.

Sinto o perfume das flores da noite de 27 e lembro com saudade a presença de Maria, porque, embora esteja-mos todos unidos pelos laços espirituais, é sempre doce ao coração, em certos momentos, auscultar a emotividade do grupo inteiro. Renovo-lhes, porém, aqui, os meus votos de muita felicidade, esperando no Senhor Jesus possam vocês receber largos anos de bendita atividade na Terra.

Louvo o interesse que o seu espírito centraliza no tra-balho em formação. Essas páginas de **André Luiz** rasgam ho-rizontes novos e descerram quadros que surpreendem sem ferir o olhar, porque dosadas com infinita cautela fraternal.[1] O que vocês podem depreender dos assuntos em foco é que não é tão fácil a subida para o Céu. Os raios de nossa própria vida cercam-nos em todas as direções e marcam-nos a alma, onde estivermos. Poderes profundos guardam os patrimônios terrestres e a luta, no drama evolutivo, não se limita a ques-tões de palavras. Quisera poder trazer-lhes tudo o que, de novo, tem sido ofertado à minha alma, entretanto, estou li-mitado aos caracteres humildes que definem o verbo huma-no. Para quem ultrapassou a fronteira próxima, o noticiário é invariavelmente difícil. Estamos, além da morte do corpo, à maneira de trabalhadores libertos que viessem falar da am-plitude da vida aos companheiros que se demoram confina-

---

[1] Nota da organizadora: em referência ao livro *Libertação*, psicografado por Francisco Cândido Xavier e ditado por André Luiz. Foi editado pela FEB em 1949.

dos à estreiteza de um pátio. Somos obrigados a usar os mesmos símbolos de outro tempo, circunscrever-nos às mesmas palavras e cuidar de não nos excedermos muito em qualquer comentário, a fim de evitarmos o julgamento em desacordo com a realidade. Vejamos, por exemplo, o nosso caso em reuniões como esta. Não obstante guardar experiências que se vão dilatando com os dias, sinto-me compelido a retomar a mesma fraseologia de outra época, amparar-me num lápis e não desejar imprimir notícias, embora carinhosas, apressadamente, de modo a não prejudicar-nos os interesses mútuos, dentro da compreensão desejável. Grande é a luta, meu filho, por alcançarmos novas metas e o nosso esforço de superação dos limites no "conhecido" há de ser incessante. Por isso mesmo, aprecio-lhe o devotamento ao estudo edificante em nossas atuais linhas de realização espiritual, porque, através de suas indagações silenciosas e de suas meditações constantes, é-me possível carrear para seu conhecimento, operando de mente a mente, os grãos de ciência nova que vou entesourando pouco a pouco, à maneira da ave que voa longe sem esquecer o amoroso ninho. E alegro-me toda vez que lhe encontro a palavra sediada nesses assuntos da edificação eterna, porquanto o verbo bem conduzido, quando substancioso, é um campo favorável à sementeira de nossa cooperação espiritualizante. Encha seus dias de pensamentos e palavras renovadoras, porque, desse modo, seus atos vão deslocando o eixo da vida para zonas superiores.

É muito fácil falar em Paraíso, mas muito difícil sair do chão. Não desejamos instalar em vocês qualquer noção de superioridade apressada e sou daqueles que reconhecem no serviço ao chão ministério dos mais dignos neste mundo para benefício do Universo. Entretanto, aqui me refiro à nossa necessidade de idealismo santificante, de alimento divino para divinizar a vida que vivemos, em qualquer plano.

Felizmente, para nós, fomos agraciados com extenso material de estudo dentro da lei e da lógica associadas, e se é verdade que a nossa responsabilidade cresceu nossas alegrias não são menores. Grande é o nosso tesouro para a eternidade e devemos rejubilar-nos em lhe reconhecendo a sublime expressão. Longo é o caminho e precisamos edificar ainda muito.

No setor de nossos problemas domésticos, será necessário dizer que estamos a postos colaborando em favor do nosso amigo General Aurélio. O quadro orgânico vem apresentando modificações mínimas, todavia, a sua tela espiritual vai se iluminando gradativamente. Maria e Wanda fizeram bem tornando ao convívio dele por mais alguns dias. Por mais se lhe oculte a sensibilidade no manto admirável da fortaleza digna com que recebeu a modificação, experimenta grande necessidade de ternura. Somos todos egressos da juvenilidade e não podemos avançar sem os recursos confortadores das bases. E as bases ainda pertencem ao amor, ao carinho, à abnegação com que somos seguidos de perto por aqueles que amamos. Esperemos os dias porvindouros. Vamos fazendo pelo estimado enfermo quanto nos é possível à limitada influenciação.

De seus trabalhos magnéticos, que posso definir como sendo "nossos", guardo a melhor esperança, com vistas ao presente e ao futuro, considerando não só as possibilidades em mão, mas também algo que já temos efetuado em mais de três anos de ação pública e ativa. Você verá, meu filho, que aquela sementeira nos dará extensa lavoura. O seu trabalho crescerá muitíssimo e não só eu que lhe acompanho com "olhos de pai", mas também amigos e benfeitores nossos, encaram, com muito interesse, o lançamento das bases do grande serviço que aguardamos de seu concurso, em porvir próximo. Observará então, conosco, a alegria da ação benéfica presidida pelo "devotamento invisível", com a nossa colaboração. A vida é uma luz que se mantém num vasto sistema de cooperativismo, em que, desde o átomo até o astro, cada elo fornece alguma coisa aos elos que lhe são próximos e nós recebemos a dádiva de transfundir em nossas mãos abençoada energia do Poder Maior, em favor dos nossos semelhantes e de nós mesmos.

Sua saúde, felizmente, vai bem. Necessário não esquecer, de quando a quando, os nossos "elementos amigos" da homeopatia, com a proveitosa observação de regime simples em alimentação, mas nesse terreno não preciso estender-me, porque você se vai convertendo em excelente médico de si mesmo. Prossiga, qual vem fazendo, ajudando-se com energia e valor. O trabalho é a bênção que desintegra qualquer espécie de neblina das zonas inferiores, clareando-nos os horizontes.

Trabalhemos felizes, e que Jesus nos abençoe. Muito desejava estender-me mais intensa e extensivamente em derredor dos serviços a que nos consagramos, todavia, devo parar aqui.

Deus o abençoe e lhe multiplique as forças na batalha de cada dia. Forte é aquele que sabe servir sempre no bem de todos e sinto-me feliz identificando-lhe a coragem e a firmeza no esforço diário pela edificação geral.

Com um forte abraço, de coração a coração, guarde as saudades do papai,

A. Joviano

SIGA O PROFESSOR ANTES DO TÉCNICO

Meus caros filhos, Deus abençoe a vocês, conferindo-lhes muita paz aos corações e muita robustez às forças físicas.

Nosso culto doméstico do Evangelho de terça foi transformado por antecipação no culto de oração de quarta-feira. E com a permissão do nosso amigo João de Deus Macário venho apresentar-lhes minha visita antes da viagem nova.

Tenho hoje meu coração de algum modo dolorido. O Dia de Finados, com as vibrações de que se acompanha, é francamente inquietante, não por nós que já queremos viver eternamente em Cristo, mas pelos outros que amamos e que na Terra ou na Espiritualidade querem caminhar para a morte. Tantas flores, tantas lágrimas e tanto movimento sem proveito justo... A obra de salvação não permanece num ramo de flores doado ao sepulcro e nem os problemas da vida se resolvem com a visita aos cemitérios. É doloroso observar tanta incompreensão num culto *in memoriam*, que deveria ser traduzido por bênçãos de vida imperecível. Mas não me reporto apenas aos que respiram no corpo. Amigos nossos, que já deixaram o veículo de carne, desde muito ou há poucos dias, se entregam, descuidados, à romaria do pranto. E, realmente, as cenas são amargas, dilacerando-nos os corações. Preces em particular não peço hoje a vocês, porque os necessitados são tantos que a rogativa de minha parte pecaria pela impropriedade flagrante. Mas elevemos nossos pensamentos ao Alto por todos. Muitos vieram até aqui e já recebem os benefícios decorrentes de nossas orações.

Com muito carinho, desejo dizer a vocês que irei igualmente acompanhando-os no serviço a que se consagrarão nos próximos dias. O trabalhador fiel, meu caro Rômulo, em sua condição, não pode esmorecer e precisamos sustentar o padrão de atividade benéfica e salutar onde quer que estejamos. Eu sei o teor de suas meditações em nos referindo a Uberaba. Em verdade, não é justo que um amigo desencarnado se interne através de palpites, com alusão à luta material. Entretanto, a amizade tem uma voz invariável nas mais diferentes situações e não devo fugir aos ditames do coração. Não precisamos temer a brutalidade de certos ambientes em que o domínio do individualismo menos afeiçoado ao bem ainda é a tônica das ocupações e conversações, contudo, é útil guardarmos a máxima serenidade diante da ignorância ou da incompreensão. O serviço público é a escola mais alta da vida humana para quem, efetivamente, deseja aprender. Desse modo, faça a sua excursão, não só representando uma comissão de compras, mas, acima de tudo, um professor de tolerância, com demonstrações efetivas do poder da gentileza, embora guardando a linha de respeitabilidade em todas as suas ações. Os homens do campo no Triângulo revelam diversa psicologia do nosso homem ruralista das montanhas. É uma variedade de gaúcho entre o espírito de Minas e São Paulo, para não dizermos coletividade oriental, habituada a paisagens nuas e pobres, buscando impor-se às dificuldades do meio e fazendo da própria vida um império particular da vontade exclusivista. Sinceramente, são eles respeitáveis pelo trabalho digno, mas precisam de muita experiência para integrarem a máquina coletiva, à maneira de peças bem ajustadas ao interesse de todos. Espero que você seja muito feliz em seu empreendimento e estarei com vocês dois por lá.

Conhecendo, porém, o ardor com que você defende nobremente a tarefa pública depositada em suas mãos, peço-lhe não se impressionar com reclamações ou incompreensões eventuais. **Siga o professor antes do técnico** e resolveremos muito bem o problema da hora.

Quanto à saúde, não se esqueçam de nossos elementos costumeiros. O azeite doce aconselhado com muita oportunidade à Maria lhe fará igualmente muito bem. Poderão ambos usá-lo durante alguns dias, com o que receberão grande proveito.

Temos acompanhado o nosso amigo General Aurélio quanto nos é possível e, graças a Jesus, registramos com enorme alegria a docilidade com que se vai adaptando à influência materna. Vem lucrando com intensidade no setor espiritual e dá prazer observar-lhe a calma e a resignação construtivas nos momentos difíceis que vão passando. Estamos muito encorajados e não nos esquecemos de todos os serviços a que faz jus, mantendo-nos em vigilância por defender-lhe a serenidade e sustentar-lhe o equilíbrio.

A vida humana é uma longa preparação para a vida mais alta. Desde que a alma se reveste de roupagem carnal, outra ação, no fundo, não desempenha acima do curso preparatório à frente da Espiritualidade. Estejamos, pois, unidos em nossa boa vontade para com os desígnios do Senhor, quaisquer que sejam.

Muita paz e reconforto para vocês é o que desejo, esperando que os melhores resultados possam advir dos seus trabalhos de sempre. E reunindo-os num grande abraço sou o papai muito saudoso que não os esquece,

A. Joviano

VÍBORAS MENTAIS

Meus caros filhos, Deus abençoe a vocês, conferindo-lhes muita paz aos corações.

Em verdade, a nossa experiência foi das melhores. Não é fácil exterminar certas **víboras mentais** quando projetam veneno em derredor de nossa influenciação pessoal, porque a peçonha é sutil e envolvente, derramando fogo e morte em torno do caminho que trilhamos. Sem o espírito do Cristo, é difícil fazer como Paulo, quando sacudiu a serpente sobre as labaredas destruidoras, porque o espírito propriamente do mundo se incumbe de vitalizar-lhes as correntes malignas.

Vocês estão satisfeitos, mas eu mais ainda! A assistência espiritual de um amigo não se efetua quando o assistido não forma clima conveniente. É preciso dar para receber. E vocês nos proporcionaram uma grande boa vontade, repleta de serenidade e otimismo sadio.

Quando me reporto a "víboras", não desejo entronizar o mal. Não. A serpente em si não constitui senão uma "zona inferior" da vida, requisitando-nos atenção. A cobra não é culpada de transportar consigo uma bolsa mortal, assim como o touro irado não tem consciência dos chifres rudes com que investe sobre o transeunte invigilante. Urge tudo ordenar e coordenar para o bem, a fim de que as oportunidades educativas não se percam.

Eu sei que você, meu caro Rômulo, se estivesse imbuído de "espírito humano", já teria deixado a maior parte daqueles amigos entregues a si próprios, alheiando-se das realizações com que vão desempenhando as suas funções diante do Senhor e da natureza. E se você assim fizesse, num movimento justo de retirada, sob o ponto de vista terrestre, perseveraria o "veneno" em torno de seus passos. Mas, felizmente, sua compreensão superou o obstáculo. Você nunca menosprezou o ensejo de trazê-los ao bom entendimento. Valeu-se de todas as ocasiões para fazer-lhes sentir a honestidade de sua cooperação a bem da comunidade que representam e sempre que lhe foi possível amparou-lhes as dificuldades, solucionando-as, tanto quanto possível, ao seu coração de administrador. E, felizmente, o espírito do Evangelho, operando em sua missão humana, reconquistou a maior porção dos incompreendidos, dando-lhes material mais elevado de pensamento acerca de seu esforço e dedicação.

Fui com vocês e com ambos me encontro de volta, e louvo a medida econômica que puseram em prática no setor do salvacionismo rural, mas, acima da compra dos bovinos, o que me alegra é a paz espiritual que você readquiriu de um ambiente em que a harmonização desejável ainda me faz tão difícil.

Grande é o ensinamento e não devemos perdê-lo. Prossiga, assim, atento aos fundamentos espirituais antes das vantagens de ordem humana e verá o tesouro de bênçãos que lhe crescerá incessantemente nas mãos. Tive o prazer de estar com vocês em todos os momentos e sou eu quem agradece a vigilância amorosa com que, muita vez, se voltaram para mim, em pensamento. Que Jesus os abençoe, amparando-lhes os corações, a fim de que a nossa sementeira no bem continue cada vez mais rica e mais edificante.

Registro, com sincera satisfação, a passagem do natalício de Wanda e Roberto, nos últimos dias. A luta natural e construtiva da estrada não me faz esquecer a flor perfumada de alegria que o aniversário deles nos sugere aos corações. Peço-lhes sejam portadores a ambos de meus "votos exteriorizados" de muita saúde, felicidade e paz, hoje e sempre. Não preciso dizer que o vovô continua a postos, amando-os e servindo-os, no que sempre se sente tão feliz. Não escrevo aos dois, particula-

344

rizadamente com mais frequência porque os pássaros, depois de emplumados, e em saindo do ninho, precisam aprender a ciência do voo sem interferências que não sejam as dos pais carinhosos e vigilantes, e nesse assunto Wanda e Roberto possuem em vocês dois duas colunas de proteção, direção e amor suficientemente fortes e bem orientadas para provê-los do material de conselho e de luta de que necessitam.

Assim, esperemos o futuro, confiando as nossas crianças à bênção divina. Que o Senhor lhes conceda luz e paz, saúde e bom ânimo.

Ao nosso amigo General Aurélio, vou visitar como sempre. Formulamos votos para que esteja sereno e confiante na boa luta.

Estou acompanhando a saúde de ambos com o interesse de sempre. Os dentes hão de receber o nosso concurso para que os problemas sejam bem resolvidos.

Esperando, desse modo, que vocês estejam muito encorajados e felizes, e reiterando a minha gratidão pelo carinho com que me aceitaram as sugestões na batalha silenciosa que vimos de vencer com tanta alegria e agradecimento a Deus, abraça-os, muito afetuosamente, o papai muito dedicado de sempre,

A. Joviano

AS DIFICULDADES PASSARÃO APRESSADAMENTE

Meus caros filhos, Deus abençoe a vocês, conferindo-lhes muita paz aos corações.

Com a minha visita afetuosa, venho cumprimentar o Rômulo pelo êxito obtido. Estou satisfeito com a fase número um do trabalho e sigo-lhe os passos, meu filho, no sentido de garantir-lhe, quanto me for possível, o clima interior de bom ânimo. Há situações em que a nossa melhor atitude é a de rendição da vontade ante os desígnios superiores aos nossos. O dentista, realmente, é um homem importante em nossa caminhada terrestre e chega sempre um momento em que devemos requisitar-lhe a colaboração eficiente e decidida.

Sinto-me deveras contente com o seu bom humor e serenidade. Aliás, você possui em Maria a enfermeira ideal e note que ela tem toda razão incentivando a solução desse problema. Estou convencido de que a sua saúde, em geral, lucrará bastante com a remoção definitiva de certos núcleos permanentes, mantenedores de focos infecciosos, prejudiciais à harmonia comum do campo físico. O seu trabalho nesse sentido é muito precioso e oportuno.

Você poderá repetir as mesmas indicações anteriores e contra as dilacerações naturais dos tecidos volte à *Arnica* e à *Beladona*. A medicação é salutar e valiosa. **As dificuldades passarão apressadamente**. Ampare-se com a paciência e caminhemos. Sua atitude mental nos auxiliou muito, permitindo-nos mais extenso concurso no caso e estamos empenhados em que o seu riso de calma nos faculte ensejo à desejável cooperação até o fim da pequena luta começada.

Temos visitado o nosso amigo General Aurélio e diversos companheiros se conservam ao lado dele, em continuado trabalho assistencial. Embora valoroso e resistente, sabendo disfarçar o rigor da batalha como raros soldados em pleno combate, sente-se, no fundo, um tanto triste e desencantado. É razoável e compreensível. Espírito operoso e liberal, habituado a servir incessantemente em favor da comunidade em que se integra, não se acostumaria assim, de um dia para outro, à prisão espiritual e física em que se sente. A sua lucidez é prodigiosa e ele pode aquilatar, passo a passo, as dificuldades da ciência terrena quanto à restituição de seu aparelhamento orgânico à normalidade e sofre, à maneira do passado engaiolado, saudoso do seu clima de liberdade, sempre bem aproveitado a benefício de todos. Temos, porém, buscado reerguer-lhe as energias quanto possível. Lá estive em companhia dele, anteontem, e pude observar como sempre grande movimentação de companheiros de nossa esfera junto ao seu coração. Confortamo-lo, em espírito, quanto era possível ao círculo limitado de nossas possibilidades e, através do sono, sem que ele nos registrasse as palavras, desenvolvemos todos os processos de reconforto, alimentando-lhe a fonte de serenidade e resignação. Vocês sabem, contudo, que um espírito da estirpe da dele tem sua rota própria e suas diretrizes particulares, com metas definidas. Graças a Deus, ele é suficientemente valoroso para suportar os obstáculos que lhe inibem a ação de outro tempo e isso representa meio caminho percorrido para a vitória. Os conflitos interiores, no entanto, alteram-lhe de algum modo os centros cerebrais e o sistema nervoso, criando posição melindrosa ao curso sanguíneo. Esperemos, porém, na bondade do Alto. No fundo, o nosso amigo tem muita razão, embora não devamos proceder para com ele noutro sentido, levantando-lhe o padrão de forças gerais. Convém-lhe, sobretudo, o estímulo — resistência à fortaleza. Combater a tristeza é melhorar o clima interior, clareando-lhe os ângulos, mas, francamente, o homem que aprendeu a criar, a trabalhar e a servir muito dificilmente se afeiçoará à poltrona, ainda mesmo por tempo reduzido.

A permanência de Wanda no Rio durante os dias últimos foi muito agradável para mim. É um conforto, sempre que possível, vê-los mais juntos, ainda que de um a um. A alegria do General é muito grande, porque vocês sabem quanto se sente preso pelo coração ao templo doméstico que Maria soube santificar.

Minhas saudações muito afetuosas ao nosso estimado amigo Chico, a quem desejo muita paz e felicidade.[1] Em nossa reunião de hoje, comparece um irmão de ideal, o Mata Simplício, desencarnado há tempos num desastre em Belo Horizonte, que muito se interessa pela marcha do Abrigo Jesus. Ele pede ao Chico não deixar a instituição, dando-lhe todo apoio de que possa dispor, mormente no que se refere ao tempo, de vez que o abrigo requisita dedicações cada vez maiores e mais intensivas. Ele declara referir-se ao assunto por vários companheiros de luta e assevera que acima da cooperação material, num campo dessa natureza, o concurso espiritual de assistência fraterna é sumamente precioso. Acredite, meu caro Guimarães, que um serviço dessa natureza é igual à matrícula valiosa em uma universidade perante a vida em que os precedi. Não é bom que a criatura venha bater às portas do "outro mundo" sem raízes nas obras espirituais de amor à humanidade, porque somente assim, funcionando numa coletividade de benefícios gerais, consegue a intercessão espontânea de benfeitores de cá, por livrar-se de surpresas desagradáveis. Uma atividade espiritualizante na vida carnal é uma

---

[1] Nota da organizadora: vovô Arthur se refere a Francisco Guimarães, grande amigo da família Joviano, residente em Belo Horizonte.

ficha de valor inestimável para a terra diferente a que somos chamados. Ligue seu coração às órfãs e às obras da venerável instituição que você tem ajudado tanto e não se arrependerá. Chegará o tempo em que a instituição, as órfãs e as obras do bem darão resposta mais viva ao seu esforço. Que Jesus o fortaleça e abençoe sempre.

Por hoje, penso que me cabe o ponto final.

Minhas lembranças a todos e reunindo-os num grande abraço de saudade, carinho e gratidão, sou o papai muito amigo que não os esquece,

A. Joviano

24/11/2948

FLORES DO JACARANDATÃ

Meus caros filhos, Deus abençoe a vocês todos.

Minhas palavras se destinam apenas a leve registro de minha presença na reunião, a fim de reafirmar ao Rômulo a nossa assistência incessante nestes dias. Tudo vai correndo normalmente. Rendo louvores a Jesus.

Ao despedir-me, ofereço-lhes a formosa coroa de **flores do jacarandatã**, rico de beleza e perfume, na noite de hoje. Possamos todos selar com a natureza obediente e sublime os nossos compromissos de trabalho com Jesus, agora e sempre.

Abraços carinhosos do papai,

A. Joviano

UMA VIAGEM DA ALMA NO CARRO DO CORPO

Meus caros filhos, Deus abençoe a vocês, concedendo-lhes muita paz e saúde.

Comungando-lhes o contentamento doméstico, regozijo-me com a perene festa de amor em que conseguimos manter os corações, no campo da vida. Este é o doce milagre da experiência cristã — renovar o interesse no bem e pelo bem, através de mil modos diferentes, enriquecendo-nos a jornada de bênçãos sempre novas.

No instituto evangélico, dar significa receber incessantemente junto às fontes do suprimento divino. Vocês oferecem o espírito ao sol da fé viva e os clarões dele lhes iluminam a marcha. Consagram as horas ao trabalho sadio e o trabalho lhes carreia respostas sempre mais altas, compelindo-os a mais elevado espírito de serviço. Em razão dessa atividade, vocês vão descobrindo maiores extensões do continente da alegria em Cristo, o nosso doador da vida eterna.

Não adianta morrer procurando o Paraíso quando não construímos, dentro de nós mesmos, recursos para percebê-lo.

Grande massa de nossos companheiros se demora, depois do túmulo, na posição do doente mental, repleto de fobias indefiníveis, de pensamento encarcerado a objetos e paisagens que a voragem dos anos tragou desde muito tempo. Cristalizam-se no particularismo inferior a que se filiam na Terra e não possuem aqueles "olhos de ver" e os "ouvidos de ouvir", a que se reporta o Mestre dos mestres na Boa Nova inesquecível. A existência humana, no fundo, é **uma viagem da alma no carro do corpo**. O peregrino precisa aproveitar a oportunidade em lições de auxílio mútuo e em ensinamentos que a região exterior lhe oferece para que não se arrisque a parar longos dias em pousos que lhe não interessam os objetivos finais da chegada.

Felizmente, vocês vão compreendendo, cada vez mais, esse imperativo da natureza espiritual e entesouram lucros imperecíveis, que crescerão sempre em beleza e valor.

Procuremos as vantagens das horas e enchamo-las de criações mentais santificantes e renovadoras. A experiência possui os seus ciclos determinados. Que possamos valorizar o nosso com a mais substanciosa provisão de otimismo e esperança na vitória do sumo bem são os meus votos.

Meu caro Rômulo, valho-me da presente carta para fazer-lhe sentir o meu reconforto em lhe identificando a paciência no tratamento dentário. Você tem primado pela serenidade e isso representa avançado teor de assimilação do Evangelho. De qualquer modo, enquanto você estiver naqueles minutos longos de experimentações e de ensaios não deixe de conversar mentalmente comigo, que venho acompanhando o serviço com muita atenção.

Extraí valiosa lição nestes dias de assistência paternal. É a de que nos achamos distantes da época em que o dentista podia tratar dos próprios dentes. A sugestão de cooperativismo que um gabinete dentário nos impõe à primeira vista é sumamente valiosa. Chega sempre uma ocasião em que somos compelidos a procurar a colaboração uns dos outros. E sinto-me contente anotando a "paz construída" com que você se vai submetendo aos impositivos da hora. Em breve, receberá o período de readaptação dos dentes novos e espero o seu testemunho de adesão espiritual ao assunto.

Não se preocupe com a leve inchação que vem registrando em torno do órgão visual. Use o *Lachesis* com o *Cantharis* e

Plumbum. O nosso clínico acha que esse trio é mais acertado.

Creia que venho acompanhando suas meditações mais íntimas no setor do serviço público. Você tem razão. Administrar retamente é sofrer muito com as dificuldades do plano em que ainda se encontra. Há muita gente que recebe os títulos direcionais à maneira de colunas que se ataviam de formosos adornos. Simples colunas enfeitadas que não pensam, não criam, nem agem quando não se precipitam nas cabeças alheias. Mas guardar a responsabilidade sentindo-lhe o peso é outra coisa e eu sei que a sua mente permanece assediada de inquietantes problemas, comprimida entre duas grandes classes — a dos que obedecem, fazendo jus ao salário simplesmente, e a dos que governam, com as mesmas características. Numa festividade, onde muitos brincam, a preocupação pelo dia seguinte pertence a poucos. E o Brasil não está longe de semelhante quadro. Grande povo e grande nação. Indiscutivelmente, a mais promissora do mundo à frente do porvir, mas a sua alma coletiva ainda será temperada à maneira do aço puro, isto é, no clima do fogo purificador. Sejamos, porém, células sadias e conscientes das obrigações que nos cabem. Há quem veja de cima o esforço individual e o julgamento dos homens, na realidade, é constante. Cada dia é dia do Senhor e dentro de todas as horas a bondade e sabedoria dele se manifestam.

Retomando o fio de nossas considerações familiares, as suas ponderações silenciosas não deixam de alterar o sistema orgânico. Quanto esteja, pois, em suas mãos, defenda o seu "templo", onde tantas bênçãos vão sendo enceleiradas para a sua riqueza na eternidade, hoje, aqui, agora.

Estimaria ter escrito à Wanda uma carta de aniversário no mês de novembro findo, todavia, as oportunidades não corresponderam aos meus desejos, mas espero dirigir-me à minha querida neta logo seja favorecido pelo ensejo adequado para comentarmos os nossos ideais e os nossos programas de sublimação crescente. Com os meus "parabéns", roguei a Jesus a conserve assim, em nível tão alto de sentimento, diante das circunstâncias que o mundo improvisa à frente dos jovens modernos. A mocidade é, realmente, a sementeira do futuro e a depositária das esperanças celestes, mas quando unida aos desígnios de Mais Alto, em marcha para os testemunhos edificantes que a luta lhe oferece. Nesse sentido, cumprimento-lhe a determinação de agir cristãmente, de alma consagrada ao que é bom e belo, nobre e santo, justo e perfeito. Ainda que não alcancemos semelhantes padrões apressadamente, é uma felicidade elegê-los, desde agora, por marcos a atingir. Esteja certa, acima de tudo, de que o vovô não lhe esquece e lhe ouve, atento, as preces íntimas, filhas dos seus ideais superiores.

Minha saudação cordial ao nosso Chico Guimarães. Hoje uma parenta dele compareceu e recebeu nossa cooperação fraternal. Se a alegria de vocês é sagrada na comunhão aí, na luta carnal, a nossa aqui, em torno de vocês, não o é menos. Grande é o nosso júbilo em nos sentirmos sintonizados pela lembrança de vocês.

Informo à nossa estimada Maria que o General Aurélio continua sendo objeto de nosso maior carinho.

E desejando a vocês muita tranquilidade, saúde, bom ânimo e luz divina no curso de todas as horas, abraça-os, muito afetuosamente, o papai muito amigo de sempre,

A. Joviano

O BOM PRINCÍPIO
É A SEMENTEIRA DO BOM FIM

Meus caros filhos, Deus abençoe a vocês, conferindo-
-lhes muita paz e alegria, com saúde e bom ânimo aos corações.

Observo-lhes os preparativos para a visita de amanhã
e imagino que a experiência humana em si é sempre uma
preparação permanente para o acesso à vida maior. Enfren-
temos tais percalços da luta terrestre, alegremente. Acolher
amigos, ainda mesmo quando sejam simples conhecidos
através da imaginação, é sempre uma obra salutar de fraternidade e entendimento. E a qualidade da visita esperada
acorda certas exigências de serviço mais minucioso em torno
de vocês pelos ascendentes políticos de que se reveste. As
grandes manifestações dessa ordem assemelham-se às ações
das embaixadas importantes, em que toda cautela é imprescindível para que o bem se estenda ao coração de todos.

Sigo-lhe o tratamento, meu caro Rômulo, e felicito-lhe
as melhoras. Você vai passando muito bem e, no fundo, esse
congresso a reclamar tanta atenção foi realmente providencial. Em certas lutas do caminho, é útil que nossa cabeça se
encha de preocupações imediatas de modo a atravessá-las
do melhor modo possível. Não pensava de alcançarmos tanto êxito em seu tratamento dentário e aguardo a adaptação
necessária e segura, para breves dias, quanto à consolidação.
Por agora ainda algumas hesitações no serviço de alimentação e linguagem, mas isso vem a ser impedimento de fácil

remoção. Com uma vontade forte de vencer, uma disposição de manter-se firme no dever que Jesus espera por nós e com a serenidade aplicada a todos os conflitos, por mais pequeninos, da senda, não há batalha que nos possa deixar vencidos. O serviço vai indo muito bem e contamos com a sua adesão ao bom trabalho de aclimatação ao novo regime. Para esse fim, estamos colaborando em seu favor através de nossos recursos indiretos. Confiemos e caminhemos para diante.

Também, por minha vez, estou fundamente condoído em virtude do que ocorre no campo doméstico dos nossos amigos. É lamentável. Todavia, vocês concordarão comigo quanto aos problemas angustiosos que, em todo tempo, cercarão aqueles que não souberam vigiar, a tempo, sobre o lar. **O bom princípio é a sementeira do bom fim.** Antes da reencarnação, fazemos grandes promessas, entretanto, de retorno à carne, esquecemo-las para recapitular as lições que nos dizem respeito, conforme nosso próprio querer.

A criança é planta tenra, exigindo colaboração do jardineiro. Quando não nos defendemos contra a invasão dos vermes diminutos, os monstros comparecem ao nosso encontro.

Vocês, Maria e Wanda, repararam pela superfície um drama enorme que o dinheiro e a posição eminente não conseguem resolver. Tudo o que a Terra pode proporcionar ali se congrega em torno de corações que admiramos e estimamos profundamente, contudo, a paz e a alegria de viver fugiram do convívio, relegando-os a um verdadeiro tormento moral. O romance da vida humana, meus filhos, é muito difícil de ser vivido em plano de elevação. Se não há raízes de luz cristã dentro de nós, se fazem difíceis. De uma conclusão estejam vocês convencidos: é a de que a existência muito afortunada no campo financeiro, na maioria das ocasiões, não passa de uma condição de prova. O dinheiro excessivo só não representa posição de ruína quando a alma permanece a postos no trabalho, em qualquer clima, sabendo movê-lo e administrá-lo para o bem comum. Fora disso toda espécie de dissabores poderá ser encontrada nessa zona de flores espinhosas e de pedras em forma de pães. Jesus nos favoreça.

Aconselho, porém, no problema em foco, não seja assumido compromisso formal de assistência por parte de vocês. Sem dúvida, poderá vir a beneficiar-se à maneira do enfermo que experimenta um remédio adequado à própria moléstia, no entanto, a medicação ali teria de ser ingerida igualmente pelos pais. Enquanto a obsessão resulta de um mal que absorve o desencarnado junto ao encarnado, a melhora e a cura são, por vezes, facilmente acessíveis, mas se o mal permanece nos "mortos da morte" e nos "vivos provisórios da vida", a paz e a segurança no vaso de nossa experiência, é inútil tentar a felicidade verdadeira, porque o regime do capricho e do retorno ao pretérito prevalece sobre o imperativo de renunciação que nos deve orientar o caminho.

Não posso sentar-me hoje em companhia de vocês para analisarmos toda a extensão da luta, mas posso adiantar-lhes que esse breve contato não foi vão. Seguir-lhe-ão as medidas de auxílio aos que se encontram nas teias de velho processo redentor. Até que o firmamento se aclare convenientemente, orem conosco, de modo a contribuirmos em favor da tranquilidade geral. Rendamos graças pela claridade que nos abençoa o sincero desejo de aprender do Mestre e passemos adiante, ao encontro dele.

Sejam felizes na visita que esperam. Não tenho aparelhamento para observações meteorológicas, mas creiam que faço votos para que encontrem motivos para um dia construtivo e feliz.

Sou de parecer que as possibilidades de estudos extras em torno do Espiritismo devam ser evitadas tanto quanto possível. Quando há observação num trabalho perseguido, é útil que os trabalhadores observem, por sua vez. Estamos muito esperançosos de que recolham, como sempre, os melhores benefícios da tarefa em perspectiva.

Meu caro Rômulo, não estamos esquecendo os passes nas zonas doloridas sempre que a sua lembrança se reporta a esse gênero de nossa colaboração.

Boa noite para vocês todos. Estamos acompanhando o nosso amigo General Aurélio no curso da luta presente. E reunindo-os num grande abraço sou o papai muito amigo de sempre,

A. Joviano

MUITOS SÃO AGORA OS COMPANHEIROS

Meus caros filhos, Deus abençoe a vocês, intensificando a paz em seus caminhos, com muita alegria, saúde e bom ânimo.

Naturalmente, temos dois acontecimentos expressivos a celebrar — o aniversário do Rômulo e a chegada do Roberto, cuja presença nos infunde sincero contentamento.

Recordando o 19 de dezembro corrente, embora com atraso no calendário, venho trazer-lhe, meu filho, o abraço de sempre, repleto da amizade e do reconhecimento de cada dia. Não somente minha voz se ergue para cumprimentá-lo. Temos numerosos amigos que lhe felicitam, efusivamente, trazendo-lhe as suas vibrações de simpatia e ternura, cada vez mais intensas, à face de sua lealdade aos princípios superiores que abraçou em nome do Evangelho.

Cada ano, meu caro Rômulo, na experiência de um trabalhador de Jesus, é uma coleção de flores e frutos abençoados, na sementeira e na colheita da eternidade. A nossa conta, em matéria de felicidade no setor "tempo", não se baseia na expressão numérica dos dias, mas sim pelos serviços feitos, pelas obras realizadas, pelos empreendimentos vividos no bem de todos.

Felizmente, vemo-lo esquecido, muita vez, de seus próprios interesses mais imediatos e mais íntimos por entregar-se ao trabalho comum em favor do espírito coletivo. Em muitas ocasiões, você leva muito longe os sacrifícios das próprias forças, entretanto, é mais agradável para mim assinalar-lhe a sublime extensão do ideal de ser útil e de estender a luz cristã, no exemplo vivo, porquanto é motivo de honroso júbilo para o espírito o ato de consagração de nós mesmos à rota edificante a que nos devotamos. Jesus lhe fortaleça as energias cada vez mais para que os seus passos sejam marcados por tarefas redentoras.

Graças ao Alto, e ao seu esforço perseverante no bem, seu espírito converteu-se em instrumento ativo de elevadas realizações evangélicas nos círculos em que as suas atividades se desdobram, e minha satisfação é realmente muito grande, identificando-lhe a marcha. Possam os seus dias se multiplica-rem indefinidamente na experiência atual, tão frutífera e tão luminosa aos nossos olhos. É o que rogo ao Senhor, de pensa-mento confiante, esperando que você possa enriquecer cada vez mais intensivamente o ministério humano-espiritual em que se encontra valorosamente empenhado.

Muitos são agora os companheiros de serviço que nos compartilham das preces e ações nas horas dedicadas ao magnetismo curador. Estamos ricos de amizade, de carinho, de simpatia e cooperação.

Comove-me a extensão de comunidade hoje integra-da em nossos serviços da semana e se não insisto em provi-dências mais eficientes para que você e Maria os vejam tais quais são é que não devo interferir nos imperativos benéficos que nos presidem a missão.

Os anos, porém, por cheios de luta digna, correm apressados a nosso parecer e com a passagem dos dias vocês sentirão mais próximos e mais seguros esses companheiros afeiçoados, que nos vão acudindo ao ideal de servir em nome do Cristo, alistando-se voluntariamente sob nossa bandeira de fraternidade e socorro espontâneos. Deus os abençoe e lhes converta o tempo na existência de agora em venturoso curso de preparação para a Vida Mais Alta.

Peço a você usar os medicamentos indicados por mais 6 a 8 dias. Realmente, houve um "abalo sísmico" sem maior importância. Meu registro particular está vigilante e não têm faltado os recursos reequilibrantes. Os passes e a medicação vão funcionando muito bem e só peço a você guardar-se na sua tradicional atitude de trabalho, com otimismo e serenidade.

Como não possuo o que desejo para exprimir-lhe paternalmente a minha alegria pelo aniversário feliz, ofereço a você o Salmo CXI, na tradução de Matos Soares.[1] O trabalhador do Cristo, fiel à sua missão, pode cantar com alegria o hino dos justos e dos limpos de alma e coração.

Quanto ao nosso Roberto, destaco prazerosamente as conquistas pessoais que vai realizando com segurança e boa vontade. Noto-lhe mais senhor do caminho, de caráter temperado na forja da boa luta, sabendo pensar, projetar e desejar. No campo do coração, creio que a melhor conselheira ainda e sempre será a mamãe.

Quantos ajustes forem aprovados por ela, quantos serão recebidos alegremente por nós todos. Peço a Jesus conceda ao meu neto uma estrada cheia de luz e de santos incentivos à obra que veio realizar. Estamos perante a eternidade e devemos louvar a claridade que nos enriquece a visão para a jornada até os mais altos cimos.

Agora, meus filhos, reúno-os num grande e apertado abraço de Boas Festas. Seja o Natal do Mestre uma recordação sublime, como sempre, para nós todos.

À frente desse belo dia, elevo ao Poder Celestial os meus votos ardentes para que vocês se unam cada vez mais

---

[1] Nota da organizadora: *"Salmo CXI — Felicidade do Justo — Aleluia. Ao regressar de Ageu e de Zacarias —* [1] *Bem-aventurado o homem que teme o Senhor, e que põe as suas delícias em cumprir os seus mandamentos;* [2] *Poderosa será a sua posteridade sobre a terra;* [3] *Há glória e riqueza na sua casa, e a sua justiça permanece por todos os séculos;* [4] *Nas trevas (do infortúnio) surgiu uma luz para os retos; ele é misericordioso, compassivo e justo;* [5] *Ditoso o homem que se compadece e empresta (aos pobres); ele disporá os seus discursos com juízo;* [6] *Porque nunca será abalado;* [7] *A memória do justo será eterna; não temerá ouvir notícias funestas. O seu coração está sempre disposto a esperar no Senhor;* [8] *Fortalecido está o seu coração, não será abalado, até que contemple com desprezo os seus inimigos;* [9] *Distribuiu, deu aos pobres; a sua justiça permanece por todos os séculos; o seu poder será exaltado na glória;* [10] *Vê-lo-á o pecador, e se indignará, rangerá os dentes e se consumirá; porém o desejo dos pecadores perecerá."* Da Bíblia Sagrada, tradução do Padre Matos Soares — Porto, Portugal, 1933.

e mais intensamente, projetando bênçãos e luzes em torno dos próprios passos.

Flores de alegria chovam sobre o lar que vocês povoam de pensamentos edificantes e salvadores, e estendendo meus votos ao nosso amigo General Aurélio, e a todos os que nos partilham a jornada, deixa-lhes o coração reconhecido o papai e vovô muito amigo de sempre,

A. Joviano

BODAS DE PRATA

Meus queridos filhos, Deus nos abençoe a todos hoje e sempre.

A prece de Wanda é a nossa prece.

Bodas de Prata, Bodas de Ouro, Bodas de Diamante e Bodas da Eternidade.

Possam vocês recolher no jardim da vida todos os tesouros de abençoada e imperecível felicidade.

Depois da voz filial fala a voz paterna, repetindo votos idênticos. Também nós desejamos a vocês tudo o que o Senhor semeou no caminho redentor com os nomes de alegria, paz, ventura, amor, segurança e felicidade.

Esta doce festividade de 25 anos de harmonia celeste na Terra procede de séculos inumeráveis... Somos flores da mesma árvore, joias do mesmo colar de luz. De longe chegamos, aprimorando características para o banquete eterno e, graças ao Pai, vocês, ainda nas sombras, podem apresentar ao Céu os sentimentos lapidados e sublimes de quem soube receber com a existência humana as bênçãos do trabalho e as responsabilidades da missão.

Durante este belo quartel de século, não identificamos a passagem dos anos. O relógio do mundo marcou-lhes a bendita união e paralisou os ponteiros para que vocês nunca sofressem o clima dos círculos inferiores da Terra, porque o amor que os une eternamente é uma força do Céu.

Divinas e intermináveis primaveras deseja-lhes o papai nesta noite de reminiscências queridas. Estamos todos vivos no espaço e no tempo. As dificuldades do mundo não tiveram sobre nós ação superior à de sopros leves. As flores de nossas esperanças agora não se perdem levadas pelo vento ou esmagadas pelo temporal. São flores fiéis ao tronco, habilitadas à verdadeira frutificação.

Não lhes digo senão que todos nós, os amigos de cá, lhes seguem a jornada carinhosamente, rogando ao supremo Senhor lhes abençoe todos os sonhos e edificações.

Sensibilizado intensamente, agradeço à minha neta a alegria profunda e imanifesta de minha alma à frente da prece com que nos enriqueceu a noite. Será uma indelével recordação por nós registrada em nosso arquivo espiritual como hino amoroso de louvor e bênção do Céu na Terra.

E que vocês, meus filhos, se amem cada vez mais, unidos na alegria e na luta através de todas as possibilidades da alma eterna, superiores à tempestade e em harmonia com os desígnios divinos dentro de nossa jornada redentora.

São os votos do papai muito amigo de sempre,

A. Joviano

BODAS DE PRATA

Meus amigos, nosso culto doméstico do Evangelho assinala com muita devoção o aniversário desta noite. A vida é contada no Céu não pelos dias, mas pelas obras e, por isso mesmo, a união das almas é conhecida acima de tudo pelos frutos que produz.

Felizes vós que pudestes abraçar o ministério do Cristo, iniciando-o de casa. Nessa praia de paz cristã, o nauta encontra apoio seguro e o náufrago, socorro e alívio imediatos.

Sede abençoados pelo farol que acendestes. Lá fora, a tormenta do ódio domina em todas as direções. Dificuldades e sombras se desdobram em todos os ângulos da viagem, mas dentro do ninho cristão, que soubestes tecer com os fios mais delicados da própria alma, é possível receber os primeiros beijos do sol, cada manhã, guardando-os no imo do coração.

Preservai a vossa sementeira interior com todas as energias. Nela recolhereis os valores supremos para a integração na Eternidade.

Boa noite e multiplicadas luzes para todos. Possam os anos duplicados infinitamente garantir-vos cada vez mais o serviço sólido e benemérito que vindes realizando em favor da atualidade em que viveis e em favor de vós mesmos no eterno caminho.

João de Deus Macário

27/12/1948

BODAS DE PRATA

Meus filhos e amigos,

Jesus conosco!

Não poderia faltar neste concerto de júbilo festivo.

25 anos correram céleres!

Não é só a felicidade que fala por vocês — é o trabalho que levaram a efeito em todos os setores. Sejam felizes, pois, cada vez mais intensamente, trabalhando e amando, amando e trabalhando.

Não disponho de recursos verbais para exprimir-lhes o nosso contentamento. A alegria de vocês nos alcança e, por isso, convertemo-la em luminosa projeção de ventura a todos aqueles que, em derredor de nós, esperam por arrimo e luz espiritual. Em nome de vários amigos, trazemos a vocês a vibração fervorosa de nosso afeto e ternura, agradecimento e carinho, sempre renovados.

Que ambos estejam sempre mais vivos na sagrada comunhão espiritual em que vivem, desde a esfera carnal, são os votos da velha servidora muito grata,

Engracinha

POSTAL

Aos prezados amigos de sempre

Bodas de Prata brilhando
Em santo amor de Jesus,
São bodas da Eternidade
No império da eterna luz.

Casimiro Cunha

27/12/1948

BODAS DE PRATA

Meus amigos, muita paz.

Comemoramos com a mesma alegria aqui reinante as **Bodas de Prata** cristãmente lembradas neste lar consagrado ao Senhor. Vosso júbilo é igualmente nosso. Está dividido com enorme soma de votos de nosso lado, endereçados ao Altíssimo, pela vossa ventura perene.

O nosso amigo Professor Joviano, ao término de nossos trabalhos, vos oferece o Salmo CXXVII pela passagem do 27 e, de minha parte, vos ofereço, por modesta lembrança, o Salmo CXXIV, ambos da tradução de Matos Soares.[1]

Sede felizes em Cristo com dobrado fervor e que ele vos conceda quanto mereceis e quanto não possuímos ainda para vos retribuir. É a oração do amigo e servo humilde,

Emmanuel

---

[1] Nota da organizadora: *"Salmo CXXVII — Felicidade da família piedosa — [1] Cântico gradual: Bem-aventurados todos os que temem o Senhor, e os que andam nos seus caminhos. [2] Bem-aventurado és, ó justo, porque comerás dos trabalhos das tuas mãos. Bem-aventurado és, e te irá bem. [3] Tua esposa será como uma vinha fecunda no interior da tua casa. Teus filhos, como pimpolhos de oliveiras, estarão ao redor da tua mesa. [4] Eis como será abençoado o homem que teme o Senhor. [5] Abençoe-te o Senhor desde Sião, e vejas os bens de Jerusalém todos os dias da tua vida, [6] e vejas os filhos dos teus filhos, e a paz em Israel."— "Salmo CXXIV — Deus protege os justos que confiam — [1] Cântico gradual: Os que confiam no Senhor estão (firmes) como o monte Sião; nunca será abalado o que habita [2] em Jerusalém. Ela está cercada de montes, E o Senhor está ao redor do seu povo, desde agora e para sempre. [3] Porque o Senhor não deixará (por muito tempo) a vara dos pecadores sobre a herança dos justos, para que os justos não estendam as suas mãos para a iniquidade."* — Da Bíblia Sagrada, tradução do Padre Matos Soares — Porto, Portugal, 1933.

É NECESSÁRIO APROVEITAR A PRIMAVERA, MEUS CAROS NETOS

Meus caros netos, Deus abençoe a vocês, conferindo-lhes muita luz ao coração no caminho da vida.

Estamos juntos para fazer, sob o ponto de vista material, o encerramento dos nossos trabalhos de 1948, nas sessões de quartas-feiras. Quis o desígnio superior que estivéssemos aqui mais sós e partilho a oração de vocês, com sincera alegria e entusiasmo justo, em lhes vendo a disposição de abraçar o estandarte luminoso da fé viva.

A experiência humana, ainda mesmo a de caráter secular, assemelha-se ao ano breve. **É necessário aproveitar a primavera** em que vocês se encontram para armazenar nos celeiros do espírito as sementes selecionadas do bem e da luz, do dever e do progresso divino, para que o curso do tempo lhes ofereça as melhores perspectivas de realização.

Sigo-lhes os passos com infinito carinho e orgulho-me do respeito que vocês sabem consagrar aos paizinhos que tudo fazem por nossa paz e alegria, e espero que o futuro nos seja cada vez mais rico de bênçãos para que a presente tarefa nos seja abençoada portadora de frutos preciosos na Imortalidade.

Hoje não lhes posso falar como noutro tempo, quando era possível reuni-los no colo amoroso e fiel. Vocês cresceram, na expressão física e no entendimento, e readquiriram, com a plenitude possível, a mesma forma espiritual de outra época.

Conhecem problemas que chegam de passado remoto.

Revelam perguntas silenciosas que eu não poderia responder de pronto por pertencerem à categoria dos serviços que vieram desenvolver e que só as horas conseguirão desdobrar com o êxito desejável. Sabem agora quão espinhoso e iluminado é o caminho do dever bem cumprido e não preciso ditar-lhes normas de ação, incompatíveis com o senso de liberdade que erigimos na própria consciência. Desse modo, filhos, permutemos na atualidade as nossas impressões na qualidade de bons amigos. Entendamo-nos reciprocamente e sigamos adiante.

Só lhes peço guardarem, perante todos os ângulos da senda, a disposição de absorver os raios sublimes da inspiração do Cristo renovador. Ainda agora, admirava-lhes a palestra em que o Roberto se destacava na tese de seleção das espécies mantenedoras da subsistência do homem. A eleição do trigo superior, do milho valioso e de outros elementos preciosos à luta humana exigiu sacrifícios incontáveis, com enorme coeficiente de serenidade, confiança e sacrifício dos missionários que nos descortinaram a mais avançada posição no trabalho comum. Entretanto, é imprescindível considerar que em nossa mente prevalecem os mesmos fatores. Jesus, através do Evangelho, há de ser a força positiva que nos oriente a marcha ou então permaneceremos à mercê da perturbação e da inutilidade por vastíssimos séculos de vida neutra ou, francamente, improdutiva. Conduzam vocês, em todas as situações da Terra, os pensamentos incertos ou fatigados ao "pólen divino" do Mestre e a existência de vocês florirá e frutificará para sempre com o bem infinito. É o que desejo a vocês com todo o meu coração.

Aproximam-se os minutos que assinalarão o término do ano corrente. Cumprimento a vocês dois pelo muito que realizaram em estudo e trabalho, boa vontade e bom ânimo, renúncia e esperança. Que o 1949 lhes seja pródigo de paz e contentamento.

A sementeira de vocês é promissora e desde cedo, com o

auxílio divino, começam a colher utilidades para a vida eterna. Sejam felizes e marchemos desassombrados para a frente.

Estendendo os meus votos de felicidade ao Rômulo e à Maria, abraça-os com muito carinho e saudade o vovô muito amigo de sempre,

A. Joviano

Bibliografia

indicada

XAVIER, Francisco Cândido. *Alvorada cristã*. Ditado pelo espírito de Neio Lúcio. Rio de Janeiro: Federação Espírita Brasileira, 1948.

XAVIER, Francisco Cândido; AMORIM, Wanda Joviano (Org.). *Colheita do bem*. Ditado pelo espírito de Neio Lúcio. Belo Horizonte: Vinha de Luz, 2010. 536 p.

XAVIER, Francisco Cândido; AMORIM, Wanda Joviano (Org.); NETO, Geraldo Lemos (Org.). *Depois da travessia*. Ditado por espíritos diversos. Belo Horizonte: Vinha de Luz/Didier, 2013. 432 p.

XAVIER, Francisco Cândido; AMORIM, Wanda Joviano (Org.); NETO, Geraldo Lemos (Org.). *Deus conosco*. Ditado pelo espírito de Emmanuel. 4. ed. Belo Horizonte: Vinha de Luz, 2014. 640 p.

XAVIER, Francisco Cândido. *Mensagem do pequeno morto*. Ditado pelo espírito de Neio Lúcio. Rio de Janeiro: Federação Espírita Brasileira, 1947.

AMORIM, Wanda Joviano (Org.); XAVIER, Francisco Cândido. *Militares no Além*. Ditado por espíritos diversos. 2. ed. Belo Horizonte: Vinha de Luz, 2009. 176 p.

XAVIER, Francisco Cândido. *Há 2.000 anos...* . Ditado pelo espírito de Emmanuel. Rio de Janeiro: Federação Espírita Brasileira, 1939.

XAVIER, Francisco Cândido. *No mundo maior*. Ditado pelo espírito de André Luiz. Rio de Janeiro: Federação Espírita Brasileira, 1947.

XAVIER, Francisco Cândido. *Obreiros da vida eterna*. Ditado pelo espírito de André Luiz. Rio de Janeiro: Federação Espírita Brasileira, 1946.

XAVIER, Francisco Cândido. *Parnaso de além-túmulo*. Ditado por espíritos diversos. Rio de Janeiro: Federação Espírita Brasileira, 1932.

XAVIER, Francisco Cândido. *Paulo e Estêvão*. Ditado pelo espírito de Emmanuel. Rio de Janeiro: Federação Espírita Brasileira, 1941.

XAVIER, Francisco Cândido. *Renúncia*. Ditado pelo espírito de Emmanuel. Rio de Janeiro: Federação Espírita Brasileira, 1944.

AMORIM, Wanda Joviano (Org.); XAVIER, Francisco Cândido. *Sementeira de luz*. Ditado pelo espírito de Neio Lúcio. 5. ed. Belo Horizonte: Vinha de Luz, 2015. 688 p.

XAVIER, Francisco Cândido. *Voltei*. Ditado pelo espírito de Irmão Jacob. Rio de Janeiro: Federação Espírita Brasileira, 1940.

XAVIER, Francisco Cândido. *50 anos depois*. Ditado pelo espírito de Emmanuel. Rio de Janeiro: Federação Espírita Brasileira, 1940.

Anexo A

Informações complementares

Anotações familiares

"Rômulo e Maria casaram-se em 27 de dezembro de 1923, após curto período de namoro e noivado, como acontece no reencontro de almas gêmeas. O casal passou a residir na então longínqua cidade de Ponta Grossa, Paraná, e ia ao Rio de Janeiro de vez em quando. E para lá rumaram em fins de 1924 para o nascimento do primogênito Roberto. Cerca de sessenta anos depois, foi encontrado, entre os livros deixados por Rômulo Joviano, um exemplar de *O Livro dos Espíritos*, de Allan Kardec, edição da Federação Espírita Brasileira (FEB), de 1924 e, dentro, a seguinte anotação: *"Adquirido na FEB, no Rio de Janeiro, em 27/12/1924."* E mais adiante: *"Comecei a leitura deste livro em Ponta Grossa, um ano depois de meu casamento. A Maria muito contribuiu para conhecê-lo, devido às referências ao Sr. Bittencourt, da Rua da Passagem."*

Mais tarde, soube-se que dentre as mencionadas referências estava a de que Júlia, mãe de Maria, sofreu por muitos anos de terrível enxaqueca e que fora curada com receita do médium Inácio Bittencourt. Durante os anos em que o casal residiu em Ponta Grossa, Maria medicou os filhos — Roberto e eu — com receitas do referido médium. Telegrafava para a mãe solicitando consulta ao médium e Júlia, de posse da receita, adquiria os medicamentos homeopáticos e os enviava, pelo correio, para Ponta Grossa. Assim, Rômulo retomou, nesta vida, os estudos espíritas que, certamente, começara nas vidas anteriores.

Em agosto de 1930, Rômulo voltou a ser designado diretor da Fazenda Modelo de Criação do Ministério da Agricultura, em Pedro Leopoldo | Minas Gerais, cargo que deixou em 1923 para exercer igual atribuição em Ponta Grossa, Paraná.

Fausto, irmão de Rômulo, era vizinho de Chico Xavier na cidade de Pedro Leopoldo. Testemunhando sua árdua luta diária como vendedor em um armazém, e conhecendo suas possibilidades intelectuais, resolveu conseguir-lhe trabalho no escritório da Fazenda de que o irmão era diretor, e onde ele também trabalhava. Quando Rômulo encontrou, nesta vida, Chico Xavier, já podia conversar sobre os assuntos espíritas em que trabalhariam, estudariam, trocariam ideias, enfim, partilhariam daí por diante, quase diariamente. Às quartas-feiras, à noite, o Chico comparecia ao lar de Rômulo e Maria para as reuniões do *Grupo Doméstico Arthur Joviano*. (...)"

Wanda Amorim Joviano

Nota da editora: do livro *Sementeira de luz* (VINHA DE LUZ, 5. ed., 2015, p. 25-26).

Neio Lúcio

Figura ímpar no livro *50 anos depois*, é nele referido como trazendo ao seu redor uma atmosfera de amor e veneração, uma personalidade vibrante de cultura e generosidade, com tradições de nobreza e lealdade, sendo respeitado como um dos sagrados expoentes da educação antiga, em seus princípios mais austeros e mais simples. No acervo de seus serviços à coletividade, contavam-se providências a favor dos escravos que ensinavam as primeiras letras aos filhos de seus senhores, além de muitas obras de benemerência social.

Sabe-se ainda que ele mesmo e a neta querida, Célia, estimavam ensinar, também, os filhos dos escravos. A súplica de Neio Lúcio ao Senhor, quanto à melhor maneira de sacrificar-se pelos filhos bem-amados, como consta no final do livro *50 anos depois*, foi atendida com a oportunidade de reencarnação de seu grupo familiar, relatada no livro *Renúncia*. Nesse livro, vamos encontrá-lo na personalidade de Jaques Duchesne Davenport.

Jaques Duchesne Davenport

O professor residia em antigo parque, que adquirira para a localização da sua escola, de proporções vastas, destinada à preparação de crianças de ambos os sexos, antes do acesso aos monastérios do tempo, consagrados ao serviço educativo.

Arthur Joviano

Nasceu em 1862, em Barra Mansa | RJ. Espírito sempre fiel ao ideal do ensino e da educação, foi responsável pela primeira reforma do ensino primário no Estado de Minas Gerais. Professor de Português do Ginásio Mineiro e da Escola Normal de Barbacena, lugares obtidos em brilhantes concursos, exerceu, por longos anos, o cargo de diretor da Escola Normal Modelo e a Cátedra de Português em Belo Horizonte | MG.

Transferindo-se, depois, para a cidade do Rio de Janeiro, então Distrito Federal, trabalhou como Inspetor de Ensino e como Superintendente da Instrução Pública do Distrito Federal. Em Belo Horizonte e no Rio de Janeiro, existem escolas com o seu nome.

Nota da editora: do livro *Sementeira de luz* (VINHA DE LUZ, 5. ed., 2015, p. 27-28).

Anexo B

Reencarnações

Das vidas sucessivas

Há 2.000 anos	Pág.	50 anos depois	Pág.	Renúncia	Pág.	Século XX
Públio Lentulus	18	Nestório	20	Padre Damião	187	Emmanuel (Espírito)
Pompílio Crasso	396	Helvídio Lucius	12	Cirilo Davenport	35	Rômulo Joviano
		Caio Fabricius	11	Henrique de Saint Pierre	409	Frank
		Fábio Cornélio	14	D. Inácio Ortegas Vilamil	44	Aurélio Amorim
		Júlia Spinter	32	D. Margarida F. de Saint-Megrin e Vilamil	58	Júlia Amorim
		Alba Lucínia	15	Madalena Vilamil	40	Maria Joviano
		Helvídia	15	Beatriz	306	Wanda Joviano
		Célia Irmão Marinho	15 264	Alcíone Me. Maria de Jesus Crucificado	157 437	
		Cneio Lucius	16	Jaques Duchesne Davenport	66	Arthur Joviano
				Felícia	69	Francisca R. Joviano
		Cláudia Sabina	17	Susana Duchesne	35	Flora Joviano
		Lólio Úrbico	14	Antero de Oviedo Vilamil Robbie	45 237	Roberto Joviano
		Túlia Cevina	29	Colete	48	Aurélia Amorim
		Ciro	43	Pólux Carlos Clenaghan Frei José do Santíssimo	14 245 450	Alexander Seggie
		Rúfio Propércio	297	Menandro Padre Guilherme	13 288	Clóvis Tavares
		Hatéria	29			Zina Joviano
		Pausanias	46			Fausto Joviano
		Plotina	87			Lúcia Joviano
		Silano Plautius	163			Mário Amorim
		Lésio Munácio	237			Batuíra

Nota da editora: "O quadro teve como referência as edições: *Há 2000 anos...*, 1987 — 22. ed.| *50 anos depois*, 2003 — 31. ed. | *Renúncia*, 1992 — 20. ed. Segundo Flávio Mussa Tavares, filho de Clóvis Tavares — renomado estudioso e autor espírita —, *"é interessante anotar também a confirmação de que meu pai foi realmente Rúfio Propércio no 50 anos... e que na primeira visita de Dr. Rômulo à Escola Jesus Cristo, fundada por meu pai, declarou que visitava 'o amigo que o havia, em outra época, trazido de volta a Jesus'. Muitos entenderam que fosse a sua conversão ao Espiritismo, mas Dr. Rômulo se referia à visita de Rúfio à sua casa e ao seu primeiro contato com o Cristianismo, que o levou de volta à Célia."* Fonte: *Sementeira de luz* (VINHA DE LUZ, 5. ed., 2015, p. 28-29).

Anexo C

Galeria de fotos

Do álbum de família

*A*rthur Joviano nasceu em Barra Mansa, Rio de Janeiro, em 1862. Em seu documento de identificação não consta o dia do nascimento. Casou-se com Francisca da Rocha, em 30 de novembro de 1891. Tiveram 9 filhos, sendo que uma menina desencarnou ainda criança. Mais tarde, adotaram como filho um menino, José de Araújo.

*D*a esquerda para a direita, de pé: Aurélio de Amorim, pai de Maria Amorim Joviano, referido nas mensagens como "o General", Arthur, Rômulo Joviano e Francisca. Sentados: Júlia Amália da Silva Pêgo, avó de Maria — ao seu lado —, Júlia Pêgo de Amorim, mãe de Maria, e o menino Roberto Amorim Joviano, nascido em 1924.

Da direita para a esquerda, sentados: Maria, Rômulo e Wanda Amorim Joviano. De pé: Chico Xavier. Fotografia feita nos jardins da Fazenda Modelo, em Pedro Leopoldo | MG. O cãozinho é o Fly, de estimação de toda a família.

Da direita para a esquerda, sentados: Júlia, Aurélio e Maria. De pé: Rômulo, Chico Xavier e Wanda.

Maria e Rômulo em 27 de dezembro de 1948, quando fizeram Bodas de Prata.

*M*aria, Rômulo e o menino
Roberto, na casa do vovô Arthur,
em 1925, no Rio de Janeiro.

*F*austo Joviano com a esposa Jandira e
a primogênita Francisca Marta, em 14
de junho de 1939.

*J*osé de Araújo, filho adotivo de
Arthur e de Francisca, com Fly.

*F*ilhos e viúva de Arthur Joviano
(da esquerda para a direita): Albino, Zina, Francisca, Martha, Célia
e Flora, quando viajaram para os
Estados Unidos.

*J*andira com o filho Arthur, nascido em 1952.

A família no dia do batizado do pequeno Arthur (da esquerda para a direita): Vivili, irmã de Jandira, Lúcia, irmã de Fausto, Jandira, Fausto, Célia, Francisca, com Arthur, e Flora. Na frente: Francisca Marta e Laura Elvira, segunda filha de Fausto, nascida em 1940.

Rômulo Joviano estudou nas universidades de Reading, na Inglaterra, e em Edinburgh, na Escócia, nos anos de 1913 a 1916. Tendo saído da Inglaterra para a Escócia, recebeu de seus amigos ingleses um cartão, aqui reproduzido. Na foto, entre os rapazes que estão de pé, na frente, temos, da esquerda para a direita, em segundo e terceiro lugares, respectivamente: Frank, reencarnação de Caio Fabricius (50 anos depois) e de Henrique de Saint Pierre (Renúncia), e Alexander Seggie, reencarnação de Ciro (50 anos depois) e de Padre Carlos Clenaghan (Renúncia). Ambos desencarnaram na Primeira Grande Guerra (1914|1918). Essas revelações foram feitas por amigos espirituais à época da recepção psicográfica dos romances de Emmanuel, através de Chico Xavier.

*M*al. Antonio José Maria Pêgo Junior. A esposa, Júlia Amália da Silva Pêgo.

*J*úlia e Aurélio de Amorim.

Gen. Aurélio, quando Deputado Federal pelo Estado
do Amazonas, e após formado em Direito.

Gen. Aurélio e esposa, num passeio durante as férias anuais na Fazenda Modelo,
em Pedro Leopoldo | MG, e na companhia da neta Wanda (de pé), do genro
Rômulo Joviano e da filha Maria.

*G*en. Aurélio na compa-
nhia de Wanda e Roberto
Joviano, na Fazenda Mo-
delo, em Pedro Leopoldo |
MG, em 1934. O cãozinho
é o Fly.

*D*a esquerda para a direita,
Clóvis Augusto, Clóvis Filho e
Clóvis Alberto com a mãe, Au-
rélia. O pai, Clóvis Mendes de
Moraes, estava ausente.

O casal Júlia e Aurélio de Amorim, em suas Bodas de Ouro, em 28 de outubro de 1949. Da esquerda para a direita: Roberto, Clóvis Alberto, Ângela Maria,
Wanda e Carlos Oswaldo. Sentados: Oswaldo Mário, Clóvis Augusto, Clóvis Filho
e Ricardo.

*A*cima, à esquerda, os netos Ricardo e Ângela Maria, filhos de Dalva e Armando Pêgo de Amorim.

*A*cima, à direita, Carlos Oswaldo, em 1937. Ao lado, à direita, Oswaldo Mário, em 1950, ambos filhos de Iacy e Oswaldo Benjamim de Azevedo, na Fazenda Modelo, em Pedro Leopoldo | MG.

*C*om os netos Wanda e Roberto Amorim, filhos de Maria e Rômulo Joviano.

Da Fazenda em que Chico Xavier trabalhou

Fazenda em Pedro Leopoldo | MG,
sede da Inspetoria Regional
da Divisão de Fomento da Produção
Animal do Ministério da Agricultura.

*T*écnicos, da esquerda para a direita, de pé: *Fausto Paulo Werner, João Jardim, José de Paula, José de Souza Carrusca, Dr. Ribeiro, Rômulo Joviano, Thomaz Heath Dalton, Hermam Rehaag, Francisco Cândido Xavier, Edgar Bittencourt, Darwin de Rezende Alvim, Oswaldo Alvarenga. Abaixados: Vicente Picorelli Neto, Policarpo Rocha Filho, Aristides Pinto Paiva, David Nadler, Pedro Bertolucci, Dirceu Portella e um visitante, amigo de Dirceu Portella.*

*A*dministrativos, da esquerda para a direita, de pé: *Hélio Gonçalves Moreira, Angelo Viana, Nelson Shampato, Vicente de Paula Silva, Wanda Amorim Joviano, Célia Barroso Miranda, Alcindo de Oliveira, Francisco Cândido Xavier, Antônio de Oliveira, Francisco Mavignier. Abaixados: Pedro Alcantara Campos, Jaime Evangelista Martins, José dos Santos Moreira, Orlando Pereira Bern, Hildefonso Vieira Mendes, José de Araújo (e o cãozinho Fly), Carlos Alberto de Miranda, José Hildefonso Torres e Guilherme Augusto.*

*F*azenda Modelo, em Pedro Leopoldo | MG: na edificação central localizavam-se os escritórios. No segundo andar, à esquerda, vê-se a janela da sala em que trabalhavam Chico Xavier, Wanda e Oswaldo Gonçalo do Carmo.

*C*asa em que, por mais de 15 anos, residiu a família de Rômulo e Maria Joviano. As duas janelas, à esquerda, faziam parte do então escritório de Rômulo, onde, às quartas-feiras, à noite, realizava-se o culto doméstico do Evangelho, sempre com a presença de Chico Xavier.

*A*s edificações principais da Fazenda eram ornamentadas por plantas trepadeiras, buganvílias de variadas cores, sendo que na Cavalariça chegou-se a colecionar sete diferentes tonalidades, com mudas trazidas de diversas cidades do Estado de Minas Gerais.

*C*riação de bovinos. Vacas de raça leiteira, saindo do Estábulo, após a ordenha.

*E*stábulo: de forma quadrangular, tinha ao centro um grande silo para armazenamento de forragem para os animais.

*C*riação de ovinos.

*O*s irmãos Wanda e Roberto,
na porteira de entrada
da Fazenda Modelo,
em Pedro Leopoldo | MG.

*R*oberto montando "Derby",
magnífico exemplar da raça
"Mangalarga Marchador".

*W*anda montando
o cavalo "Vespasiano",
exemplar da raça
"Árabe".

*A*lunos do CBAR — Centro Brasileiro de Aprendizagem Rural.

Leia também

Vinha de Luz Editora

RÉSTIA DE LUZ

Primeiro livro editado pela Vinha de Luz Editora, lançado por ocasião do bicentenário de Allan Kardec (1804|2004) e dos 140 anos da primeira edição de *O Evangelho Segundo o Espiritismo* (1864|2004). Traz mensagens recebidas de espíritos diversos, psicografadas pelo médium Geraldo Lemos Neto, que interpretam as lições de *O Evangelho Segundo o Espiritismo*, nos indicando os caminhos mais certos da vida no permanente convite de nosso Mestre e Senhor Jesus.

ESPÍRITOS DIVERSOS
PSICOGRAFIA DE GERALDO LEMOS NETO

IGNÁCIO DE ANTIOQUIA

Uma viagem ao tempo da simplicidade e da pureza do Cristianismo, em sua mais bela e genuína expressão. Obra mediúnica repleta de episódios históricos do Cristianismo primitivo, que resgata para a memória da humanidade a vida e a trajetória de um dos seguidores mais valorosos de nosso Senhor Jesus Cristo.

PELO ESPÍRITO THEOPHORUS
PSICOGRAFIA DE GERALDO LEMOS NETO

SEMENTEIRA DE LUZ

Voltando à Terra no século XIX, Neio Lúcio encarna a personalidade de Arthur Joviano, cujo núcleo familiar, em missão redentora de um passado longínquo, conta com as presenças de personagens descritos nos romances *50 anos depois* e *Renúncia*. Desprendido em 1934, Neio Lúcio inicia sua comunicação com a família, através da mediunidade de Chico Xavier, em reuniões semanais de culto evangélico na casa de Rômulo Joviano, em Pedro Leopoldo | MG. As mensagens, repletas de sabedoria e amor extremado por todos aqueles com os quais conviveu, são bem a confirmação dos compromissos reparadores que assumimos na Espiritualidade, alicerçados nos ensinamentos de Jesus para nos tornarmos legítimos semeadores da Boa Nova.

PELO ESPÍRITO NEIO LÚCIO
PSICOGRAFIA DE FRANCISCO CÂNDIDO XAVIER
ORGANIZAÇÃO DE WANDA AMORIM JOVIANO

DEUS CONOSCO

Deus conosco é o livro que dá sequência às revelações espirituais inéditas da psicografia de Francisco Cândido Xavier, trazidas a lume pela prestimosa organização de Wanda Amorim Joviano, com a colaboração de Geraldo Lemos Neto. As mensagens, recebidas em sua maioria no culto doméstico do Evangelho no lar da família Joviano, nas décadas de 30 a 50, na Fazenda Modelo, em Pedro Leopoldo | MG, são de autoria de Emmanuel, o espírito responsável pela materialização da extensa bibliografia que tanto esclarecimento e consolação verteram da Vida Maior para a face da Terra, através das abnegadas mãos de Chico Xavier. Deus conosco nos traz de volta ao convívio os memoráveis discípulos do Cristo, ligados desde priscas eras, cuja missão foi a da revivescência do Cristianismo puro e simples dos tempos apostólicos, no coração humilde e generoso das terras pacíficas do Brasil.

PELO ESPÍRITO EMMANUEL
PSICOGRAFIA DE FRANCISCO CÂNDIDO XAVIER
ORGANIZAÇÃO DE WANDA AMORIM JOVIANO E
GERALDO LEMOS NETO

MILITARES NO ALÉM

Dentre os tesouros guardados por Wanda Amorim Joviano, MILITARES NO ALÉM, da lavra de Chico Xavier nos anos de 36 a 52, no mínimo surpreende pela atualidade das mensagens em torno da paz que a humanidade do século XXI tanto anseia. Fruto da sua ingente dedicação no desdobre das tarefas mediúnicas no culto do lar realizado durante muitos anos pelo *Grupo Doméstico Arthur Joviano*, na Fazenda Modelo, em Pedro Leopoldo | MG, esse livro relata, na perspectiva espiritual de muitos servidores da pátria, a realidade consoladora do *outro lado*, onde o trabalho pelo bem não cessa e a esperança é sentimento que inspira a vitória do amor preconizado por Jesus.

ESPÍRITOS DIVERSOS
PSICOGRAFIA DE FRANCISCO CÂNDIDO XAVIER
ORGANIZAÇÃO DE WANDA AMORIM JOVIANO

ILUMINURAS

ILUMINURAS é a primeira publicação de bolso da Vinha de Luz Editora. É composta de pensamentos e frases extraídos do livro *Deus conosco*, do venerável espírito Emmanuel, psicografado por Francisco Cândido Xavier nas décadas de 30 a 50, durante o culto cristão no lar do Dr. Rômulo Joviano, na Fazenda Modelo, em Pedro Leopoldo | MG. A riqueza dos ensinamentos evangélicos apresentados na obra fala por si só e atesta o amparo de nosso Senhor Jesus Cristo à divulgação da Doutrina Espírita, codificada pelo apóstolo Allan Kardec.

PELO ESPÍRITO EMMANUEL
PSICOGRAFIA DE FRANCISCO CÂNDIDO XAVIER
ORGANIZAÇÃO DE CEZAR CARNEIRO DE SOUZA

PÉROLAS DE SABEDORIA

Compulsados do livro *Sementeira de luz*, organizado por Wanda Amorim Joviano, as frases e os textos apresentados no livro *Pérolas de sabedoria* foram coletados e reunidos por Braz José Marques com o propósito de engrandecer o aprendizado de todos nós nos estudos evangélicos do dia a dia. As pérolas da Espiritualidade — aqui incrustadas na condição de joias valiosas — são fundamentais para o esclarecimento daqueles que delas se valerem, expositores ou não da Doutrina Espírita.

PELO ESPÍRITO NEIO LÚCIO
PSICOGRAFIA DE FRANCISCO CÂNDIDO XAVIER
ORGANIZAÇÃO DE BRAZ JOSÉ MARQUES

COLHEITA DO BEM

A autoria deste livro pertence ao professor Arthur Joviano, o estimado benfeitor espiritual que todos nós conhecemos com o nome de Neio Lúcio, personagem do romance *50 anos depois*, de quem recebemos valiosos ensinamentos dirigidos ao espírito imortal que vai vencer a morte e transpor os séculos. Chico Xavier psicografou as mensagens do livro durante o culto do Evangelho no lar da família Joviano, na Fazenda Modelo em Pedro Leopoldo, onde trabalhava. No *Colheita do bem* estão as páginas recebidas nos anos de 1949 a 1952, sendo, portanto, as últimas psicografadas na Fazenda Modelo, uma vez que em 1952 a família Joviano transferiu definitivamente sua residência para a cidade do Rio de Janeiro. *Colheita do bem* finaliza a série iniciada com o livro *Sementeira de luz*, seguido pelo *Sementeira de paz* — formando uma verdadeira trilogia da luz, da paz e do bem maior, que a todos nos une no carreiro da evolução espiritual para Deus.

PELO ESPÍRITO NEIO LÚCIO
PSICOGRAFIA DE FRANCISCO CÂNDIDO XAVIER
ORGANIZAÇÃO DE WANDA AMORIM JOVIANO

CHICO XAVIER — O PRIMEIRO LIVRO

Vinte anos antes de sua desencarnação, Chico Xavier revelou que sempre guardou no íntimo o desejo de publicar as belas produções mediúnicas que os amigos espirituais escreviam por seu intermédio, nos idos dos anos 20. Curiosamente, Chico confeccionava, com suas próprias mãos e com grande esforço, alguns exemplares com a finalidade de despertar os amigos para a possibilidade de um livro. Face à pobreza material com a qual vivia, ao médium restava a esperança de que algum desses amigos se interessasse pelo tema e, talvez, movimentasse os recursos necessários para uma publicação. De suas primeiras produções manuais, contendo, inclusive, a sua sensibilidade artística no desenho e na ilustração das mensagens, Chico conseguiu guardar durante toda a sua vida um único exemplar, que ao final de sua existência terrena entregou ao seu sobrinho-neto, Sérgio Luiz Ferreira Gonçalves, que no-lo apresentou para a devida divulgação. Esse é então, de fato e de direito, o primeiro livro de Chico Xavier, que a Vinha de Luz Editora da Casa de Chico Xavier de Pedro Leopoldo trouxe a lume, com a alegria de presentear o amado amigo Chico com a edição de seu *primeiro livro* no ano de 2010, ano de seu centenário de nascimento.

ESPÍRITOS DIVERSOS
PSICOGRAFIA DE FRANCISCO CÂNDIDO XAVIER
ORGANIZAÇÃO DE GERALDO LEMOS NETO E
SÉRGIO LUIZ FERREIRA GONÇALVES

LUZ NA ESCOLA —
CHICO XAVIER NA ESCOLA JESUS CRISTO DE CAMPOS | RJ

Esse é um livro de Francisco Cândido Xavier, com mensagens psicografadas por ele durante visita de quatro dias à Escola Jesus Cristo, em Campos | RJ, em 1940. Contém comentários de seu organizador, Clóvis Tavares, testemunha ocular de todos os fenômenos ali ocorridos. Os textos desse volume representam uma reedição da sua primeira, pequena, única e esgotada edição, feita também em 1940, publicação de caráter doméstico da Escola Jesus Cristo, agora reeditada pela Vinha de Luz, que desempenha hoje um papel ímpar no resgate histórico da produção mediúnica de Chico Xavier.

ESPÍRITOS DIVERSOS
PSICOGRAFIA DE FRANCISCO CÂNDIDO XAVIER
ORGANIZAÇÃO DE CLÓVIS TAVARES E FLÁVIO MUSSA TAVARES

VIAJANTES —
A ESPIRITUALIDADE ILUMINANDO SUA MENTE E SEU CORAÇÃO ATRAVÉS DE CHICO XAVIER

Primeiro audiolivro da Vinha de Luz Editora, que reúne 20 mensagens de espíritos diversos, psicografadas por Chico Xavier ao longo de seus 75 anos de labor mediúnico. Com um sugestivo título-tema e trilha sonora de rara beleza, VIAJANTES, organizado e interpretado por Fernando Peron, é um incentivo ao estudo sério e aprofundado de tão extraordinário patrimônio filosófico, científico e religioso legado a nós pelas mãos operosas e abençoadas de Chico Xavier.

ESPÍRITOS DIVERSOS
PSICOGRAFIA DE FRANCISCO CÂNDIDO XAVIER
ORGANIZAÇÃO E INTERPRETAÇÃO DE FERNANDO PERON

LIÇÕES PARA ANGELITA

Quando Chico Xavier tinha apenas 20 anos, dois personagens importantes surgiram para marcar a sua vida: a menina Angelita e sua mãe extremosa. Esse livro contém vinte mensagens repletas de ensinamentos preciosos, repassados de mãe para filha a partir do dia a dia que ambas vivenciam, e também das perguntas que a menina faz sobre os mais diversos temas acerca da existência. São lições para todas as pessoas. A receita segura para a construção do homem de bem – meta que todos nós devemos buscar.

PELO ESPÍRITO JOÃO DE DEUS
PSICOGRAFIA DE FRANCISCO CÂNDIDO XAVIER
ORGANIZAÇÃO DE JOÃO MARCOS WEGUELIN

CHICO XAVIER —
A AURORA DE UMA VIDA ENTRE O CÉU E A TERRA

As mensagens aqui apresentadas foram psicografadas por Chico Xavier e publicadas no jornal espírita *Aurora*, dirigido por Inácio Bittencourt, entre julho de 1928 e abril de 1933. Nesses primeiros anos, Chico era ainda muito jovem, não sabia quem eram os espíritos que se comunicavam por meio dele, e era praticamente desconhecido fora das terras mineiras. A lucidez do jovem Chico Xavier ao comentar, ele mesmo, alguns trechos doutrinários sobre os postulados espíritas surpreende e seja em verso ou em prosa, sobre os mais variados temas, o leitor encontrará nesse livro preciosas lições de vida, ora nos ensinando a aceitar e a bendizer o sofrimento e as provas diárias, ora nos ensinando a viver uma vida verdadeiramente cristã e espírita, mostrando, por fim, quão breve é a existência terrena perante a eternidade do tempo.

ESPÍRITOS DIVERSOS
PSICOGRAFIA DE FRANCISCO CÂNDIDO XAVIER
ORGANIZAÇÃO DE JOÃO MARCOS WEGUELIN

DEPOIS DA TRAVESSIA

Mais um volume da psicografia inédita de Chico Xavier, por espíritos diversos. A sua primeira parte é originária da fase do médium em Pedro Leopoldo, na Fazenda Modelo, na qual, após o serviço, frequentou o culto do Evangelho no lar do *Grupo Doméstico Arthur Joviano*, levado a efeito, semanalmente, pela família de Dr. Rômulo Joviano. Já a segunda parte é fruto da última fase da psicografia do médium em Uberaba, onde, nas sessões públicas do Grupo Espírita da Prece, recebeu o espírito da irmã, D. Luiza Xavier, em diversas oportunidades, a partir de 13 de julho de 1985. Permeando as comoventes mensagens desses espíritos sobre a própria sobrevivência além-túmulo, há fac-símiles de mensagens de Emmanuel e de Bezerra de Menezes, fotografias e escritos inéditos de Chico Xavier ilustrando as épocas e as personalidades citadas. A obra é, pois, instrutivo volume contendo valiosas informações sobre a vida espiritual depois da travessia dos umbrais da morte do corpo físico, a induzir-nos o espírito distraído no mundo a uma mais ampla reflexão sobre a imortalidade, patenteando-se-nos a real significação das palavras de Jesus, nosso Senhor e Mestre: "A cada um será dado segundo as próprias obras".

ESPÍRITOS DIVERSOS
PSICOGRAFIA DE FRANCISCO CÂNDIDO XAVIER
ORGANIZAÇÃO DE GERALDO LEMOS NETO E
WANDA AMORIM JOVIANO

MILITARES COM JESUS

As lições deste livro são de autoria de respeitáveis espíritos que passaram pela Terra na difícil experiência como militares. Portadores de grandes responsabilidades no dever, na disciplina, sobretudo integrados na justiça, propugnam, com amor, pela paz e pela felicidade dos povos, e do Brasil como pátria do Evangelho de nosso Senhor Jesus Cristo. São fragmentos extraídos do livro *Militares no Além*, psicografado por Francisco Cândido Xavier no período de 1936 a 1952 em Pedro Leopoldo, Minas Gerais, selecionados e organizados no presente volume como valiosos ensinamentos dos benfeitores da Vida Maior.

POR ESPÍRITOS DIVERSOS
PSICOGRAFIA DE FRANCISCO CÂNDIDO XAVIER
ORGANIZAÇÃO DE CEZAR CARNEIRO DE SOUZA

REGISTROS IMORTAIS

Registros imortais resgata para a história da Doutrina Espírita o trabalho de desobsessão e de esclarecimento aos desencarnados levado a efeito no Centro Espírita Meimei, fundado por Chico Xavier na Pedro Leopoldo dos anos 50. Por meio da psicofonia, Chico Xavier e diversos outros médiuns receberam mensagens da Vida Maior assinadas por espíritos sofredores e em evolução, em cujo cerne encontramos o Evangelho de Jesus como alicerce seguro para a vida imortal. Complementando as obras *Instruções psicofônicas* e *Vozes do Grande Além*, editadas pela Federação Espírita Brasileira em 1955 e 1957, respectivamente, esse livro é mais um documento importante para o Espiritismo no Brasil e no mundo, testificando a ingente capacidade mediúnica e caritativa do maior médium de todos os tempos e a valiosa contribuição de todos aqueles que com ele conviveram nessas tarefas consoladoras.

ESPÍRITOS DIVERSOS
PSICOFONIA DE FRANCISCO CÂNDIDO XAVIER
ORGANIZAÇÃO DE EUGÊNIO EUSTÁQUIO DOS SANTOS

OBRAS DA FÉ

A Vinha de Luz tem como missão maior a publicação e a divulgação de obras inéditas da lavra mediúnica de Francisco Cândido Xavier. Esse lançamento comemora seus 10 anos de trabalho e traz para o leitor uma seleção de mensagens de espíritos diversos, psicografadas pelo maior médium de todos os tempos, publicadas em 14 livros lançados por ela na última década. São mensagens de bênçãos. Uma obra de fé, que testifica a grandeza do compromisso para com a Doutrina dos Espíritos e para com o Evangelho do Cristo, respondendo ao chamado da tarefa abençoada com o livro espírita e com a preservação e a difusão da vida e da obra de Chico Xavier no Brasil e no mundo.

ESPÍRITOS DIVERSOS
PSICOGRAFIA DE FRANCISCO CÂNDIDO XAVIER
ORGANIZAÇÃO DE JOÃO MARCOS WEGUELIN

PALAVRAS SUBLIMES

A partir de 1930, a história de Chico Xavier começou a ser contada pelas páginas de *Reformador*, a mais antiga publicação voltada para a divulgação do Espiritismo no Brasil. Esse livro traz mensagens de Chico Xavier localizadas em suas edições de 1933 a 1950, psicografias assinadas por espíritos de vulto, como Emmanuel, Humberto de Campos, Bittencourt Sampaio, Abel Gomes, dentre outros, sendo este mais um título da bibliografia do médium mineiro que a Vinha de Luz Editora traz a lume, com a organização do jornalista João Marcos Weguelin, para a preservação da vida e da obra do maior brasileiro de todos os tempos.

ESPÍRITOS DIVERSOS
PSICOGRAFIA DE FRANCISCO CÂNDIDO XAVIER
ORGANIZAÇÃO DE JOÃO MARCOS WEGUELIN

CHIQUITO

CHIQUITO, da autora portuguesa Julieta Marques, conta um pouco da vida de Chico Xavier em linguagem acessível e direta, num convite ao amor, à humildade e à disciplina exemplificados pelo *médium do século*. Totalmente ilustrado, CHIQUITO é o segundo título da Vinha de Luz Editora voltado à evangelização infantil, que atende, sem dúvida alguma, às *crianças de todas as idades*.

JULIETA MARQUES

CHICO XAVIER —
O MÉDIUM DOS PÉS DESCALÇOS

Chico Xavier foi, durante toda a sua vida, a personificação do bem, do amor ao próximo e da humildade. Nesse livro, Carlos Baccelli relata casos pessoais em torno do médium mineiro e registra, por meio de cartas que agora torna públicas, sua amizade estreita com o maior representante do Espiritismo no Brasil e no mundo. O autor nos coloca em contato muito próximo com Chico Xavier. É como se estivéssemos frente à frente com ele, numa conversa intimista, repleta de ensinamentos. É quase uma conversa ao pé do ouvido — em que podemos sentir de novo, e mais uma vez, a sua insubstituível presença.

CARLOS ANTÔNIO BACCELLI

CHICO XAVIER COM VOCÊ

Chico, mais que médium, era sábio. Em seus lábios, tanto ecoavam lições dos espíritos amigos quanto ensinamentos de sua própria autoria. Aqui, nessas páginas, garimpando em obras, revistas e periódicos antigos, o autor organizou uma coleção de pérolas que, sem dúvida alguma, não figuram em nenhuma outra coleção do mundo. Por isso, certamente, com esse abençoado livro você estará de posse de um tesouro de valor incalculável. Um tesouro que fará de você uma das pessoas mais ricas entre todos os homens!

CARLOS A. BACCELLI

O VOO DA GARÇA —
CHICO XAVIER EM PEDRO LEOPOLDO | 1910-1959

Esse trabalho histórico, do pesquisador pedroleopoldense Jhon Harley, que conviveu por 21 anos com Chico Xavier, é mais uma contribuição para compreender a figura humana do médium mineiro. Utilizando instrumentos e orientações do campo da História, principalmente no que diz respeito ao uso e à interpretação das fontes orais, escritas e iconográficas disponíveis, o autor transitou entre o acadêmico e o poético, fazendo uma analogia entre uma revoada de garças, ocorrida em 2 de abril de 1910, e a permanência de uma delas entre nós.

JHON HARLEY

PEDRO LEOPOLDO VISTA POR
CHICO XAVIER — 1910 | 1959
49 ANOS DA PRESENÇA DO
MAIOR MÉDIUM DE TODOS OS TEMPOS

O que o menino, o jovem e o adulto Chico Xavier vislumbrou em seus primeiros anos de experiências humanas e durante o desabrochar de suas faculdades mediúnicas a serviço do Cristo e da Doutrina dos Espíritos? O que teria o seu cândido olhar registrado pela retina da convivência e da saudade? Esse livro reúne extenso material inédito sobre o maior médium de todos os tempos, com fotografias e documentos recuperados, classificados e arquivados pelo memorialista pedroleopoldense Geraldo Leão, do Arquivo Geraldo Leão, e por Geraldo Lemos Neto, da Casa de Chico Xavier, que retratam principalmente o ambiente socioeconômico e cultural de Pedro Leopoldo dentro do período em que Chico Xavier lá residiu, desde o berço, em 1910, até a sua mudança definitiva para Uberaba, em 1959.

GERALDO LEÃO E GERALDO LEMOS NETO

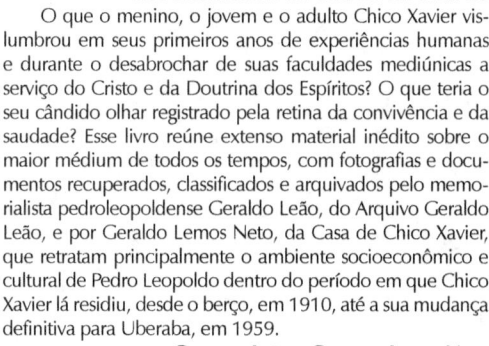

CÉLIA LUCIUS, SANTA MARINA —
SEMELHANÇAS ENTRE AS BIOGRAFIAS CATÓLICAS E O
ROMANCE *50 ANOS DEPOIS* DE
FRANCISCO CÂNDIDO XAVIER E EMMANUEL

CÉLIA LUCIUS, SANTA MARINA é a revivescência da vida daquela que Chico Xavier | Emmanuel descreveram no romance *50 anos depois* como *"o lírio que nasceu do lodo das paixões do mundo para perfumar a noite da vida terrestre"* e que a igreja católica canonizou no século V. Aqui, por meio do minucioso e irrefutável estudo biográfico realizado por Flávio Mussa Tavares, filho do saudoso Clóvis Tavares, de Campos | RJ, o leitor se deparará com diversos relatos sobre Célia, confirmando a veracidade da narrativa do médium mineiro nos idos dos anos 40, tal qual previra Emmanuel no prefácio da obra referenciada. Para os espíritas, a consolidação da interexistência de Chico no desdobramento do labor mediúnico a benefício da difusão da Doutrina e sua prática evangelizadora, exemplificando o amor e a humildade legitimamente cristãos. Para os demais, uma reflexão sobre as lutas transitórias da vida física e a realidade além-túmulo — a verdadeira vida de todos nós.

FLÁVIO MUSSA TAVARES

EVANGELHO PURO,
PURO EVANGELHO —
NA DIREÇÃO DO INFINITO

Seguidor incontesto da Boa Nova do Cristo, e espírita em sua mais pura essência filosófica, Martins Peralva deixou para os estudiosos da Doutrina textos de iluminada sabedoria e reflexão, que foram reunidos no livro *Evangelho puro, puro Evangelho — Na direção do Infinito*, organizado por Basílio Peralva, e que a Vinha de Luz Editora trouxe a lume numa homenagem ao centenário de nascimento do *médium do século*, Francisco Cândido Xavier (1910|2010). A obra, que congrega artigos publicados na imprensa de 1945 a 1999, é indispensável ao homem de boa vontade, abordando temas imprescindíveis a todos os corações que jornadeiam rumo ao progresso espiritual.

MARTINS PERALVA
ORGANIZAÇÃO DE BASÍLIO PERALVA

ERA UMA VEZ PARA SEMPRE

Voltado à evangelização infanto-juvenil, esse livro é um compêndio de mensagens de graciosa narrativa, que enfeixa os ensinamentos do Cristo sob a ótica do Espiritismo, correlacionados a diversos assuntos de ordem espiritual e humana. Suas personagens principais — crianças sedentas de amor e de conhecimento — encantam pela perseverança no bem, sempre amparadas pela nobre e sábia Vovó Angel, que, como o próprio nome já diz, é um anjo do Senhor em suas vidas de aprendizado rumo à luz.

PELO ESPÍRITO BLANDINA
PSICOGRAFIA DE CARLOS MALAB

ISABEL —
A MULHER QUE REINOU COM O CORAÇÃO

Dois dias após psicografar as primeiras das milhares de páginas através das quais o mundo espiritual se comunicou por seu intermédio, Chico Xavier manteve um revelador encontro com uma ilustre senhora que lhe mudaria o curso de vida. Era D. Isabel de Aragão, mais conhecida como Rainha Santa Isabel, a célebre rainha de Portugal, para sempre associada ao milagre da transformação do pão em rosas. Embora em circunstâncias e contextos distintos, ambos experimentaram o poder, a riqueza, a fama e a adoração, contudo, optaram por viver uma intensa vida interior feita de humildade, perdão, tolerância, paciência, compaixão e caridade como expressões do amor. Esse trabalho avança para além da vida de Isabel de Aragão, apresentando outras duas figuras históricas: Santa Isabel da Hungria e Isabel de Portugal, duquesa da Borgonha. Colocadas as narrativas das vidas das três personagens lado a lado, emergem repetições e similitudes, nas quais encontramos a essência da reencarnação. Obviamente, caberá a cada leitor fazer o seu juízo de valor perante os fatos, porém, no conjunto das três, verificamos como uma personalidade se desenvolve e se amplia nas ações meritórias, exemplificando-se o progresso próprio e incessante pela condição moral que apresenta, pois sendo as almas iguais pela filiação são diferentes pela consciência espiritual que revelam. Segundo testificou o próprio Chico sobre D. Isabel de Aragão, "ela é um dos gênios espirituais protetores da raça luso-brasileira em diversas partes do mundo para que os povos luso-brasileiros conservem a fraternidade cristã que Jesus nos legou" (Adelino da Silveira, Chico, de Francisco, CEU).

MARIA JOSÉ CUNHA

Departamento Editorial da Casa de Chico Xavier
Av. Álvares Cabral, 1777 — 20º andar — Sala 2006
Santo Agostinho | 30170-001 | Belo Horizonte | MG
(31) 2531-3200 | 2531-3300 | 3517-1573

www.vinhadeluz.com.br
informacoes@vinhadeluz.com.br

www.casadechicoxavier.com.br
informacoes@casadechicoxavier.com.br

Este livro foi composto em tipologia Zapf Humanist, corpo 11, predominantemente.
Capa impressa em papel Supremo 250g e miolo impresso em Pólen Soft 80g.
Viena Gráfica e Editora Ltda. | Santa Cruz do Rio Pardo | SP